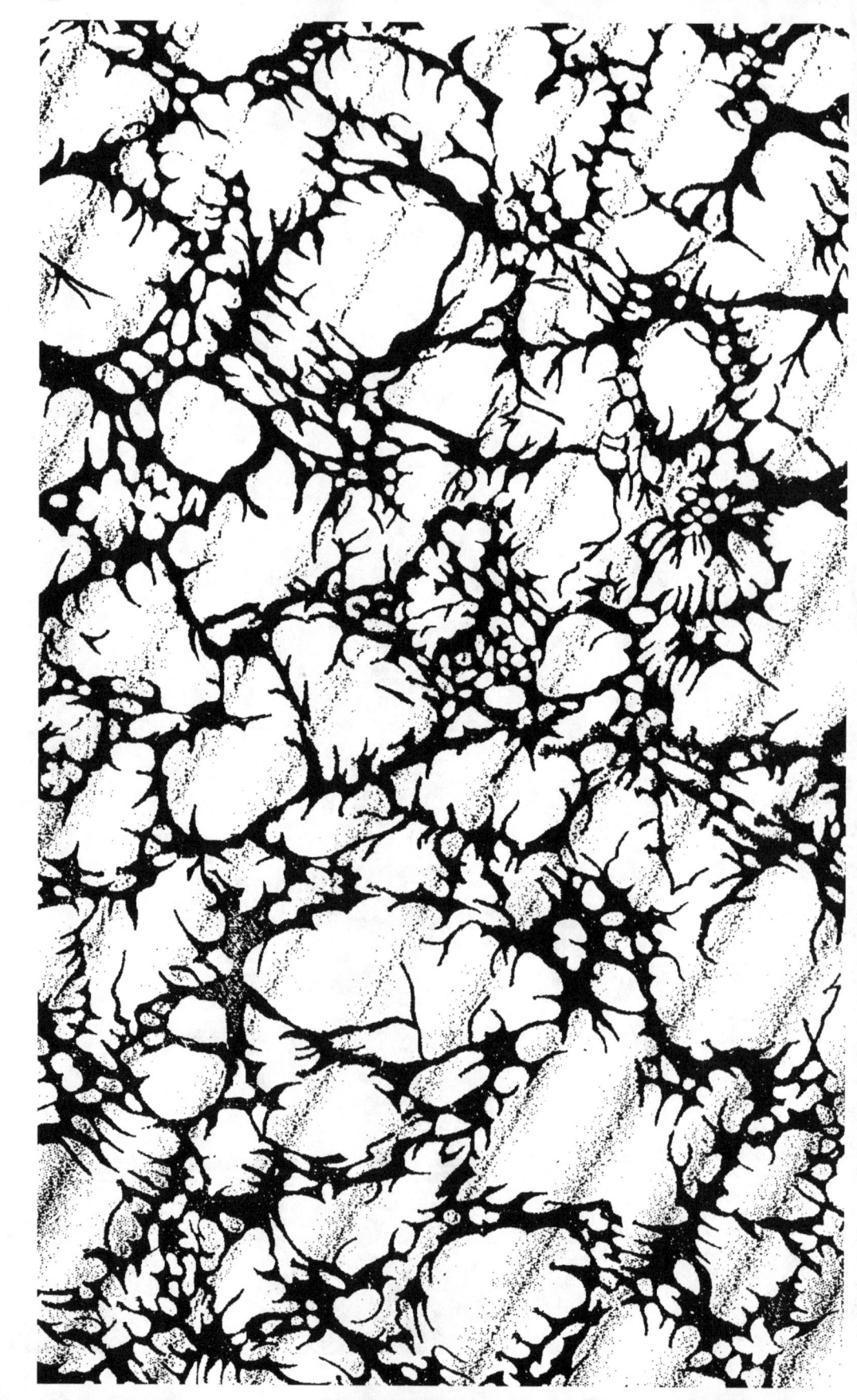

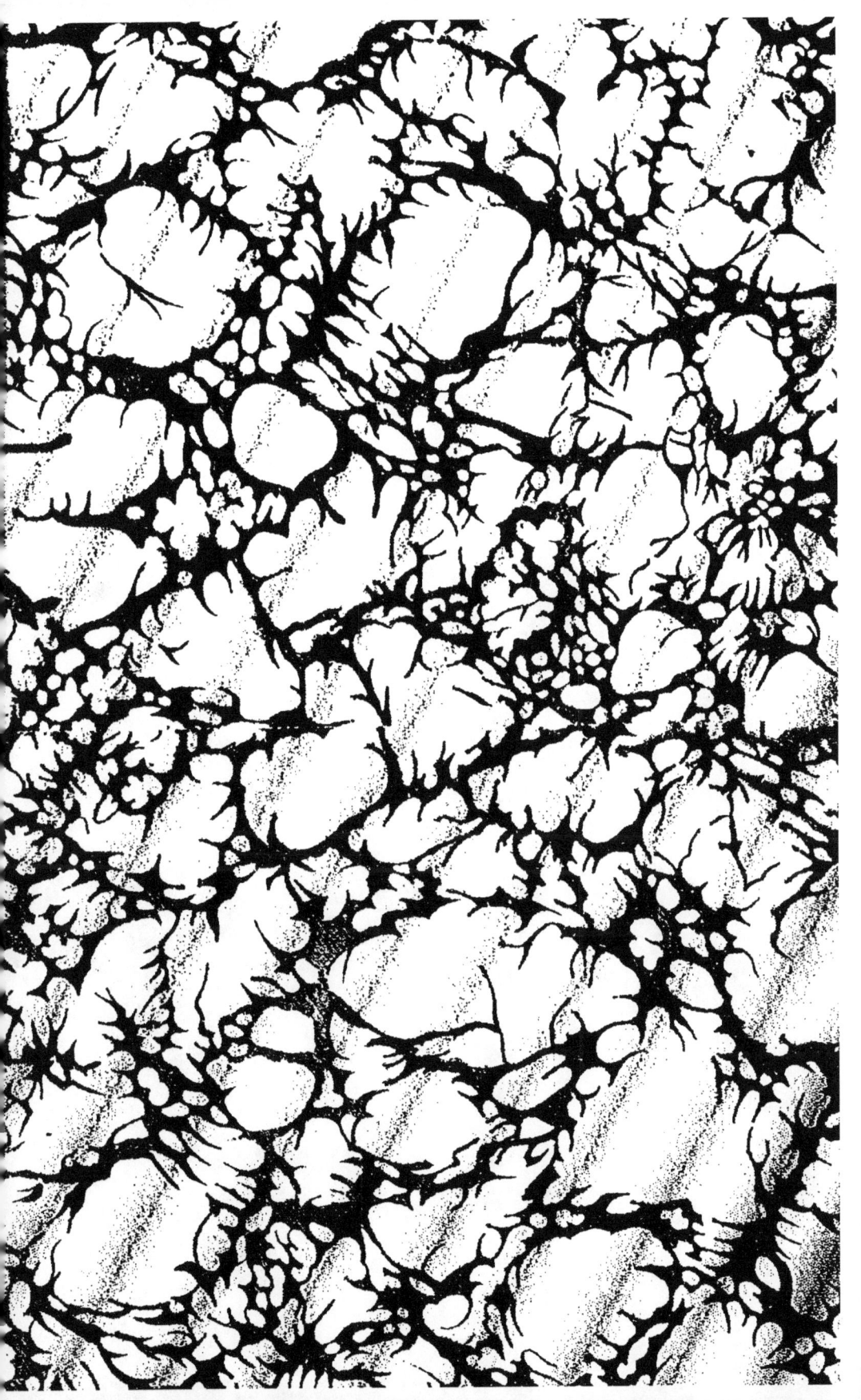

LES GRANDS PHILOSOPHES

MAINE DE BIRAN

PAR

MARIUS COUAILHAC

DOCTEUR ÈS LETTRES

(Récompensé par l'Académie des Sciences morales et politiques)

PARIS
FÉLIX ALCAN, ÉDITEUR
108, BOULEVARD SAINT-GERMAIN, 108

1905

MAINE DE BIRAN

LES GRANDS PHILOSOPHES

Collection dirigée par CLODIUS PIAT

Publiée chez Félix Alcan

Volumes in-8° de 300 à 400 pages environ, *chaque vol.* 5 fr. à 7 fr. 50

Ont paru :

SOCRATE, par Clodius Piat, Agrégé de philosophie, Docteur ès Lettres, Professeur à l'École des Carmes. 1 vol. in-8°, 5 fr.

ARISTOTE, par le même. 1 vol. in-8°, 5 fr.

SAINT AUGUSTIN, par l'abbé J. Martin. 1 vol. in-8°, 5 fr.

AVICENNE, par le baron Carra de Vaux, Membre du Conseil de la Société Asiatique. 1 vol. in-8°, 5 fr.

GAZALI, par le même. 1 vol. in-8°, 5 fr.

SAINT ANSELME, par le comte Domet de Vorges. 1 vol. in-8°, 5 fr.

SPINOZA, par Paul-Louis Couchoud, Agrégé de philosophie, ancien élève de l'École normale supérieure. 1 vol. in-8°, 5 fr.

MALEBRANCHE, par Henri Joly, Membre de l'Institut. 1 vol. in-8°, 5 fr.

PASCAL, par Ad. Hatzfeld. 1 vol. in-8°, 5 fr.

KANT, par Th. Ruyssen, Professeur à l'Université d'Aix-Marseille. *Deuxième édition.* 1 vol. in-8°, 7 fr. 50.

Va paraître :

MONTAIGNE, par Fortunat Strowski, Professeur à l'Université de Bordeaux.

TYPOGRAPHIE FIRMIN-DIDOT ET Cⁱᵉ. — MESNIL (EURE).

LES GRANDS PHILOSOPHES

MAINE DE BIRAN

PAR

MARIUS COUAILHAC

DOCTEUR ÈS LETTRES

(Récompensé par l'Académie des Sciences morales et politiques)

PARIS

FÉLIX ALCAN, ÉDITEUR

108, BOULEVARD SAINT-GERMAIN, 108

1905

PRÉFACE

L'auteur de ce livre est mort il y a quelques mois, à l'âge de quarante-huit ans, au moment où son esprit, d'une force et d'une culture exceptionnelles, était en pleine activité.

Le public le connaît déjà par sa thèse sur *La liberté et la conservation de l'énergie,* qui fut soutenue devant la Sorbonne en 1897. On sait avec quel bonheur il a traité ce problème épineux. Il est juste de dire que, grâce à la vigueur de sa dialectique et à sa finesse d'analyse, il en a donné une approximation nouvelle; on peut ajouter que, au cours de son étude, il a poussé plus loin qu'on ne l'avait fait jusqu'à lui l'analyse des notions de quantité, de qualité et de cause, ces muscles invisibles de toute pensée.

Cet autre ouvrage, le second qu'il ait composé, est aussi son testament philosophique; et la suprême visiteuse s'est tellement hâtée qu'il n'a pas eu le loisir d'y mettre la dernière main.

Pour ne pas priver les lecteurs d'une œuvre patiemment méditée et que je crois utile, j'ai dû m'imposer la charge d'y faire quelques légères retouches, d'en achever la conclusion et de corriger les épreuves. La tâche était délicate. Mais je me trouvais dans des conditions spéciales pour la remplir. D'intimes et fréquentes conversations m'avaient fait pénétrer la pensée de l'auteur ; et, quelque temps avant sa mort, je m'étais entendu avec lui sur les modifications désirables.

La méthode adoptée par Marius Couailhac n'est pas statique ; elle est évolutive. Il esquisse d'abord le milieu intellectuel et social qui a préparé Maine de Biran soit par voie d'action soit par voie de réaction. Puis, il prend son philosophe en lui-même et suit pas à pas les diverses étapes qu'a parcourues sa pensée, toujours soucieux de montrer comment il passe de l'une à l'autre. On voit ainsi sous quelle poussée et à quelle époque naissent les éléments successifs de sa théorie, de quelle manière ils se développent, s'agencent et finissent par former un tout organique.

Ainsi conçu, ce travail vient à son heure. Ni l'introduction de M. Ernest Naville aux *Œuvres inédites*[1], si belle et si pénétrante qu'elle soit, ni le livre de M. J.

---

1. *Œuvres inédites de Maine de Biran*, t. I, Paris, 1859.

Gérard[1] ne pouvaient donner une idée complète de Maine de Biran. Au moment où ces ouvrages ont paru, l'on ne possédait pas encore les éléments requis pour démêler tous les aspects de sa pensée, pénétrer toutes les raisons qui la fondent et mesurer l'ampleur qu'elle a prise avec le temps. Grâce à de récentes publications, particulièrement aux *Nouvelles œuvres inédites*[2], il est devenu possible de le faire ici. On aura désormais une monographie à peu près intégrale de celui que l'on peut regarder comme le premier psychologue de notre temps.

Il semble inutile d'ajouter à la présente étude un index bibliographique des écrits de Maine de Biran. M. Ernest Naville fit paraître, en 1859, « un catalogue raisonné » de « toutes ses œuvres philosophiques[3] ». En 1896, M. Mayonade, chanoine de Périgueux, a donné, avec notes explicatives, la liste de celles de ces œuvres qui ont été publiées jusqu'ici. Son volume contient également un certain nombre d'inédits : des « *Réflexions sur l'immortalité de l'âme;* quelques notes sur *Les pensées de Pascal et les annotations de Voltaire et de Condorcet;* des extraits du *Journal intime* de 1815, relatant la fin des Cent-Jours et la seconde Restauration; la *Correspon-*

---

1. *La philosophie de Maine de Biran,* Essai suivi de fragments inédits, Paris, 1876.
2. ALEXIS BERTRAND, *Science et Psychologie,* Paris, 1887.
3. *Œuvres inédites* de Maine de Biran, t. III, p. 553-592.

dance de Maine de Biran avec sa famille; et diverses *Lettres à M. de Biran* [1] ».

Nous croyons savoir que M. Ernest Naville possède encore une quantité considérable de manuscrits et qu'il en reste aussi dans la famille de l'auteur. Peut-être un jour seront-ils communiqués au public, au moins dans la mesure où ils peuvent éclairer d'une nouvelle lumière la physionomie attachante de Maine de Biran.

C. PIAT.

[1] M. MAYONADE, *Pensées et pages inédites de Maine de Biran*, p. 19-32, Périgueux, 1896.

MAINE DE BIRAN

LIVRE PREMIER

LES SOURCES DE LA DOCTRINE

CHAPITRE PREMIER

LE MILIEU

Quand Maine de Biran, chassé de la vie publique par la tempête révolutionnaire, se demandait, sous les ombrages de Grateloup, quel était le chemin du bonheur et si sa pensée n'enveloppait pas une force qui le pût soustraire aux variations douloureuses de sa mobile nature, il se trouvait que la philosophie, après avoir proscrit l'activité, la réclamait derechef sans arriver à la ressaisir : épuisée et comme mourante, il lui fallait un sang plus jeune et une nouvelle vie.

De quel noble élan on l'avait vue partir deux siècles auparavant! C'était plus qu'un réveil, c'était une renaissance.

L'autorité si longtemps souveraine et dominatrice

d'Aristote venait de décliner et, par son déclin, de jeter le discrédit sur la tradition tout entière. La pensée humaine se trouvait enfin libre, sans maître. Mais elle était sans guide. Ce qui lui avait paru d'abord une conquête, lui sembla vite une indigence; et il se trouva des têtes bien faites à qui l'oreiller du doute paraissait dur et qui, au lieu du repos, y trouvaient l'inquiétude. Il fallait la calmer. Où trouver désormais la vérité, qu'on avait jusqu'ici reçue toute faite, et sur quel fondement l'appuyer? C'est de ce côté que se porta tout l'effort de la philosophie moderne : c'est ce qui en fait l'unité.

On a quelquefois opposé ce mouvement philosophique à la rénovation de l'art et à l'esprit classique. C'est bien à tort. Des deux côtés, sous des apparences contraires, il n'est pas malaisé de découvrir les mêmes aspirations et les mêmes tendances.

Les écrivains et les poètes semblent n'avoir d'autre souci que de restaurer la tradition, que les philosophes méprisent. Ceux-là sont inclinés vers le passé; ceux-ci se tiennent debout, les yeux vers l'avenir. Les uns sont prêts à jurer sur la parole du maître, du même maître dont les autres ont définitivement secoué le joug. Mais les uns et les autres sentent le besoin d'une rénovation. L'art a dévié, s'est encombré de surcharges inutiles : il faut l'en débarrasser et le ramener à sa direction primitive. Les eaux de la doctrine se sont corrompues : il faut remonter à leur source pour les retrouver dans leur pureté native et leur fraîcheur immortelle. Les classiques prêtent peut-être trop aisément l'oreille aux querelles pédantes qu'agitent autour d'eux les interprètes d'Aristote et se laissent parfois entraîner à y prendre part; mais pourtant ce qu'ils attendent du passé, ce n'est pas tant des préceptes que des exemples. Si les anciens, dans la recherche de la beauté, ont été plus heureux que les barbares et que le moyen âge, c'est qu'ils l'ont poursuivie d'un élan plus joyeux et plus jeune; ils étaient plus près de la nature. Ce qu'on demande à leurs écrits et ce qu'on y trouve, c'est « l'aimable simplicité du monde naissant ». « Tout est bien sortant des mains de la nature », dira-t-on plus tard. N'est-ce pas un écho? Et n'est-ce pas la pensée de Fénelon que, dans un autre esprit sans doute et dans une langue nouvelle, Rousseau jette à son siècle comme un défi?

Tous les philosophes, du moins tous les chefs d'école, ont le même souci : se libérer des opinions inspirées par l'habitude ou l'éducation et reçues sans contrôle, afin d'aller puiser la vérité à sa source. Mais, pour cela, ils pensent qu'il est inutile de scruter les origines et d'interroger l'antiquité; ce qu'on cherche si loin est près de nous. En un sens, l'humanité est toujours jeune : en elle il y a un fond sur lequel l'habitude n'a pas de prise, que l'éducation peut recouvrir, mais ne peut faire disparaître; il s'agit de le retrouver.

Descartes, mettant à part les vérités religieuses, trouvera ce fond dans le fait de la pensée, qui résiste au doute, même hyperbolique : c'est le roc sur lequel on peut bâtir. La pensée n'est pas primitive, dira Locke; elle est un tout complexe, une synthèse, le résultat d'une longue évolution; le vrai point de départ de la connaissance est la sensation, et le reflet qu'elle laisse d'elle-même dans la conscience est la réflexion. L'origine de la pensée ne peut être multiple, ajoute Condillac. La sensation est manifestement la première dans l'ordre du temps : c'est par elle que le reste débute et se développe; elle suffit à tout.

Tandis que se déroulent ainsi, en métaphysique et en psychologie, les conséquences du mouvement inauguré par Descartes, les vérités qu'il voulait mettre à l'abri, hors des prises de la pensée individuelle, sont elles-mêmes soumises à une enquête et violemment attaquées : là aussi, écartant ce qu'on regarde comme conventionnel, on s'efforce d'aller à ce qui est primitif. Voltaire s'en prend, non seulement à la religion catholique, mais à toute religion positive : son point de départ est la religion naturelle. Il aurait peut-être dû, pour aller jusqu'au bout de son dessein, proscrire l'éducation; c'est d'elle au contraire qu'il attend le progrès de l'humanité, de cette humanité naturellement bien infirme, mais qu'on peut « dresser à la raison » comme à la folie. Rien de bon ne peut sortir de l'éducation, dira Rousseau; elle est essentiellement mauvaise, comme la civilisation. C'est d'elle que vient tout le mal qui ronge les sociétés et par elle que tout se corrompt. Il faut s'en affranchir pour revenir à la nature.

On le voit, ce qu'ils poursuivent tous d'une enquête hardie, quelquefois douloureuse et qui bientôt le deviendra plus encore, c'est la vérité pure de tout alliage. Et l'on reconnaîtra aisément la même tendance jusques dans la pensée de Bonald qui demande la vérité, toute la vérité, au témoignage de la tradition, jusques dans cette raison universelle et vraiment infaillible à laquelle Lamennais fait appel.

Libre de toute contrainte et de toute autorité, désormais hors de page, la raison humaine ne pouvait compter que sur elle-même et se trouvait réduite à l'heureuse nécessité de faire des découvertes. Elle y était de plus entraînée par la science qui, née d'hier, se suffisait déjà et, dès ses premières démarches, se sentait sûre d'elle-même.

Qu'avait découvert la scolastique dans les sciences de la nature, et que restait-il de son enquête plusieurs fois séculaire? Rien ou à peu près rien. C'est que l'enquête était mal conduite et qu'elle tendait à un but inaccessible : elle n'avait souci que de l'essence des choses, des substances qui sont et seront éternellement hors de nos prises, et n'employait que le raisonnement, le syllogisme qui n'est et ne peut être un instrument de découverte. La science moderne avait définitivement renoncé aux substances pour ne s'occuper que des phénomènes, restreint son domaine pour n'en garder qu'une partie, mais une partie qu'elle pourrait explorer en toute sécurité et qui n'échapperait pas à son étreinte; au syllogisme, elle avait substitué l'expérience, moins ambitieuse et plus prudente, qui renonce à deviner ce que doivent être les choses pour apprendre patiemment de la nature elle-même ce qu'elles sont, et l'induction qui nous permet d'étendre et de coordonner les réponses que l'expérience fournit. Déjà la science du monde et de la nature se formait sur un nouveau plan. Ce n'était qu'une ébauche incomplète, mais qu'on sentait ferme et qui laissait déjà deviner ce que serait le tableau. L'exemple était trop séduisant pour n'être pas contagieux. A la place d'une autorité contestable, on mettait un maître qui portait la vérité dans son sein : la nature. Il fallait encore l'en tirer sans doute; mais la science venait de montrer qu'on le pouvait. Il ne restait plus qu'à reprendre, en marchant sur ses traces, l'étude de l'homme et de la pensée.

Il faut ajouter que les sciences mathématiques, moins nouvelles d'ailleurs, s'élevaient d'un essor parallèle. Et d'elles on pouvait apprendre, comme des sciences physiques, à laisser de côté les causes occultes et les idées vagues, à lier la philosophie en un corps de doctrines systématique et cohérent, à la faire reposer sur un fondement unique.

Toutes ces influences convergent en un même sens. On les retrouve toutes dans la philosophie moderne. C'est la méthode mathématique dont nous constatons surtout l'usage dans Descartes et l'abus dans Spinoza; c'est, au contraire, la méthode expérimentale dans Locke et surtout dans Condillac. Mais qui pourrait dire que Descartes dédaigne l'expérience et que Condillac, dans l'exposé de ses doctrines, n'a nul souci de la méthode des géomètres? Dans l'opposition de leurs doctrines, ils ont gardé les mêmes tendances : nés dans le même milieu, ils en ont subi la pression; leur temps les a marqués d'une empreinte ineffaçable.

Il serait injuste pourtant de les mettre sur le même rang. C'est Descartes qui a ouvert la voie. Il est l'initiateur et le père; et la philosophie moderne dérive tout entière de son enthymème fameux : « Je pense, donc je suis. » Parole vraiment féconde. Il s'enferme dans sa pensée, dit-on. C'est une prison, il n'en pourra sortir.

Peut-être ; mais, hors d'elle, que pourrions-nous chercher qui nous fût accessible? La prison est vaste d'ailleurs. Descartes y trouve tout : un fait d'expérience réel, concret, indiscutable, et qui peut fournir à l'édifice qu'il médite un fondement assuré ; la marque et comme le signe de la vérité qui va lui servir de guide dans ses recherches, l'évidence et le moi vivant, et les vérités nécessaires et Dieu et le monde lui-même.

La pensée, en effet, enveloppe deux termes : une substance qui demeure et un mode qui varie. Et, pour démêler et reconnaître en elle ces deux éléments, nul raisonnement n'est nécessaire ; un simple regard suffit. C'est la première démarche de l'esprit. De là, d'un bond il s'élève jusqu'à Dieu. Tout l'y conduit, et le moi imparfait qui réclame une cause, et la pensée qui porte en elle l'idée de l'infini qu'elle n'a pu produire et qui serait contradictoire si l'infini n'existait pas. Et c'est ici le nœud du système. Car, si la pensée est le point de départ de la science, c'est Dieu qui en est le fondement. Sa véracité confirme la foi instinctive que nous avons en nos facultés et nous permet de croire, sur leur témoignage, aux vérités nécessaires qu'elles recèlent en elles, et au monde que l'expérience nous révèle. Et ce monde lui-même dont nous ne savons qu'une chose, qu'il est étendu et mobile, c'est des attributs de Dieu que, par une anticipation audacieuse, Descartes le déduit : monde qui n'enveloppe plus rien d'inintelligible ou de mystérieux. Les substances n'en ont pas été bannies ; mais ces substances sont du domaine de l'expérience et demeurent accessibles à l'entendement. Leur essence est intelligible et ne nous fournit que des idées claires. L'essence de l'âme est la pensée, l'essence du corps l'étendue ; entre les deux, pas d'intermédiaire. L'instinct n'est qu'un mot ; les animaux sont des machines, donc uniquement des corps, des portions d'étendue ingénieusement agencées.

Comme tout cela est aisé et simple, et qu'on s'explique bien la faveur que rencontra cette doctrine, ou mieux l'engouement qu'elle excita ! Que nous sommes loin des longues chaînes de raisonnements dont jusqu'ici la philosophie s'embarrassait, et que cette allure nouvelle est vive et prompte ! Trop prompte. Descartes a bien pu rappeler la philosophie sur la terre et la concentrer dans le moi, il n'a pu l'y maintenir. On dirait que ce qu'il cherchait, c'était moins un terrain à conquérir et à posséder qu'une base d'élan. Et ses disciples, outrant ses défauts, ont fait de Dieu, l'un l'unique objet de la connaissance, l'autre non seulement la cause mais la substance de tout être.

Tandis que la philosophie reprenait, et si vite, les visées ambitieuses que le premier dessein de Descartes avait été de lui interdire, d'une autre race où le mysticisme le plus exalté a trouvé quelquefois des adeptes, mais généralement plus pratique, plus amie des réalités tangibles et des faits, sortait une philosophie dont Bacon n'avait été que le précurseur et dont Locke est le représentant le plus autorisé.

Comme Descartes, Locke veut trouver un fondement solide où il puisse appuyer sa philosophie : il a le même projet. Mais il se propose de le mieux conduire, suivant une méthode plus sûre. On oppose ordinairement sa méthode et la doctrine qui en est le fruit à celle de Descartes, et c'est avec raison ; mais on a tort de vouloir retrouver cette opposition jusque dans le dessein primitif et le point de départ.

L'entreprise de Descartes est, dit-on, surtout une entreprise logique. Ce qui est premier dans l'ordre du temps l'intéresse peu ; ce qu'il veut, c'est une vérité indiscutable, qui se suffise à elle-même et sur laquelle on puisse bâtir. Locke est surtout préoccupé de l'origine de nos connaissances. Or ces deux enquêtes ne se peuvent confondre : elles ne relèvent pas de la même tendance ni ne révèlent le même esprit. Mais si l'on se souvient que, dans la théorie de Descartes, la pensée est solidaire de l'esprit et lui est contemporaine, il faudra bien reconnaître qu'on ne peut lui assigner d'autre origine qu'elle-même et que par suite elle est, dans l'ordre chronologique, le premier fait, comme elle est, dans l'ordre logique, la première vérité.

Mais si l'un et l'autre ont le même dessein, leur méthode, et par suite leur doctrine, est toute différente. Locke est le disciple de Bacon : il ne veut faire appel qu'à l'expérience et à l'induction. Les idées et les principes innés, dit Descartes, résident dans notre âme et nous les apportons en naissant. Ils y sont, en effet, répond Locke ; mais leur présence est un problème, non une solution : D'où viennent-ils? D'où vient la pensée elle-même? De ce côté, Descartes s'est encore arrêté trop tôt dans son enquête. La pensée, la pensée réfléchie qui est enveloppée dans ce raisonnement ou cette induction : « Je pense, donc je suis », n'est ni simple ni primitive ; c'est un retour sur l'un de nos actes. D'où procèdent ces actes? de la sensation. C'est là le fait primitif. Par elle, nous connaissons le monde ; par la réflexion, nous nous connaissons nous-mêmes. Les sensations se redoublent en quelque sorte dans la conscience. Toute la connaissance humaine dérive de ces deux sources ; ce qui n'en peut sortir est faux et doit être abandonné.

La méthode expérimentale, telle du moins qu'elle était entendue par l'école sensualiste, aurait dû conduire Locke à nier toute substance, celle de l'âme comme celle de Dieu, à rejeter et la liberté qui ne peut surgir de la sensation, et la morale dont les lois échappent aux intuitions des sens. Un sentiment intérieur plus fort que l'esprit de système l'a retenu. A mesure qu'elle se développait, il a inséré dans sa théorie, peut-être à son insu, les idées que la sensation est incapable de fournir, mais que l'esprit, même pour se mouvoir, réclame. Cette réserve illogique ne pouvait s'imposer aux disciples de Locke. Une fois né, un système se détache de son auteur : il évolue comme un être vivant jusqu'à ce qu'il ait produit toutes ses conséquences et réalisé l'idée qu'il porte en son sein. Berckeley nie la substance des corps ; Hume, celle de l'âme.

Toutefois, c'est Condillac qui a donné à ce système la forme la plus systématique et la plus simple. Il rejette la réflexion ; tout vient des sens : il n'y a dans l'édifice de connaissance humaine qu'un fait unique, la sensation. Il est même inexact de dire qu'elle se transforme ; au fond, elle demeure toujours identique. Les circonstances qui accompagnent son apparition et les combinaisons dans lesquelles elle entre, lui donnent des apparences nouvelles et changeantes; mais, sous ces aspects divers, on peut la retrouver. Et c'est le mérite de Condillac de l'avoir reconnue. Fidèle à son système, il nie les causes et les substances. Le moi est une collection de sensations. Il est vrai que derrière le moi, dans un lointain inaccessible, il laisse subsister l'âme, qu'il admet l'existence de Dieu et même, chose plus étonnante encore, toutes les vérités de la foi. Mais on ne voit pas comment ces doctrines si hautes peuvent sortir d'une telle philosophie. En fait, ces deux théories paraissent contradictoires et je ne crois pas que Condillac ait jamais essayé d'y trouver un point d'accord.

Il ne faut donc pas s'étonner que ses successeurs immédiats aient renoncé à cette âme inaccessible, qui échappait aux prises de la conscience et vers laquelle le raisonnement ne pouvait nous conduire. Elle devait leur paraître, ce qu'elle est en effet dans la théorie de Condillac, une hypothèse inutile, un résidu mort d'une philosophie définitivement condamnée. Tout s'expliquait sans elle; il ne restait plus qu'à s'en débarrasser. « L'existence en nous d'un être, appelé âme, dit Destutt de Tracy, étant une chose qu'on ne peut prouver, n'est et ne saurait être qu'une supposition plus ou moins gratuite, destinée à expliquer ce que nous ne connaissons pas. Or, en bonne philosophie, c'est-à-dire en bonne logique, il faut savoir convenir de son ignorance et ne jamais hasarder de supposition pour la déguiser. » Allait-il jusqu'à nier l'âme? En restait-il au doute? Peut-être. En tout cas, c'était sûrement à la négation qu'aboutissait Cabanis. Il n'y avait pas pour lui de différence essentielle entre la pensée et la digestion, phénomènes de même nature, produits l'un par le cerveau, l'autre par l'estomac. C'était la fin d'une période.

Ces doctrines avaient leur contre-coup sur la morale.

Helvétius, reprenant et aggravant les doctrines brutales de Hobbes, la niait. Comme il n'y avait d'autre source de nos idées que la sensation, il n'existait d'autre mobile à nos actions que l'intérêt ; ce qui n'avait été chez Larochefoucauld qu'un paradoxe piquant de moraliste clairvoyant et morose, prenait dans la philosophie d'Helvétius les allures rigides d'un système. Et si le premier ne soulevait qu'une protestation où se mêlait souvent un sourire, le second franchement révoltait. De ces révoltes de la conscience, il se trouve des philosophes pour n'en pas tenir compte : ils refusent de prêter l'oreille aux bruits du dehors ; ils ne leur donnent pas accès dans leur pensée, où ils veulent poursuivre leurs recherches en toute liberté et en toute indépendance. On ne consulte pas plus, disent-ils, l'opinion sur les hauts problèmes de psychologie ou de morale que sur un théorème de mécanique ou de géométrie. Assimilation inacceptable. L'humanité abandonne les études purement spéculatives aux savants et aux spécialistes et renonce à toute influence sur leur travail, à tout contrôle sur leurs idées ; on n'obtiendra pas d'elle qu'elle se désintéresse de l'âme humaine et qu'elle cesse de suivre, avec un intérêt passionné, ces recherches qui peuvent, par leur résultat, troubler sa vie dans ce qu'elle a de plus élevé et de plus noble ou, au contraire, la pacifier et l'affermir. Il y a des vérités dont elle ne se laisse jamais spolier pour de bon, la morale lui étant aussi nécessaire pour vivre que l'air pour respirer. Et quand ils parviendraient à ne pas faire état des exigences de la foule et à s'enfermer eux aussi dans une tour d'ivoire, les philosophes ne pourraient pourtant pas se séparer d'eux-mêmes. « Quelque élevée que soit leur tête, leurs pieds reposent sur le sol, aussi bas que ceux des ignorants, des bêtes. » Ils sont hommes enfin et ne sauraient se résigner longtemps à livrer au hasard la conduite de leur vie. Si la nature confond ceux qui doutent sur ce point, elle confond encore plus ceux qui nient : ses réclamations deviennent si vives et si pressantes qu'on est bien obligé de les accueillir. Et c'est par là que les doctrines régnantes à la fin du xviiie siècle appelaient une réaction.

Les théories métaphysiques auraient d'ailleurs suffi à la provoquer. Locke et Condillac, nous venons de le voir, n'avaient pas été plus heureux que Descartes. Si celui-ci très tôt, trop tôt, s'était égaré dans le rêve, ceux-là s'acheminaient vers le néant. Et dès le début, on l'aurait pu prévoir. Toute méthode enveloppe la doctrine qu'elle paraît produire. Une sorte de nihilisme psychologique était latent dans la méthode expérimentale ; il ne pouvait manquer d'en sortir. Sans doute, la méthode expérimentale pouvait conduire à la vérité entière et complète ou, pour mieux dire, elle le devait ; mais à une condition pourtant, c'est qu'elle fût employée sans parti pris et que, avant toute enquête, elle ne fût pas amoindrie et faussée. Or, dès le début de leurs recherches, pour Locke et pour ses disciples, il était bien entendu qu'il n'y avait de méthode expérimentale que celle qu'avec tant de succès venaient d'employer les sciences de la nature, et qu'en l'appliquant à l'âme on ne devait ni la modifier ni l'élargir. Et comme celle-là n'avait souci que des phénomènes et des lois, celle-ci ne devait pas dépasser les lois et les phénomènes. C'est par les sens que nous connaissons les phénomènes extérieurs, objet des sciences naturelles. C'est par la conscience et la réflexion que nous atteignons les phénomènes intérieurs, objet de la psychologie. La réflexion, plus perçante que les sens, dépasse les phénomènes. Qu'importe? on restreindra son regard; et tout ce qui dépasse l'enceinte où l'on veut l'enfermer et comme la murer, on le déclarera illusoire. Condillac ira même plus loin : il niera la réflexion. Comme elles suivent la même méthode, la science de la nature et la science de l'âme n'auront désormais qu'un instrument : les sens. Et il se trouvera plus tard des psychologues qui, pour être strictement fidèles à ce qu'on peut regarder comme une gageure, refuseront, sinon toute existence, du moins tout crédit à la conscience et n'étudieront l'âme que du dehors.

Mais qui ne voit qu'avec une telle méthode, la philosophie est condamnée à périr? Les sens ne peuvent nous donner ni la substance ni la cause. Dès lors, l'unité disparaît. On ne la trouvera ni dans le monde, ni dans ses parties. L'être va se dissoudre sans qu'on puisse atteindre l'élément qui le constitue.

La loi est la manifestation extérieure de la cause; mais elle ne peut la suppléer. Une succession constante entre deux phénomènes indépendants l'un de l'autre est un problème et un problème insoluble. La nature, par son uniformité, nous pose une énigme dont nul ne nous donnera le mot : nous devrons dire que, malgré les apparences, les phénomènes sont sans lien et que par leur ensemble ils ne se ramènent pas à l'unité.

Cette unité qui n'est pas dans le tout, allons-nous la retrouver dans les éléments, dans les phénomènes? Pas davantage. Les phénomènes ne sont pas simples, mais complexes, composés ; on peut les analyser, y démêler des éléments. Prenons-en un. Une sensation simple, c'est le point d'arrêt, le phénomène primitif au delà duquel on ne peut remonter, dira Condillac. Mais comme l'on sent que cette réponse est insuffisante, qu'on ne peut s'y tenir, qu'on ne s'y tiendra pas! La philosophie est allée de la pensée à la sensation ; elle ira de la sensation à l'impression, au choc. La sensation, en effet, dira-t-on, est une synthèse, une connaissance déjà élaborée dont l'analyse, une analyse plus attentive et plus précise, nous fait découvrir les éléments. Cet élément est le choc physicomental, d'où surgit toute connaissance. Mais cet élément, primitif lui-même, quelque réduit qu'il soit, occupe une portion déterminée d'espace ou du moins de temps. Il est donc divisible comme l'espace et le temps, c'est-à-dire sans fin ; et l'unité que nous cherchons fuit devant nous d'une fuite éternelle. Ce n'est pas le moi qui est primitif, ni la pensée, ni la sensation, ni le choc. Qu'est-ce donc?. Un X insaisissable, qui se dérobe quand on s'approche de lui et qui tend à se dissoudre dans le néant.

Sans doute, toutes ces conséquences n'étaient ni tirées de la philosophie de Condillac, ni même prévues ; mais cette philosophie, on la sentait vaine. Quand Voltaire découvrait Locke, il s'écriait qu'il venait de lire l'histoire de l'âme dont Descartes ne nous avait donné que le roman. On commençait à s'apercevoir, vers la fin du xviii° siècle, que, comme il arrive souvent, cette histoire était moins véridique que le roman et qu'elle ne fournissait ni un aliment à la pensée ni un ressort à l'âme.

Aussi un mouvement de réaction se dessine de tous côtés. Thomas Reid, entraîné quelque temps sur les traces de Hume, se redresse tout d'un coup quand il se voit dans la nécessité de sacrifier sa famille et ses amis à un système, la vie réelle et concrète à une théorie abstraite; et il ressaisit, au nom du sens commun, toutes les vérités qu'il était sur le point de perdre. Plus abstrait, plus essentiellement philosophe, c'est à la science que Kant ne peut renoncer; et, pour la tirer du naufrage où elle va disparaître, il essaie de lui trouver un abri à égale distance du dogmatisme qu'il a dépassé et du scepticisme qui l'effraie. Ce mouvement de retour est si prononcé, il est si nécessaire, si impérieusement demandé qu'il se fait sentir jusque dans l'école qui a succédé à celle de Condillac et qui en a recueilli la doctrine. Destutt de Tracy et Cabanis qui outrent en un sens les conclusions de Condillac et acceptent le matérialisme, cèdent pourtant à la contrainte qui presse alors tous ceux qui pensent : sous les phénomènes par eux-mêmes trop inconsistants, ils retrouvent et reconnaissent la volonté.

C'est à ce moment que Maine de Biran commence à philosopher; et c'est lui qui va donner à ces tentatives une conclusion, à ces ébauches une forme moins imprécise et fonder une philosophie plus voisine de l'expérience que celle de Kant, plus réfléchie que celle de Reid, plus profonde que celle de Condillac, plus consciente d'elle-même que celle de Tracy.

CHAPITRE II

L'HOMME

La pensée est une lumière, la volonté est une force; entre les deux s'insère le désir. La pensée eveille habituellement le désir, et le désir suscite et dirige la volonté. Mais il n'en est pas toujours ainsi : il y a des tendances aveugles qui s'émeuvent spontanément et se dirigent comme à tâtons vers un but qu'elles ignorent. Elles ne procèdent pas de l'idée; elles lui sont antérieures, elles la font éclore. Sans doute, une tendance sans but, comme un désir sans objet, paraît inintelligible ou du moins illogique. Mais la réalité échappe souvent à la direction de notre logique abstraite, qui ne doit sa rigidité qu'à la simplicité ou mieux à la pauvreté des concepts qu'elle met en œuvre. Ces aspirations mal définies, cette poussée intérieure sourde et puissante, il n'est pas nécessaire d'être un psychologue très attentif pour les découvrir; et qui les ignore ne peut souvent donner de ses actes et de la direction de sa vie qu'une explication insuffisante et tronquée. Souvent, pas plus que ses actes, il ne peut expliquer sa doctrine. Les philosophes ont le regard fixé sur les idées et c'est leur pure lumière qui éclaire les démarches de leur pensée et semble la guider. Apparence trompeuse. Eux aussi, ils obéissent à des pressions intérieures mal définies ; ils en subissent la servitude. Les doctrines auxquelles ils se croient conduits par des nécessités logiques, ne sont souvent qu'une satisfaction donnée aux exigences d'une nature inquiète : « *Fata viam invenient,* » disaient les anciens. Et, en parlant ainsi, ils songeaient sans doute à une loi fatale, mais aussi à ces énergies latentes que le monde porte en son sein, dont rien ne saurait entraver la marche et qui se traduisent par des événements aussi nécessaires qu'imprévus. Il en est ainsi des forces qui gisent au fond de nos âmes : elles cherchent une issue ; et cette recherche, qui, chez les âmes vulgaires et les esprits sans vigueur, se termine à une inquiétude toujours inapaisée, aboutit chez d'autres plus puissantes à une doctrine ferme. C'est de ces profondeurs qu'émerge le système conçu, de cette obscurité que jaillit la lumière.

Nous connaîtrions d'une manière insuffisante la philosophie de Maine de Biran et nous serions exposés à la mal entendre, si nous ignorions sa vie, si nous ne savions non pas tant ce qu'il a fait que ce qu'il a été, quelle était sa nature, quelles ses aspirations. Il nous les a révélées lui-même avec une sincérité que rien ne peut mettre en défaut. Soupçonnait-il que son journal, après sa mort, serait livré au public? Peut-être ; mais il n'y pensait pas et, devant ce confident muet, il retrouvait la liberté qui lui manquait ailleurs. Délivré de toute crainte, sans réserve discrète et sans déguisement, il vidait sa pensée ; et par là nous le pénétrons à fond.

Il est de ceux pour qui la philosophie n'est pas un jeu, mais une entreprise grave où leur vie tout entière est engagée, qui vont à la vérité avec leur sens et leur raison, leur cœur et leur esprit, avec toute leur âme. Elle serait bien incomplète et bien superficielle, l'étude de ses doctrines qui s'en tiendrait aux idées ordonnées en système; elle s'arrêterait à la surface. Il faut aller plus avant; il faut sous le système trouver l'homme, le connaître en lui-même, en ses agitations et impuissances, en ses tendances toujours en éveil, surtout en ce désir fondamental qui ne prend que par degrés conscience de lui-même et que rien d'humain ne saurait apaiser. Il y a là un dynamisme intérieur qui éclaire sa pensée et qui nous permet d'en saisir, à travers ses variations, l'unité organique et vivante.

I

François-Pierre Gontier de Biran[1] naquit à Bergerac le 29 novembre 1766. Son père était médecin; et c'est sous sa direction qu'il commença ses études. Il les termina à Périgueux, chez les doctrinaires : éducation religieuse qui ne laissa pas dans son âme des traces bien profondes; il paraît l'avoir oubliée, lorsqu'en 1784 il vient à Paris pour

---

1. Ce n'est que plus tard qu'il prit le nom de Maine d'une propriété, « Le Maine », près de Mouleydier; on ignore à quelle date. Une requête datée du 26 février 1787, où il réclame pour sa sœur Marie-Victoire et pour lui l'entérinement des lettres de bénéfice d'âge, est signée de ce nom. Il n'est pas le seul de sa famille qui l'ait porté. Son cousin Jean Gontier, garde du roi, était sieur du Maine. Il signait : Maine de Biran. (*Manuscrits conservés aux archives de la Dordogne.*)

entrer aux gardes du corps. Les salons étaient encore ouverts. Il y trouve les succès que lui valurent toujours son extérieur agréable et sa distinction naturelle; il en est heureux et cède aisément à l'entraînement du plaisir : vie frivole et légère qui l'eût peut-être conquis pour toujours, si son départ forcé n'était venu y mettre un terme.

En 1789, aux journées des 5 et 6 octobre, il est à son poste, aux côtés de Louis XVI, pour le défendre contre la foule que conduit Maillard et que Lafayette réussit à peine à contenir[1]. Il est blessé au bras et bientôt les gardes du corps sont licenciés. Il prolonge quelque temps son séjour à Paris, étudie les mathématiques. Mais il comprend vite que, trop compromis en faveur de la cause royale, il verra se fermer devant lui toutes les carrières ; et il prend à regret, semble-t-il, la décision de se retirer dans sa terre de Grateloup.

Son père et sa mère[2] étaient morts. Son unique sœur, Marie-Victoire, qu'il avait tant aimée, les suit bientôt dans la tombe. Le voilà seul, dans une inaction dont il n'espérait pas sortir de longtemps. On était en pleine Terreur; et rien ne faisait encore prévoir la chute, prochaine pourtant, de Robespierre. Ce repos forcé, ces morts récentes, cette solitude inattendue, le souvenir qu'il y avait emporté des journées d'Octobre, l'écho de journées plus tragiques encore qui venait l'y assaillir, eurent sur lui une influence

---

[1]. Les gardes du corps avaient été placés en avant du château de Versailles, pour défendre le roi contre l'attaque des factieux. Son cheval fut tué sous lui et il n'échappa au poignard des assassins que par des circonstances presque miraculeuses (*Disc. de M. Chilhaud de la Rigaudie à la Chambre des députés*, 27 juillet 1824).

[2]. Son père se nommait Jean Gontier et sa mère Camille Deville.

salutaire et décisive. Ses opinions politiques sont désormais fixées. Son âme s'ouvre aux pensées graves et, désertant la vie frivole, il entre, pour n'en plus sortir, dans la philosophie. Ce fut une vraie conversion où les idées religieuses eurent peu de part et qui décida de son avenir.

Quelques années après, quand la France, délivrée de Robespierre, s'essaie à une vie normale et régulière, le 14 mai 1795, il est nommé administrateur de la Dordogne[1] qui, deux ans après, le 13 avril 1797, l'envoie au conseil des Cinq-Cents ; et là il se déclare avec tant de vigueur contre les tendances révolutionnaires qu'au coup d'État de fructidor, son élection est annulée.

Il rentre à Grateloup le 1ᵉʳ juillet 1798, en compagnie de sa jeune femme[2], qui devait sitôt mourir. Ce sont les années douces, c'est le bonheur qu'il ne retrouvera plus et vers lequel se reporteront toujours ses regards et sa pensée[3]. Il est libre, débarrassé du mandat qu'il avait sollicité sans doute, qu'il sollicitera encore plus tard et qui pourtant lui est un fardeau. La solitude vers laquelle il fut toujours attiré par un secret penchant de son cœur, désormais embellie, lui est un repos, une joie. Son journal est là, son journal interrompu en 1795 à son entrée dans la vie publique. Il ne sent pas le besoin de le reprendre. Ces entretiens austères avec lui-même lui sont inutiles, ou ne lui suffisent plus. C'est d'un autre côté qu'il s'épanche dé-

1. Il fut nommé par Boussion représentant du peuple.
2. Il avait épousé, à Périgueux, Mᵐᵉ du Cluseau, née Louise Fournier. Il eut d'elle un fils, Félix et deux filles, Éliza et Adine. Elle mourut le 5 octobre 1803.
3. Maine de Biran, *Sa vie et ses pensées*, publiées par Ernest Naville, p. 377 et passim, Paris, 1857.

sormais. Et, dans la chaude atmosphère du foyer, son âme inquiète et endolorie se calme, s'assainit, semble revivre. Son esprit en ressent une heureuse influence; c'est alors que deviennent fréquentes les heures où, suivant une expression qui lui est familière, il est « en bonne fortune avec lui-même ».

De cette époque date son premier ouvrage, *Le Mémoire sur l'habitude*, qui fut couronné par l'Académie en 1802[1]. Peu curieux de renommée, sentant bien d'ailleurs que ces études qui le passionnent ne peuvent, surtout à cette époque, émouvoir l'opinion, au jugement du public il préfère celui des Académies. C'est le seul de ses écrits qu'il a publié lui-même. Mais il envoie, en 1806, à l'Institut[2], son *Mémoire sur la décomposition de la pensée;* en 1807, à l'Académie de Berlin, son *Mémoire sur la Perception immédiate* et en 1811, à l'Académie de Copenhague, son *Mémoire sur les rapports du physique et du moral de l'homme.*

Son *Mémoire sur l'habitude* l'a mis en rapport avec les derniers représentants de la philosophie sensualiste, Destutt de Tracy et Cabanis. Les relations deviennent bientôt suivies, presque intimes : Destutt de Tracy approuve et encourage ses travaux; Cabanis s'inquiète de sa santé et lui écrit des lettres où le diagnostic et les prescriptions du médecin s'unissent aux sollicitudes de l'ami; quoique habitant la province, il est regardé comme membre de la célèbre société d'Auteuil.

1. La commission qui examina son ouvrage était composée de Cabanis, Ginguené, La Réveillère-Lépaux, Daunou, Destutt de Tracy.
2. Il fut élu membre correspondant de la classe d'histoire et de littérature ancienne.

Ce n'était pas pour lui concilier la faveur de Napoléon, qui fait surveiller ceux qu'il nomme dédaigneusement les idéologues et qui les tient à distance. Aussi, lorsqu'en 1808, par l'entremise de son ami Ampère, il sollicite une place de recteur dans l'Université, il est éconduit. Nul ne pouvait être recteur, s'il n'avait déjà été professeur. Mais professeur, Maine de Biran avait voulu l'être; et, sur le conseil de ses amis, il avait demandé une chaire de mathématiques au lycée de Versailles, en 1803 : elle lui avait été alors refusée pour des motifs ignorés. Il dut regretter cet échec. Il avait le goût de l'enseignement; il croyait en avoir les aptitudes; il lui garda toujours son estime. En 1816, quand on discutait, dans la Chambre introuvable, la loi sur le cumul, il prit la parole en faveur de ces salariés exceptionnels dont la fortune ne fut jamais ni le premier aiguillon, ni la fin, ni la récompense..., « professeurs, savants de premier ordre, occupés à agrandir le domaine des sciences et à multiplier sans cesse les conquêtes de l'homme sur la nature ».

Ne pouvant enseigner, il fonda une école, non plus de hautes mathématiques, mais d'enseignement élémentaire. Pestalozzi[1] venait d'inaugurer sa méthode qui rencontrait des contradicteurs et des adversaires, mais aussi des admirateurs enthousiastes et des adeptes fervents. Napoléon avait refusé de l'entendre; Maine de Biran lui offrit un asile. Il voyait une application et comme un prolongement de sa propre théorie dans la méthode de ce rénovateur de l'éducation populaire. Celui-ci, en effet, se proposait d'éveiller la spontanéité de l'élève, de le pousser,

---

1. Henri Pestalozzi (1745-1838), instituteur à Zurich.

non pas à recevoir, mais à faire lui-même, de concert avec le maître, son éducation. Rien de meilleur aux yeux de Maine de Biran. Tout lui paraissait bon qui suscitait l'énergie active et volontaire et tendait à la développer. L'école eut d'ailleurs peu de succès. Fut-il plus heureux dans la fondation de la « Société médicale »[1]? Je ne sais. Mais si cette société n'a contribué d'une manière très efficace ni aux progrès de la médecine ni au développement de la psychologie dans ses rapports avec la physiologie, elle a du moins fourni un auditoire à Maine de Biran. C'est là qu'il a lu ses *Nouvelles considérations sur le sommeil, les songes, le somnambulisme et ses observations sur le système de Gall.*

Entre temps, la vie publique, sans interrompre ses travaux, l'avait repris. Conseiller de préfecture en 1805, sous-préfet de Bergerac en 1806, il est envoyé par ses administrés, dont il avait su gagner la confiance, au Corps législatif en 1809[2]. Il y demeura jusqu'à la chute de l'Empire. Sous la Restauration, ses électeurs lui renouvelèrent et, sauf une légère interruption, lui maintinrent son mandat jusqu'à sa mort. C'est de ce second séjour à Paris que date une phase nouvelle dans le développement de sa pensée. Non pas sans doute que la théorie qui fait le fond de son système s'y soit modifiée ; mais son horizon s'ouvre et s'étend. Des questions d'un autre ordre se posent dans son esprit ; et il est amené, sinon à transformer, du moins à

---

1. Il en fut naturellement élu président. La première séance eut lieu le 1ᵉʳ avril 1807.

2. Il ne partit pour Paris qu'après la nomination de son successeur à Bergerac en 1812.

compléter ses vues. Il devient le centre d'une nouvelle société philosophique. C'est chez lui que se réunissent Guizot, Royer-Collard, Ampère, Ampère son correspondant fidèle, son contradicteur, son collaborateur et son ami, Cuvier et son frère, Durivau, directeur de l'École polytechnique et enfin, Cousin, « le jeune Cousin », qui devait prêter à ses doctrines sa parole éclatante et inaugurer sa gloire. Au sortir de la Chambre et de ses débats ardents, ils venaient là empressés et fidèles et y retrouvaient pour discuter sur l'inconscient et sur l'effort toute leur éloquence et toute leur passion. Spectacle rare! âmes privilégiées que les soucis du jour ne pouvaient absorber tout entières et qui, dans leurs journées si pleines, savaient faire une place à ces nobles travaux! « Il est bien question de ma santé, écrivait Ampère avec sa brusquerie habituelle à l'un de ses correspondants; nous ne devons nous occuper que des choses éternelles. » Ces choses éternelles, Maine de Biran qui dans une autre enceinte était habituellement muet, savait en parler en maître. C'est là qu'il reprenait tous ses avantages.

Il devait souffrir moins que d'autres du silence auquel, sous l'Empire, le corps législatif était réduit. La tribune qu'il aborda quelquefois par devoir sous la Restauration, l'effrayait. Cette timidité invincible qui glaçait sa parole et lui enlevait tout élan, n'entamait pas son caractère et ne diminuait pas son énergie. Il fut des cinq qui, au nom du corps législatif, après la bataille de Leipzik, présentèrent des remontrances à Napoléon et réclamèrent pour la nation épuisée le repos et la paix. Remontrances bien humbles; mais, dans le silence universel où le moindre murmure était entendu, elles parurent audacieuses. L'Empereur avec une colère feinte ou réelle, y reconnaissant, dit-il, l'esprit de la Gironde et d'Auteuil, refusa de les accueillir.

Le corps législatif dissous, Maine de Biran se rend à Grateloup, où il épouse en secondes noces, le 3 mai 1814, sa cousine, Louise-Anne Favareilhes de la Coustète. Il ne rentre à Paris qu'avec le roi. Il reprend sa place à la chambre dont il est nommé questeur et demeure fidèle à Louis XVIII jusqu'à sa mort. Cette fidélité le rendit suspect pendant les Cent-Jours. Devant les menaces qui lui arrivaient de tous côtés, sur les conseils de sa famille il prit la fuite. Mais bientôt las d'une situation dont l'inquiétude lui paraissait pire que tout, il se livra lui-même. On lui rendit aussitôt avec la liberté la sécurité.

De retour à Paris avec Louis XVIII, il prend part aux travaux de la chambre, la chambre introuvable dont il ne peut partager les passions et l'aveuglement, dont il déplore les excès. Il passe pour modéré; cela lui vaut un échec aux élections d'octobre 1816. Ses électeurs lui reviennent en septembre 1817 et lui restent fidèles jusqu'à sa mort. Ennemi par nature de tout excès, fuyant les extrêmes, il est, suivant l'occurrence, opposé aux ultra-royalistes et aux libéraux et par là fournit un prétexte à l'accusation de versatilité que lui lancent ses commettants. Ce n'est pas lui qui change, mais les assemblées dont il est membre; et c'est pour rester fidèle à lui-même et à sa politique modérée, qu'il se fait tour à tour l'allié et l'ennemi de l'opposition.

Partisan d'une sage liberté, il croit qu'elle doit s'abriter sous une autorité forte. Ces deux choses, loin de se combattre, lui paraissent se fortifier l'une l'autre et se prêter un mutuel appui. Il n'y a d'autorité stable à ses yeux que celle qui est légitime, qui doit sa force non pas à une surprise de l'opinion, mais à de longs services rendus, à un passé glorieux, qui, sortie du sein de la nation, a grandi avec elle, lui est unie par des liens que la violence seule peut briser. Aussi, après avoir soutenu le duc de Richelieu et le duc Decazes et voté la loi d'amnistie en 1816, il devint, à partir de l'assassinat du duc de Berry par Louvel, l'un des plus fermes appuis du duc de Richelieu remonté au pouvoir avec le dessein arrêté de réagir contre la politique libérale. Il vota les lois restrictives de la liberté personnelle et de la liberté de la presse, s'associa à la réforme électorale et se sépara en cette occasion de ses amis Royer-Collard et Guizot.

Il demeurait d'accord avec eux sur un autre terrain. La politique ne lui avait pas fait un instant oublier la philosophie; mais, depuis la publication du *Mémoire sur l'habitude* où Destutt de Tracy et Cabanis avaient reconnu leur doctrine, ses opinions avaient évolué : il en était venu à une doctrine plus haute, qui l'acheminait lentement vers le christianisme.

Sa santé cependant, qui avait toujours été faible, déclinait. Vers 1824, son état devint inquiétant. Son fils Félix est rappelé auprès de lui. Bientôt la faiblesse augmente et il ne lui est plus permis de recevoir même ses amis. Seuls, Lainé et Mgr de Frayssinous dont il ne veut pas se séparer, ont accès auprès de lui. Et le 20 juillet 1824, il meurt dans la foi retrouvée et reconquise de son enfance et de sa jeunesse [1].

II

Il se trouva, comme on le voit, mêlé à de grands événements; mais la part qu'il y prit ne fut ni prépondérante ni décisive. Nous les avons racontés brièvement. Nous aurions voulu ce récit plus court. Ce n'est pas là que réside la vie, la vraie vie de Maine de Biran; elle est ailleurs, concentrée tout entière et close dans l'enceinte de sa conscience. Le seul mouvement qui l'intéresse est le mouvement de sa pensée, ou mieux encore l'ascension graduelle de son âme vers une vie meilleure. Il se prête au monde, il paraît aimer les succès qu'il y rencontre; mais il retrouve avec bonheur la solitude, qui lui est une libératrice, « où le temps tombe goutte à goutte, n'interrompt par aucun bruit la méditation solitaire [2] » et laisse le champ libre à « la pensée qui doit remplir toute l'existence [3] ».

Tout le prépare à la vie intérieure, et l'horreur que lui inspire la vie publique, et la faiblesse de son tempérament qui exige impérieusement le repos, et la séduction qu'exercent sur lui l'immatériel et l'invisible, et enfin ce goût inné de se regarder vivre et d'être spectateur plutôt qu'acteur, même en ce qui le concerne.

1. *Ami de la Religion* (24 juillet 1824); *Moniteur* (23 et 24 juillet).
Maine de Biran fut enterré au Père-Lachaise. Exhumé le 21 avril 1866, il fut transporté au cimetière de Saint-Sauveur (près Bergerac), où il repose à côté de sa première femme.
2. *Pensées*, p. 180.
3. *Ibid.*

La parole publique lui était un tourment. Au début de la Restauration, dans la chambre où il entrait avec la réputation discrète mais solidement établie de philosophe profond et où sa ferme attitude dans la commission des Cinq lui valait une légitime popularité, on s'étonnait de son mutisme persistant. Pourquoi ne parlez-vous pas? lui disait-on de tous côtés. « Pourquoi? répond-il avec un peu d'humeur, pour ne pas dire de sottises, tant d'autres s'en chargent pour moi! » Mais il ne s'en tient pas là, et, par un retour sincère sur lui-même, il reconnaît que « la nature ne l'a pas destiné à influer sur les autres par la parole ». « Mes dispositions physiques, dit-il, ma timidité, le défaut absolu de confiance que j'ai dans mes moyens, l'incertitude de mon caractère qui m'empêche toujours de prendre un parti ou de me déterminer sur-le-champ, l'absence de ces passions animées qui poussent les autres à la tribune et les font parler quelquefois avec éloquence ; enfin, le défaut d'habitude de lier des idées dans une suite de phrases particulières et improvisées, voilà une partie des obstacles qui me tiennent dans le silence et qui m'empêcheront toujours de jouer un rôle dans une assemblée telle que la nôtre[1]. » Et, quand le devoir lui fait vaincre ses appréhensions et l'amène à cette « redoutable » tribune, il reconnaît que ses répugnances n'étaient que trop fondées. Sa voix manque de force et d'étendue, son attitude d'assurance. Sa pensée qui, même dans la méditation solitaire, ne se meut qu'avec peine, se trouve alors immobilisée et demeure inactive. Les

---

1. *Pensées*, p. 157; cf. p. 156.

idées qu'il a laborieusement recueillies et enchaînées, lui échappent tout à coup et s'évadent de tous côtés. Le silence qui l'entoure et dans lequel tombe sa parole, l'émeut : il ne peut supporter le feu de tous ces regards fixés sur lui. Ce qui pour les tempéraments oratoires et les natures combattives est un cordial puissant, lui est un obstacle invincible. Inexpérience de la parole sans doute, mais aussi gêne instinctive et organique. Et cela est si vrai que d'une grande assemblée, toujours, même quand il n'a pas de rôle actif à y jouer, une oppression physique lui vient. « Je me sens plus faible, dit-il, au milieu de tant d'hommes forts ; je ne me mets pas en rapport avec eux ; je cesse d'être moi sans me confondre avec les autres[1]. » Il est là comme un vaincu.

Il ne se débarrasse pas entièrement de ses craintes, quand il va dans le monde. Sa timidité l'y accompagne, mais si atténuée qu'au lieu de lui être un obstacle, elle lui est un secours. Se sentant faible, il éprouve plus qu'un autre le besoin d'être soutenu, d'être en paix avec tout le monde, d'inspirer de la bienveillance à chacun : ce qui le met dans la nécessité de faire beaucoup de frais pour être agréable, pour ne choquer personne, pour attirer à lui par des manières prévenantes, des soins assidus [2]. Et cette vigilance fait qu'il conserve jusqu'à la fin de sa vie les succès que, jeune et brillant[3], il obtenait sans effort. Cette crainte anxieuse passe inaperçue ; il en souffre pourtant : il a des velléités de fuir le monde [4] auquel

1. *Pensées*, p. 248 ; *Ibid.*, p. 260.
2. *Ibid.*, p. 216.
3. *Ibid.*, p. 146.
4. *Ibid.*, p. 216.

la douceur de sa nature le ramène. Il porte envie aux natures saines et fortes qui, même sous le poids des affaires publiques, savent garder intacte leur liberté d'esprit et sont prêtes à parler, à agir comme il convient, en chaque occasion qui se présente [1]. Quel contraste avec sa préoccupation habituelle [2] ! Mais pour remédier à ce défaut, ajoute-t-il avec tristesse, il faudrait commencer par guérir les nerfs [3].

Il est malade en effet. Le vent qui souffle, la pluie qui tombe, l'hiver qui arrive secouent, abattent, immobilisent son organisme débilité ; et son âme délicate et attentive en éprouve le douloureux contre-coup. Cette faiblesse qui le met à la merci des variations les plus légères de la température, rare à cette époque et dans cette génération vaillante et robuste, mais depuis lors si fréquente, elle a un nom : c'est la neurasthénie. Maine de Biran en a tous les stigmates, et la mémoire qui très tôt défaille [4] et l'anesthésie partielle et intermittente et l'obnubilation de l'esprit et l'agitation fébrile. Comme ses sens, son âme est parfois insensible : rien ne le touche, ni ne l'émeut [5]. Pour secouer cette torpeur, il fait appel à l'étude. Mais alors rien de suivi. Il prend, laisse, reprend des travaux qu'il ne peut poursuivre, feuillette au hasard

1. *Pensées*, p. 215.
2. *Ibid.*, p. 214.
3. *Ibid.*, p. 216.
4. La mémoire s'est affaiblie... C'est par la perte de cette faculté que je mesure l'affaiblissement de mes forces intellectuelles... c'est une véritable maladie d'esprit, ou un affaiblissement qui correspond à celui des forces physiques (*Pensées*, p. 163).
5. *Ibid.*, p. 141 ; cf. 206, 260, 301.

les livres à sa portée. S'il écrit, sa plume s'arrête, hésitante comme sa parole devant un public : l'irrévocable lui fait peur. Toute idée qu'il exprime, à peine émise, saisi d'inquiétude il voudrait la rappeler [1]. De là sa manière de composer. Il va sans dessein précis, comme à l'aventure; c'est par lambeaux qu'il lui faut arracher de son esprit les éléments de sa pensée avant d'arriver au plan de son œuvre. Est-il besoin de dire qu'elle garde la trace de ce travail, qu'elle en porte la douloureuse empreinte. Toute activité régulière est au-dessus de ses forces, un fardeau sous lequel il plie; il y trouve à peine une diversion à son inquiétude. C'est alors que, dans la solitude qu'il a tant désirée, le souvenir du monde où il pouvait au moins se fuir lui-même, lui revient obsédant et aggrave d'un regard son agitation fébrile.

Nature malheureuse, dira-t-on, inactive et impuissante. Oui, mais âme d'élite et volonté admirable. Tout n'est pas impuissance dans ces hésitations perpétuelles. S'il déserte la tribune, si, dans le monde de la politique et des affaires, il erre « comme un somnambule », inattentif et distrait, c'est qu'il lui est impossible de prendre intérêt aux questions qui s'y agitent et d'en partager les passions [2].

1. *Pensées*, p. 231, 252, 304, 305.
2. ... Ce qui flatte les hommes, ce qui a tant d'empire sur eux, les richesses, l'ambition; rien de tout cela ne m'a tenté un instant; les affaires ne m'ont jamais occupé (*Pensées*, p. 133-134). ... enfin les séances de la Chambre où je suis quatre à cinq heures de suite comme à un spectacle ennuyeux, suivant des yeux et des oreilles un orateur, comme on suit les mouvements d'un danseur de corde, sans qu'aucune faculté de l'esprit soit exercée, souvent laissant errer mon imagination dans le vague. Cette vie n'est propre qu'à abêtir... J'aspire à redevenir *moi* (*Ibid.*, p. 150). ... Je

Comme Socrate et Platon, c'est un rêveur. Pour lui, comme pour eux, ce n'est ni dans la matière, ni dans le mouvement extérieur où s'épuise l'activité humaine, que se trouve l'être vrai [1]; il est intérieur et caché. Le monde métaphysique auquel il n'abordera que plus tard, le tente déjà dès le début de sa vie publique. Les préventions dont il a été nourri, l'empêchent d'y pénétrer ; mais il est sur le seuil et ce seuil lui paraît sacré. Il est épris de sa beauté. Sans la connaître, il la pressent, il va vers elle; et, par une brèche impraticable avant lui, il en ouvrira l'accès.

De là, quand il écrit, ses hésitations et ses craintes, et aussi les variations de sa pensée. Philosopher pour lui n'est pas répéter des formules apprises, reprendre des déductions déjà faites; c'est se mettre en face du réel et le voir dans sa nudité. Or, si les idées abstraites sont simples, la réalité, surtout intérieure, est complexe; ses aspects sont changeants; elle a des profondeurs difficiles à sonder. On ne peut la saisir dans sa fuyante mobilité ni en pénétrer le fond sans un effort persévérant et toujours repris. Maine de Biran ne se tient jamais pour assuré d'en avoir épuisé le contenu. Au delà du point où s'arrêtent ses regards, n'y a-t-il rien, n'y a-t-il pas un monde nouveau

---

suis comme un somnambule, au milieu de ce monde qui est léger (*Ibid.*, p. 262 et passim).

[1]. On ne conçoit pas parmi nous la vie intérieure, on la regarde comme folle et vaine, tandis que ceux qui connaissent cette vie regardent du même œil les gens du monde, qui sont tout hors d'eux-mêmes. Qui est-ce qui a raison? Ceux qui nient ce qu'ils ne connaissent pas et ne veulent pas le connaître? Je connais aussi bien que vous le monde extérieur et je le juge; vous n'avez pas l'idée de mon monde intérieur et vous voulez le juger (*Pensées*, p. 232)!

dont un Christophe Colomb fera quelque jour la découverte [1]? Il lui en reste une inquiétude.

Il est trop sincère pour la dissimuler; et son embarras passe dans son style. Il ne songe qu'à être vrai; c'est la nature la moins oratoire qui soit. Il y a des esprits pour lesquels la pensée ne vaut que par l'effet qu'elle peut produire : ils songent à lui donner du relief, de l'éclat, à l'armer de douceur ou de force pour l'insinuer ou la faire entrer violemment dans l'âme des auditeurs; ils sont préoccupés et du tour grammatical et de la valeur, mais aussi de l'élégance et de la sonorité des mots. Maine de Biran n'a souci que de science pure. C'est un savant uniquement attentif à ses expériences; et le résultat de ses recherches ne s'ordonne pas spontanément en phrases bien agencées, en métaphores voyantes : il pense sans paroles. Tandis que d'autres, pour écrire, n'ont qu'à recueillir le discours intérieur, lui, il doit traduire et comme transposer sa pensée[2]; et cela ne va pas sans quelque embarras ni quelque gaucherie.

Il est plus heureux quand il parle de ses découvertes : il se retrouve lorsqu'il est question de philosophie[3]. Sans doute, il en parle encore moins comme qui pense que comme qui se souvient; mais ces choses, il les a

---

1. Qui sait tout ce que peut la réflexion concentrée, et s'il n'y a pas un nouveau monde intérieur qui pourra être découvert un jour par quelque Colomb-métaphysicien (*Pensées*, p. 213)?

2. ... Je néglige les expressions, je ne fais jamais une phrase dans ma tête; j'étudie, j'approfondis les idées pour elles-mêmes, pour connaître ce qu'elles sont, ce qu'elles renferment, et avec le plus entier désintéressement d'amour-propre et de passion (*Pensées*, p. 227-228).

3. J'ai retrouvé toute ma vie, en discutant sur mon principe psychologique de causalité, et sur les points de vue de Kant, avec MM. Stapfer et Ampère (*Ibid.*, p. 301; *ibid.*, p. 152).

si bien vues, d'un œil si pénétrant, il les a poursuivies d'une recherche si patiente et si obstinée, il s'en est emparé d'une prise si victorieuse qu'il ne peut les oublier. Ses hésitations cessent, sa timidité disparaît, sa parole est si ferme et si précise qu'il réveille chez ceux qui l'entendent le regret de ne pas le voir aborder la tribune. Ce regret, il l'éprouve lui-même. « Il faudrait, dit-il, que je pusse prendre aux matières politiques qui s'y (à la Chambre) traitent le même intérêt que je prends aux choses de spéculation [1]. »

Mais il n'y parviendra pas; il est ramené à la vie intérieure par ses impuissances elles-mêmes et par ses goûts. « Pour être psychologue il faut être malade », dit-il lui-même.

Sainte-Beuve le conteste. Il est vrai pourtant que, plus fort, Maine de Biran se serait tourné vers l'action [2]. Mais parce que l'instrument est rebelle entre ses mains, qu'il fléchit et que parfois il se dérobe, il est amené à s'occuper de lui plus que de l'œuvre qu'il accomplit, à en étudier le mécanisme, à le démonter, à examiner l'une après l'autre les pièces qui le composent. C'est presque une nécessité.

C'est de plus un goût : « Je suis…, dit-il, doué de l'aperception interne, et j'ai, pour ce qui se fait au dedans de moi, ce tact rapide qu'ont les autres hommes pour les objets extérieurs [3]. » Il a une lucidité merveilleuse; rien ne lui échappe.

---

1. *Pensées*, p. 159-160.
2. Avec une machine frêle, presque toujours malade, je ne pouvais guère me répandre au dehors; j'existais donc en moi, je suivais toutes les vicissitudes qui s'opéraient dans ma manière d'être (*Ibid.*, p. 133).
3. *Ibid.*, p. 290.

Et ce regard intérieur restera toujours ouvert sans jamais se voiler. L'activité un peu incohérente et désordonnée de l'âge mûr fera bientôt place à une faiblesse croissante : une à une, ses facultés s'amortiront. La lumière intérieure ne s'éteindra pas. Et, comme elle a éclairé le chaos, seule à peu près survivante, elle luira sur des ruines. Il assiste vivant à sa propre déchéance ; et dans ce qu'il a de plus intime et de plus cher, dans la vigueur de sa pensée et l'élan de sa volonté, il se sent mourir [1].

III

Tout enfermée qu'elle est dans l'enceinte du moi, cette vie dont il est le spectateur attentif est une vraie vie. Elle n'est donc pas inerte ; elle évolue. Toute vie est un mouvement et tout mouvement suppose un terme. Maine de Biran tend vers ce qu'il a nommé lui-même la vie de l'Esprit. Et dès le début de son existence consciente ou du moins de sa conversion, à son insu, il en ressent l'attrait. C'est vers elle qu'il se dirige.

Toute son enquête philosophique est dominée par cette question : Que pouvons-nous pour le bonheur [2] ? C'est elle qui met en branle son esprit, elle qui l'inquiète et ne lui laisse pas un instant de repos. Question banale, inquiétude universelle qui meut le monde ; mais à cette question, Maine de Biran en ajoute une seconde : Où est le bonheur? Et, par la solution négative qu'il lui donne, il

---

1. *Pensées*, p. 230.
2. *Ibid.*, p. 119, 124.

se sépare de la foule et se met dans la voie que, non pas sans résistance, mais pourtant avec fermeté, il suivra jusqu'au bout. Le bonheur en effet n'est ni dans la fortune, ni dans la réputation, ni dans rien d'extérieur à l'homme ; il ne peut se trouver que dans l'âme[1].

Un instant, sous la poussée de la jeunesse, il a cru que les passions pourraient le lui donner. Il les a suivies. Défaillantes, il a essayé de les ranimer, croyant que rien ne pourrait les suppléer[2]. Vite dépris[3], il a cherché ailleurs, mais toujours dans son âme. « Convaincu, dit-il, que les passions ne donnent pas le bonheur qu'elles promettent,... je rentre en moi-même..., et j'attends toujours que quelque heureux moment, semblable à celui que j'ai goûté, vienne jeter des fleurs sur ma monotone existence. Il en vient quelquefois...,mais je sais bien qu'il n'est pas en mon pouvoir de me donner des ravissements semblables... [4]. » Élève de Condillac, sans se réclamer d'Épicure, il attend comme lui le bonheur d'une sorte d'ascétisme indolent et austère. Se mettre à l'écart, à l'abri du mouvement et de

---

1. *Pensées*, p. p. 133, 153, 162.
2. Ce que le monde nomme plaisir, je l'ai goûté dans toute son étendue... Souvent, en sentant le calme que me laissait l'absence des passions, je me suis plaint, je me suis indigné contre moi-même, j'étais comme un paralytique qui voudrait à toute force s'agiter et marcher. Je me disais : Tant que tu seras dans cet état d'indifférence, tant qu'aucune passion ne te donnera du mouvement, tu mèneras toujours une vie obscure, languissante, incapable d'aucun élan... je luttais ainsi contre mon organisation, qui m'entraînait invinciblement au repos ; je me consumais en vains efforts, et toujours mécontent et malheureux par le sentiment injuste de mon abjection, je désespérais de moi-même, et je me regardais avec douleur comme un homme dégénéré (*Ibid.*, p. 120-121).
3. *Ibid.*, p. 121.
4. *Ibid.*, p. 122.

la tempête et là, trouver dans le sentiment de la vie une joie intime et profonde, c'est tout ce qu'il désire[1]. Il se refuse à tout ce qui est excessif.

Plus peut-être encore que contre la tristesse, il est en garde contre la joie[2]. Ce qu'il désire, c'est l'ataraxie, et même moins que cela, puisque la paix qu'il envie ne relève en rien de la volonté et n'a aucun lien avec la vertu[3]. Rêve étrange chez un jeune homme. On aurait tort pourtant de n'y voir que la lassitude précoce d'une nature débile.

Il sent déjà[4], et sentira bientôt plus vivement, que cette paix est trop instable, trop dépendante des variations de son organisme, qu'il est impuissant à la conquérir et à la garder quand elle survient. Il sera conduit à en chercher une autre[5] plus haut, qui soit à ses ordres. D'ailleurs, même assurée et permanente, il l'aurait désertée. Ce qu'il aime en elle, c'est la vraie paix de l'âme dont elle lui fournit une image, infidèle et faussée, mais une image enfin qui suffit à le décevoir. « Pendant que j'étais jeune, dit-il, je confondais le sentiment de la force et le plaisir immédiat

---

1. Désabusé heureusement, je me dis que je dois tirer de l'état où je suis le meilleur parti possible, et qu'avec une faible constitution qui ne tend qu'au repos, je ne dois pas me faire le même système de bonheur que ces hommes dont le sang bouillonne avec force, et que leur activité entraîne invinciblement vers les objets extérieurs... je me félicite de ma faiblesse, qui me garantit de ces illusions... (*Pensées*, p. 122; cf. p. 137, 174, 263).

2. Lorsque je me sens très-disposé à la joie bruyante, cet état, si je m'y laissais aller, pourrait être agréable pour quelques instants, mais je m'en méfie et je le redoute presque autant que son contraire. Ma grande ambition serait de me maintenir dans la situation moyenne. Celle-là m'offre l'image d'une paix si douce (*Ibid.*, p. 140-141)!

3. *Ibid.*, p. 130.

4. *Ibid.*, p. 123-124.

5. *Ibid.*

qui résulte de la vie, avec le contentement intérieur de la conscience, qui s'attache aux bonnes actions et aux bonnes pensées, au bon emploi de nos facultés[1]. »

C'est lentement qu'il va sortir de cette erreur et prendre conscience du désir fondamental de son âme. Avant d'arriver au terme, il s'arrête un instant dans le stoïcisme. Ce n'est qu'une halte. Cette évolution de sa pensée paraît liée à la philosophie de l'effort et il en viendra à les identifier. « Penser, dira-t-il, est un acte moral. » Ces deux phases pourtant sont distinctes et n'ont pas la même durée. C'est vers 1804 que la théorie de l'effort est née dans son esprit. Or en 1815 il écrit : « Jusqu'à présent, j'ai attendu tout mon bien-être de ces dispositions organiques, par lesquelles seules j'ai souvent éprouvé des jouissances ineffables[2]. »

C'est seulement lorsqu'il s'aperçoit que décidément elles lui manquent[3], qu'il se tourne vers le stoïcisme; et au moment où ce système lui paraît le meilleur, le plus conforme à la nature[4], il semble qu'il n'y adhère pas sans effort. « L'art de vivre consisterait, dit-il, à affaiblir sans cesse l'empire ou l'influence des impressions spontanées... » « Consisterait ! » C'est un vœu, tout au plus un projet. Il est vrai qu'il ajoute : « Il faut que la volonté préside à tout ce que nous sommes[5].

Mais n'est-ce pas comme un ordre qu'il s'intime à lui-

---

1. *Pensées,* p. 282.
2. *Ibid.,* p. 209.
3. *Ibid.*
4. *Ibid.*
5. *Ibid.*

même pour supprimer des résistances que, même à cette heure, il ne peut s'empêcher de sentir? Il s'attache pourtant au stoïcisme; et si cette doctrine ne réussit pas à produire, dans sa conduite et pour son bonheur, tous les effets qu'il en attend, elle se développe dans son esprit Se mettre « au-dessus de ses affections, les juger et ne jamais s'en laisser dominer »; « être toujours au-dessus des influences, de toutes les opinions, les apprécier à leur juste valeur et ne jamais les prendre pour guides de nos actions, ni pour mesure du bonheur [1] »; « ne chercher la félicité que par les choses qui sont en notre pouvoir », par les bonnes actions, la paix de la conscience, la poursuite du vrai, du bon...[2] : c'est le plan de conduite qu'il se propose, l'idéal qu'il essaie de maintenir sous son regard.

Mais il ne peut s'en tenir là. Dès le début, en pleine période épicurienne, dans cette page fameuse où de vagues aspirations vers la vertu se mêlent au désir plus pressant d'une vie heureuse par la sensation, il réclame un guide et un soutien pour s'élever au-dessus de lui-même[3]. Plus tard, en 1811, il cherche un appui et il se demande avec inquiétude : Où est-il? A défaut d'une main amie, il a besoin d'un idéal qui le fixe et qui mette fin à ses agitations intérieures. Ce besoin deviendra de plus en plus vif. On peut en suivre les progrès dans son journal. Le sentiment de l'existence où il a autrefois trouvé la joie ne lui est plus d'aucun secours. Il passe son temps dans la tristesse, la souffrance physique, la préoccupation d'esprit, le

---

1. *Pensées*, p. 210.
2. *Ibid.*, p. 212.
3. *Ibid.*, p. 126.

dégoût, les langueurs. Rien ne le soutient. Le monde extérieur lui échappe et s'éloigne davantage chaque jour; il le regrette et le poursuit quelquefois avec un sentiment d'impatience et de désespoir [1]. Il porte un ennemi intérieur qu'il tâche de fuir, mais qui le suit et « ne lâche pas prise ». Il est rivé à cet intérieur malheureux par l'habitude de s'étudier [2] dont il ne peut se débarrasser. « Je me hais, je me condamne et me critique sans cesse. » Que faire? Pour échapper au présent, se jeter sur l'avenir? Il n'y en a plus pour lui. « Autrefois..., dit-il, je comptais sur mes facultés, j'espérais qu'elles s'étendraient toujours, j'attendais de grands progrès du temps et du travail; et l'expérience m'apprend que je m'appuyais sur un faible roseau, agité par les vents, et rompu par la tempête. Nos facultés changent et trompent notre attente; nous sommes tout aussi peu fondés à croire à leur force et à leur durée qu'à leur autorité [3]. »

Et cette désespérance est bien définitive. Elle ne vient pas d'une dépression momentanée qui va être suivie d'un sursaut de vie, ni d'une maladie qui peut disparaître : « On se dit malade, on se berce de l'idée que cet état pénible tient à quelque cause particulière, dont on espère guérir comme d'une maladie. Vaines imaginations! La maladie, c'est la vieillesse, et elle est misérable; il faut s'y résigner [4]. » Il va se résigner en effet, non de cette résignation passive du voyageur lassé qui, à bout de forces,

---

1. *Pensées*, p. 258.
2. *Ibid.*, p. 264.
3. *Ibid.*, p. 266.
4. *Ibid.*, p. 268.

renonce à continuer la route et sur le bord du chemin se couche pour mourir, mais d'une résignation active. Il se sent plier sous le fardeau qui s'alourdit sur ses épaules, il ne le rejette pas. Tout lui manque à la fois : le monde s'éloigne de lui ; il n'a plus foi dans la science qui lui fut si longtemps une compagne austère mais fidèle ; il sent ses facultés baisser et tout son être intérieur se dissoudre.

Dans cet abandon et au milieu de ces ruines, ce qu'il y a de plus profond et comme de divin à la racine de la volonté se redresse. Au lieu de s'affaisser, son âme, d'un vol hardi, va s'élever jusqu'à Dieu. Désormais, ni la loi morale qui en même temps qu'une force est un soutien, ni l'idéal ne lui suffisent ; il lui faut quelque chose de plus réel : Dieu lui-même. Ce n'est pas assez de croire à son action ; il veut la sentir, et il la sent : « La présence de Dieu s'annonce par un état interne de calme et d'élévation qu'il ne dépend pas de moi de me donner[1]. » Mais elle se manifeste habituellement dans la solitude, et cette solitude peut nous accompagner partout : « Il y a toujours moyen de se faire cette solitude profonde au dedans de soi et d'avoir, même au milieu des affaires et de tout le tumulte du monde, comme un lieu secret où aucun bruit ne pénètre, où la voix de la conscience, celle de Dieu même prédomine sur toutes celles du dehors[2]. » Dieu lui est un repos, un appui et une force ; et c'est entre ses mains qu'il remet son âme lassée, de lui qu'il reçoit une nouvelle vie.

Le chemin qu'il a parcouru, beaucoup d'âmes simples

1. *Pensées*, p. 316.
2. *Ibid.* p. 316.

l'ont suivi : les mêmes inquiétudes et les mêmes faiblesses les ont jetées sous le même abri et livrées à la même direction. Et si Maine de Biran n'avait fait que céder à cette impulsion intérieure, à cet instinct du cœur, son cas, s'il n'était pas vulgaire, parce qu'il est fréquent n'offrirait que peu d'intérêt. Mais l'impulsion aveugle qu'il ressent ne lui suffit pas ; il ne veut pas marcher dans les ténèbres. Toute sa philosophie est un effort ininterrompu pour agrandir le cercle de lumière où se meut sa volonté. Il ne cède à l'attrait qui le sollicite que lorsqu'il est parvenu à le justifier : sa raison n'abdique jamais, elle résiste quand elle ne voit pas. C'est de cette résistance qu'a jailli la doctrine et le système.

Quand Dieu s'offre à lui, il craint d'abord pour sa liberté. Il l'a si laborieusement conquise ! Elle lui est une arme pour résister à sa nature mobile ; il lui doit les seules satisfactions qu'il puisse désormais attendre. Il craint de la perdre ou de l'amoindrir. Est-ce que le christianisme ne va pas l'entamer ? elle est déjà si chétive. Sous l'influence de la grâce et entre les mains puissantes de Dieu, ne va-t-elle pas disparaître ? Il se rassure par degrés et arrive à cette conviction que le stoïcisme, au lieu de nous affermir, nous débilite par la confiance présomptueuse qu'il nous inspire ; que le christianisme au contraire, en nous enseignant une juste et légitime défiance, nous affermit.

Oui ; mais n'est-ce pas par faiblesse qu'il change de doctrine ? Le christianisme ne conviendrait-il pas à sa vieillesse parce qu'il est faible, comme le stoïcisme convenait à son âge mûr parce qu'il était fort ? Non. La vieillesse, sans doute, enlève un obstacle; mais s'il va vers Dieu, c'est qu'il en voit la nécessité. « J'ai, quant à moi, la conscience que…, sans aucun effet d'imagination, le sentiment religieux peut se développer à mesure que nous avançons en âge : parce que les passions étant calmées, l'imagination et la sensibilité moins excitées ou excitables, la raison est moins troublée dans son exercice, moins offusquée par les images ou les affections qui l'absorbaient; alors Dieu, le souverain bien, sort comme des nuages, notre âme le sent, le voit, en se tournant vers lui source de toute lumière ; — parce que, tout échappant dans le monde sensible, l'existence phénoménique n'étant plus soutenue par les impressions externes et internes, on sent le besoin de s'appuyer sur quelque chose qui reste et qui ne trompe plus, sur une réalité, sur une vérité absolue, éternelle ; — parce que, enfin, ce sentiment religieux, si pur, si doux à éprouver, peut compenser toutes les autres pertes [1]. » Sûr que ce qui le guide n'est pas une tendance irraisonnée, mais une science plus profonde et plus claire, il n'abdique pas, comme on l'a dit, sa raison et ne s'anéantit pas en Dieu; mais il accepte résolument tout ce qui lui vient de ce côté de lumière et de force. Et il a le sentiment que, dans les ruines de ce qui avait fait jusqu'alors son orgueil et sa joie, son être vrai, celui que les phénomènes voilent plus qu'ils ne le manifestent, reçoit un accroissement inespéré et se trouve transféré à une vie supérieure, la vie de l'esprit.

Son évolution intérieure est achevée : il est au terme

---

1. *Pensées*, p. 269.

vers lequel, dès le début, à travers bien des hésitations et des incertitudes il a toujours marché [1].

Nous connaissons à présent son âme, les forces qui l'ont agitée et conduite, les attraits qu'elle a subis : ce sont là les causes secrètes, et comme les moteurs obscurs, qui ont produit la lumière et suscité la doctrine. Nous pouvons maintenant aborder celle-ci. Nous sommes préparés à la comprendre non pas seulement dans sa lettre, mais dans son esprit, à en pénétrer le sens. Nous allons la voir naître, se développer et grandir. Elle ne se déduit pas comme un système abstrait et mort; elle évolue comme la vie.

1. Le germe de cette vie de l'Esprit existe toujours au fond de l'âme, où il a été déposé par l'auteur de la nature, en attendant les occasions propres à le développer... C'est dans ce sens que l'homme intérieur se renouvelle en même temps que l'homme extérieur se détruit, comme le dit si bien le grand apôtre (*Pensées*, p. 417).

LIVRE II

LE MOI

CHAPITRE PREMIER

LE MOI N'EST PAS DANS LA SENSATION

I

Le 27 mai 1794, à la première page de son journal, Maine de Biran écrivait : « Je voudrais, si jamais je pouvais entreprendre quelque chose de suivi, rechercher jusqu'à quel point l'âme est active, jusqu'à quel point elle peut modifier les impressions extérieures, augmenter ou diminuer leur intensité, par l'attention qu'elle leur donne[1]. » Et plus loin, toujours à la même date, il ajoutait : « Il serait bien à désirer qu'un homme accoutumé à s'observer analysât la volonté, comme Condillac a analysé l'entendement. » Il y a correspondance entre ces deux paroles : là, l'inquiétude déjà importune de son cœur lui suggère un projet; ici, le désir de savoir et de se mieux connaître l'amène à formuler un vœu. Projet et vœu montrent l'un et l'autre que sa perspicacité est déjà en éveil. Avant le *Mémoire sur l'habitude*, sous la pression de la

---

1. *Pensées*, p. 123.

souffrance intérieure, il a non seulement senti, mais clairement aperçu la lacune essentielle de la philosophie régnante. Condillac ne fait sa part ni à l'activité ni à la volonté ; son œuvre n'est pas définitive. Maine de Biran appelle de ses souhaits la philosophie qui doit la compléter, il serait plus juste de dire, la refaire. Et c'est lui-même qui répondra à cet appel.

Il y répond dès son premier essai, ce *Mémoire sur l'habitude* qui passe pour sensualiste et qui l'était en effet dans sa première rédaction. Mais dans la seconde, celle qu'il a éditée lui-même et dont il prend vis-à-vis du public la responsabilité, quel progrès déjà sur Condillac [1] ! On sent bien que le sensualisme ne le tiendra pas longtemps captif. Son œuvre est d'un disciple, mais destiné à s'affranchir. Dès lors il est infidèle. Il paraît l'ignorer ; et plus tard, quand il en sera venu à une pleine conscience de sa doctrine, il s'obstinera, spectacle touchant et rare, à reporter sur ses maîtres, Destutt de Tracy et Cabanis [2] non pas sans doute tout l'honneur de sa

---

1. Voici la question posée par l'Institut (*Classe des sciences morales et politiques*) : « Déterminer quelle est l'influence de l'habitude sur la faculté de penser, ou, en d'autres termes, faire voir l'effet que produit sur chacune de nos facultés intellectuelles, la fréquente répétition des mêmes actes. » Ce sujet avait été mis au concours en l'an VIII. Le prix ne fut pas donné. Le manuscrit de Maine de Biran avait pourtant été distingué. C'est ce même travail qui, remanié, obtint le prix en 1802 et fut publié par Maine de Biran lui-même en 1803, précédé d'une longue introduction. De 1801 à 1803, ses idées se modifient sans cesse et de plus en plus se distinguent du sensualisme de Condillac. — Cf. Picavet, *La philosophie de Biran de l'an IX à l'an XI*.

2. « C'est à vous deux, qui êtes unis dans mon esprit et dans mon cœur, c'est à vous que je dois rapporter toutes mes idées, tout ce que je suis à l'époque présente de ma vie intellectuelle. La lecture des *Mémoires* fit dans

découverte, mais le mérite de l'avoir suscitée. Et cela même était excessif. Les conclusions auxquelles il est conduit par l'analyse, sont voisines de celles que Destutt de Tracy et même Cabanis avaient acceptées et elles étaient énoncées à peu près dans les mêmes termes[1]. Mais, si les formules sont identiques, l'esprit en est différent. Ce qui pour les uns n'était que l'expression peut-être inexacte d'une théorie rencontrée par hasard et rétractée aussitôt que comprise[2], était pour l'autre la première indication d'un système destiné à se développer et à s'éclaircir, au lieu d'un point d'arrêt, un point de départ[3].

mon esprit une évolution dont il conservera probablement toujours les traces... » (Lettres inédites citées par AL. BERTRAND, *La Psychologie de l'effort*, p. 76, Félix Alcan, Paris, 1889).

1. Action voulue et sentie d'une part, et résistance de l'autre ; voilà, j'ose n'en pas douter, le lien entre les êtres sentants et les êtres sentis ; c'est là le point de contact qui assure très certainement ceux-là de l'existence de ceux-ci (DESTUTT DE TRACY, *Traité d'idéologie*, c. VII, p. 136, Paris, 1817).

... La conscience du *moi* senti, du *moi*, reconnu distinct des autres existences, ne peut s'acquérir que par la conscience d'un effort voulu ; en un mot, le *moi* réside exclusivement dans la volonté (CABANIS, *Rapports du phys. et du mor.*, II, p. 361, Paris, 1805).

2. Si par être actif on entend seulement agir, sentir une sensation, un souvenir, un rapport, est une action tout comme sentir ; ainsi nous ne sommes pas plus actifs dans un cas que dans l'autre. Si, au contraire, par être actif on entend agir librement, c'est-à-dire d'après sa volonté, il n'y a peut-être pas une action dont nous soyons moins les maîtres que de sentir ou de ne pas sentir un désir : ainsi, à ce compte, il n'y aurait pas en nous une faculté plus passive que celle de vouloir. (DESTUTT DE TRACY, loc. cit., c. V, p. 70).

3. Ce que vous n'avez pas fait, Monsieur, j'ai tâché de le faire en m'emparant du principe que vous m'avez pour ainsi dire légué et le suivant aussi loin que mes forces ont pu me le permettre jusqu'à présent. Vous vous êtes jeté dans une route différente et, en adoptant de nouveaux principes, vous en avez suivi de votre côté les conséquences avec une force de tête étonnante, supérieure. Plus nous avancerons chacun de notre côté

La lacune que, dès l'éveil de sa pensée, il avait pressentie, Maine de Biran tente de la combler : il veut refaire l'œuvre de Condillac. Tentative impossible. Il s'en apercevra bientôt et verra que la philosophie sensualiste n'est pas à refaire, mais à rejeter.

Quelle est l'influence de l'habitude sur la faculté de penser? Cette question, posée par l'académie en l'an VIII, venait à son heure. Vraiment suggestive, elle allait, comme un réactif puissant, révéler les éléments constitutifs de la pensée.

Elle produit sur nos facultés des effets contradictoires : Elle affermit et exalte les unes, elle amortit et tend à annihiler les autres. La divergence des effets trahit la différence de la cause. Et comme cette cause, on ne peut l'attribuer à l'habitude qui ne change pas, il faut la trouver dans les facultés elles-mêmes. Il y a des facultés passives, comme le veut Condillac; il y a aussi des facultés actives. Elles se manifestent par le mouvement, par une tendance au mouvement, par l'effort. Mouvoir sa main, tendre l'oreille, sont des formes diverses de cette activité. C'est par elle que nous connaissons. Les facultés passives ne nous renseignent que sur elles-mêmes, c'est-à-dire sur l'état de nos organes et sur les impressions de notre âme ; les facultés actives nous font sortir de nous-mêmes. Aux unes nous devons nos sensations, aux autres nos percep-

---

plus nous nous écarterons, et je vous avoue que j'éprouve un sentiment pénible en me trouvant déjà assez loin de vous dans quelques points essentiels... C'est vous qui m'avez abandonné... Veuillez songer surtout que si je m'égare, c'est en suivant vos premières traces (Lett. Inéd. à Destutt d Tracy, Al. Bertrand, *La Psychologie de l'effort*, p. 70).

tions. C'est aux perceptions qu'il faut attribuer et l'origine et le progrès de la pensée. Par elles nous connaissons et le monde et nous-mêmes ; et c'est de l'effort où le moi et le monde se trouvent en conflit, que surgit cette double connaissance : c'est par lui que se constitue et sur lui que se fonde notre personnalité.

On pourrait croire, sur cet exposé, que Maine de Biran est déjà en possession de sa doctrine. Il s'achemine vers elle peut-être ; mais il n'en a encore que la forme extérieure, les mots. Pour lui, en effet, l'activité, c'est le mouvement ; l'effort lui-même n'est qu'un mouvement entravé. « Que sont toutes les opérations de l'âme ? sinon des mouvements et des répétitions de mouvements. » Ces paroles de Bonnet, qu'il a mises en épigraphe à son *Mémoire sur l'habitude*, marquent le point où il est parvenu et aussi le point où il s'arrête. L'activité s'oppose à la passivité ; cette opposition n'est pas complète : ce sont deux branches sorties d'un même tronc. Le fond de la doctrine sensualiste n'est pas contesté. Il demeure entendu que tout dérive de la sensation, que la sensation à son origine, comme en son développement ultérieur, est dans une dépendance étroite de l'organisme : « La faculté de penser n'est que l'ensemble des habitudes de l'organe central. » Et Maine de Biran se propose de faire appel à la physiologie pour éclairer et compléter l'étude psychologique des facultés : il veut faire marcher de front les deux enquêtes. Comme Condillac du reste, il admet l'existence de l'âme, d'une âme placée dans une demeure inaccessible, hors des prises de la conscience, qui est peut-être la condition lointaine de la pensée, mais à qui l'on ne peut faire appel pour l'expliquer. Ce n'est pas là, du moins pour le moment, qu'est sa vraie doctrine philosophique.

Elle est tout entière dans la théorie de la sensation qu'il renouvelle déjà, non pas dans son fond, mais dans ses formules et surtout ses tendances : sous cette forme, elle lui appartient en propre et marque la direction de son esprit. Elle est destinée à se développer ; il est aisé d'y voir les germes de sa doctrine future. L'intelligence n'est pas une réceptivité pure ; elle est active. L'effort est la condition de toute connaissance objective et le fondement de la personnalité. Au-dessous de l'intelligence, de la perception se trouvent les impressions passives, la sensation. Ces deux facultés sont distinctes ; l'une n'est pas l'autre. Et, ce qui est plus essentiel encore, l'une ne devient pas l'autre. Le point de départ de toute l'évolution mentale n'est pas la sensation, mais la perception : ce n'est pas la passivité, mais l'activité. L'évolution n'est donc pas spontanée, mais volontaire. Dans la théorie de la sensation transformée, les vraies causes de tout ce qui est en nous se trouvent hors de nous : c'est le monde qui produit le moi. Pour Maine de Biran, l'opposition du sujet et de l'objet est primitive et irréductible : le fond du sujet est activité spontanée ou volontaire, et c'est l'activité volontaire qui donne le branle à tout le progrès intérieur [1].

Il ne restait plus qu'à prendre une conscience plus nette de cette doctrine, et qu'à la compléter en recherchant d'où venait le mouvement. Il procède de la liberté qui rompt l'enchaînement fatal des phénomènes, qui fonde

---

1. *Mémoire sur l'habitude*, p. 45-46.

la personnalité et fournit à l'opposition irréductible du moi et du non-moi un fondement assuré.

Comment Maine de Biran a-t-il franchi cette dernière étape? Quand est-ce qu'il a trouvé la réponse à cette question posée dans son esprit depuis l'éveil de sa pensée : que pouvons-nous pour notre bonheur? Sommes-nous libres? quelles sont les ressources et les limites de la liberté? A quel moment a-t-il entendu, dans toute leur signification et leur vrai sens, ces paroles qu'il avait répétées à la suite de Destutt de Tracy : « Toute notre connaissance dérive de l'activité » ? Nous l'ignorons. Sur cette démarche décisive, son journal est muet : à l'heure où il accède à la lumière, il l'a abandonné depuis longtemps; quand il le reprendra, la transformation sera un fait accompli.

Il est en possession de son système. Il a définitivement rompu avec le sensualisme qui ne pouvait manifestement lui fournir ce qu'il cherchait, une force indépendante et un moi autonome. C'est surtout de ce point de vue qu'il l'examine et qu'il en fait la critique, critique pénétrante, et, ce semble, décisive.

II

Le sensualisme est une doctrine incomplète et fausse. Il ne peut sortir de son erreur; la méthode qui l'y a conduit, l'y maintient, méthode essentiellement vicieuse, ou, pour mieux dire, emploi vicieux d'une méthode bonne quand elle se trouve sur son vrai terrain.

Cette remarque est fondamentale; il faut la mettre en

pleine lumière : l'erreur des sensualistes, et spécialement de Condillac, fut de transporter dans la science de la pensée et du moi la méthode des sciences naturelles.

Nul ne songe à contester la valeur de la méthode expérimentale : c'est avec raison qu'elle a été accueillie comme une libératrice et qu'elle passe pour une maîtresse de vérité. La réaction dont Bacon fut le promoteur était une réaction opportune. La méthode à priori, déductive, syllogistique, devait être stérile dans les sciences naturelles et elle le fut ; elle ne conduisait qu'à des explications purement verbales[1]. Il fallait d'abord renoncer aux causes occultes, aux quiddités. C'est ce qui fut heureusement fait. Le but de la science était trouvé et les limites de son domaine tracées : elle devait s'en tenir à l'étude des phénomènes en négligeant les substances, rechercher leurs lois sans s'inquiéter des causes ; cette recherche était plus aisée. Elle ne relevait que de l'expérience et ne laissait aucune prise aux rêveries de l'imagination. Les phénomènes ne se dérobent pas aux sens comme les substances. La loi est moins mystérieuse que la cause ; c'est une relation de succession entre deux phénomènes : elle est observable comme eux[2].

Plus aisée, cette recherche était aussi plus fructueuse. De quel profit peut être la connaissance d'une cause dont on ne peut rien dire sinon que, par une vertu cachée, elle

---

1. Édition Cousin, t. IV, *Rapports du physique et du moral*, p. 21.
2. *Rapports du physique et du moral*, p. 22-23 ; — *Science et psychologie* (*Nouvelles œuvres inédites de Maine de Biran*, publiées par Al. Bertrand, p. 246, Paris, Ernest Leroux 1887)

produit un effet donné? Les deux termes de la loi au contraire, l'antécédent et le conséquent, sont deux phénomènes. Ils sont l'un et l'autre clairement connus. On peut les mesurer, les peser, déterminer l'énergie qu'ils enveloppent, à la connaissance qualitative faire ainsi succéder une connaissance quantitative [1]. Le lien qui les unit en devient sinon plus étroit, du moins plus précis : c'est une loi parfaite, et qui fournit un fondement non plus seulement à de vagues conjectures, mais à une prévision assurée.

Ce n'est là qu'une première démarche. Les lois auxquelles conduit cette enquête sont multiples; elles semblent incohérentes. Il faut réduire cette multiplicité et atténuer ce désordre, des lois particulières qui groupent des faits extraire des lois générales qui groupent des lois. Le vœu de la science serait de les ramener à une seule et de trouver la formule génératrice dont les lois ne sont que des cas particuliers [2].

C'est par un mouvement analogue et par des abstractions successives qu'on va de l'espèce au genre, du genre au règne, de celui-ci à une notion supérieure et unique qui enveloppe tous les êtres vivants [3].

Ce qui guide les savants dans cette marche vers des lois ou des notions de plus en plus abstraites, c'est le besoin d'unité; c'est aussi le besoin de clarté, le désir d'éliminer les inconnues du domaine de la science, ou du moins d'en réduire le nombre [4].

---

1. *Science et psychologie*, p. 246.
2. *Ibid.*, p. 254-255.
3. *Ibid.*
4. *Ibid.*, p. 258-259.

Quand à la cause ils ont substitué la loi, ils ont bien senti que tout n'était pas gain pour l'esprit dans cette nouvelle attitude. La loi est plus claire; et, dans la pratique, elle est de plus de profit; mais elle n'explique rien. A une formule concrète on a substitué une formule abstraite; mais le changement des formules ne modifie pas le fait et ne change pas sa nature : c'est toujours lui. Quelle est sa raison, sa cause? La question demeure entière. Question purement spéculative peut-être, mais qui se pose, dont on ne peut se débarrasser. On peut leurrer l'esprit en renvoyant d'une loi à une loi plus générale, de celle-ci à une loi supérieure, jusqu'à la loi unique qui domine toutes les lois et tous les faits. On a ainsi, en quelque sorte, chassé devant soi et repoussé de proche en proche l'obscurité qui a surgi dès le début : en même temps qu'elle devient une, la science paraît devenir plus claire. Mais elle n'a fait que condenser la nuit en un seul point et qu'ajourner son aveu d'ignorance. Quand la dernière loi est formulée, la question qui se posait à l'origine réapparaît : on connaît comment les phénomènes sont liés; il reste à indiquer ce qui les fait naître [1].

Devant cette question, les savants se divisent. Les uns nient la cause : ils ont commencé par la laisser hors de la science, ils se décident enfin à la jeter hors du réel. Les autres, fidèles jusqu'au bout à une équivoque qu'ils ont entrevue pendant leur enquête, prennent la loi pour la cause elle-même et identifient ces deux notions hétérogènes [2]. D'autres enfin essayent, non de concevoir, mais

---

1. *Science et psychologie*, p. 259-260.
2. *Ibid.*, p. 255, 256 258, 260.

de se représenter, sous une image, la cause : ils transportent dans le domaine de l'intelligible les données fournies par les sens[1]. Mais les uns et les autres se trompent. Il existe une cause et c'est vainement qu'on en veut exorciser le fantôme. Cette cause n'est pas la loi, puisqu'elle n'est pas un phénomène ni rien qu'on puisse abstraire d'un phénomène. Et, par suite, c'est une illusion que de vouloir s'en former une image avec les éléments tirés de l'expérience. Il y a là une notion que les sens ne peuvent fournir.

Tant que la science ne fera pas appel à cette notion et n'ira pas la prendre où elle est, c'est-à-dire dans le sujet, elle demeurera incomplète. Elle pourra sans doute se développer et s'agrandir, se rapprocher de l'idéal qu'elle poursuit, devenir plus une, plus simple, plus cohérente, mettre dans les mains de l'homme des moyens toujours plus nombreux et plus puissants de conquérir et d'utiliser à son profit les forces de la nature; elle n'aura pas fait un pas vers la pleine lumière. A des faits concrets, elle aura substitué des notions abstraites qui en sont l'image et qui les résument. Mais au delà de ces faits et de ces abstractions, il y a la cause; et elle l'ignore.

Bien plus, à mesure que, d'abstractions en abstractions, elle s'élève vers la loi suprême, elle s'éloigne du réel; et par suite, au lieu de se diriger vers la cause, elle la fuit [2]. La méthode expérimentale, excellente quand on a bien soin d'en marquer le but et d'en limiter le domaine, est insuffisante pour qui cherche une explication définitive et complète du monde et de ses lois.

1. *Science et psychologie*, p. 140-141.
2. *Rapports du physique et du moral*, p. 27.

Il y a là une lacune. Il faudrait la constater et voir s'il nous est impossible de la combler, si nous n'avons pas un instrument d'investigation et de découverte qui nous permette de franchir la limite où se heurtent les sens et d'aller, au delà du phénomène, saisir la cause. Mais les philosophes sensualistes ne l'entendent pas ainsi. Ils se refusent à constater l'infirmité des sens et n'admettent pas qu'ils puissent avoir des auxiliaires plus puissants : tout ce qui se trouve hors de leur portée, ils le rejettent hors du réel. Eux, qui prétendent n'avoir d'autre maître que l'expérience, c'est à priori qu'ils récusent le témoignage de la conscience [1]. La cause est désormais inaccessible. Ils la nient. On voit les suites de ce parti pris.

Ce qui n'était qu'une lacune dans les sciences de la nature, devient une erreur fondamentale dans la science de l'âme, science dès lors non seulement incomplète, mais entièrement faussée. Détachés de la cause et du moi qui lui est identique, les phénomènes intérieurs ne sont plus que des abstractions, des entités logiques [2].

Bacon a mis la philosophie dans cette voie; Locke, mal-

---

1. *Œuvres inédites de Maine de Biran*, publiées par Ernest Naville, t. I, p. 173, 174, 175, E. Magdeleine et Cie, Paris, 1859.
2. *Rapports du physique et du moral*, p. 30. — Les physiciens peuvent se borner à observer les faits extérieurs, les phénomènes de leur ressort et à saisir leur liaison ou ordre de succession d'après l'expérience... Mais dans la psychologie, même la plus expérimentale, il est si peu possible de faire abstraction de la cause efficiente de certains phénomènes, que cette cause en tant qu'elle s'identifie originairement avec le *moi*, devient le sujet même de la science, que ses actes et leurs produits immédiats font partie essentielle des phénomènes intérieurs... d'où il suit qu'on ne peut en faire abstraction sans dénaturer entièrement le sujet de l'étude même qu'on se proposait... (*Science et psychologie*, p. 151 ; *Ibid.*, p. 287; cf. passim).

gré les apparences, l'y a maintenue ; Condillac s'y est engagé résolument ; et, pour l'y pousser, l'influence de Descartes s'est unie à celle de Locke et de Bacon. Descartes, en effet, a retiré du monde toute activité. Les mouvements du corps et les pensées de l'âme se correspondent, sans qu'il y ait de communication entre ces deux substances. L'étendue qui est l'essence des corps, est inerte ; c'est hors d'elle que le mouvement dont elle est animée prend sa source. L'âme, « quant au fond de son être et quant aux notions ou idées innées », qu'elle reçoit de Dieu, est passive. Les autres idées, elle les reçoit du dehors ; elle ne les fait pas. Il ne reste donc d'un côté que des successions de mouvements, de l'autre que des successions d'idées ; et le moi lui-même, puisqu'il est une cause, doit disparaître. Il est vrai que Descartes admet une distinction essentielle entre ces deux séries de phénomènes et déclare que des uns aux autres il n'y a pas de passage naturel : fragile barrière. Si la cause est abolie, s'il n'y a que des successions de phénomènes, quelle raison valable a-t-on de séparer le mouvement et la pensée ? Ils se correspondent, ils se succèdent suivant une loi fixe ; il y a donc entre eux la même liaison qu'entre tous les phénomènes de la nature. Toute l'évolution mentale peut alors avoir son point de départ dans un phénomène organique. C'est là qu'est le point de soudure entre deux sciences qu'on a eu le tort d'opposer l'une à l'autre : la psychologie n'est qu'un chapitre de la physiologie [1].

Descartes a ainsi, sans le vouloir sans doute, préparé la

---

1. *Rapports du physique et du moral*, p. 40-41.

voie au sensualisme. Et le sensualisme est anti-scientifique. Par un scrupule de fidélité littérale, inintelligente, à la méthode expérimentale, il a restreint la portée de la conscience, s'est fermé la voie qui pouvait le conduire à la cause et s'est condamné à laisser les phénomènes, privés de leur fondement réel, flotter dans le vide sans unité et sans appui.

III

Tel est le vice essentiel du système. Nous allons en voir les conséquences.

C'est Condillac qui a donné au sensualisme sa forme la plus systématique et la plus simple. Il n'y a pour lui qu'une méthode, la méthode expérimentale ; qu'un instrument de connaissance, les sens ; qu'un phénomène initial, la sensation : c'est par elle que la science débute, par elle qu'elle continue et qu'elle s'achève ; la sensation suffit à tout. Elle se transforme et, par ses transformations, produit tout l'édifice mental, en apparence si complexe, en réalité si simple. Voilà la doctrine. Il faut la juger.

Elle se réclame de l'expérience. L'expérience la condamne. Son point de départ devrait être un fait ; c'est une hypothèse. Pour trouver le phénomène par où débute la connaissance, il aurait fallu prendre l'esprit en un point quelconque de son développement, le soumettre à l'analyse et démêler en lui ce qui est accessoire de ce qui est essentiel, ce qui est dérivé de ce qui est primitif. Et Condillac le sent bien. Il prétend, en effet, procéder par analyse. Mais d'analyse, il n'y en a pas trace dans son œuvre. Il part du phénomène le plus simple pour arriver au plus complexe : c'est une synthèse. Et l'élément qu'il y emploie, la sensation, puisqu'il ne résulte pas d'une analyse préliminaire, n'est primitif que par hypothèse. C'est déjà grave pour une théorie qui prétend mettre de côté toute vue à priori afin de se fonder sur les faits [1].

Chose plus grave encore : cet élément, initial par hypothèse, est manifestement insuffisant à remplir le rôle qui lui est assigné. C'est par des transformations successives que la sensation doit produire nos idées et nos facultés. Mais elle ne se transforme pas ; elle demeure identique à elle-même. Les circonstances accidentelles où elle se produit, varient[2] : elle est tantôt seule, tantôt associée à d'autres sensations présentes ou passées. Au fond, elle est toujours la même ; et, pour la reconnaître, il suffit de ne pas se laisser distraire aux apparences. Il n'y a en réalité ni évolution, ni transformation ; la sensation ne change pas et elle est tout. C'est donc d'un fait primitif par hypothèse que, par une transformation purement apparente, Condillac tire et les facultés et la science!

Dira-t-on que, s'il y a une erreur, elle est de peu d'importance, que c'est une erreur de mots, une étiquette fausse, qu'il suffit de la changer, et que cela n'intéresse en rien le système? Ce serait se tromper, et cette erreur est grosse de conséquences. Les mots ne changent pas le système ; mais ils peuvent en dissimuler la faiblesse. Quand

---

1. *Œuvres inédites...*, t. I, p. 186, 187, 190.
2. *Ibid.*, p. 103.

on nous dit que la sensation se transforme, il y a là une opération mystérieuse dont il est difficile de sonder la nature et qui peut faire illusion. C'est par une série de transformations que la plante et l'animal naissent et grandissent ; et, quoiqu'il y ait entre l'animal adulte et le germe d'où il est sorti, entre la plante en fleur et la semence d'où elle est née, une distance immense, nous ne sommes pas surpris qu'elle ait pu être franchie. Par suite, nous sommes amenés à penser que, en vertu d'un procédé, sinon identique, du moins analogue, la connaissance humaine a pu sortir de la sensation. Mais si, au contraire, on affirme brutalement que tout l'édifice de nos connaissances, la science, depuis ses éléments jusqu'aux découvertes les plus récentes et les plus hautes, n'est que la sensation, que nous sommes des échos passifs, que nous n'ajoutons rien à cet écho, que l'image que le monde projette en nous se suffit à elle-même et qu'elle est tout, l'esprit se révolte et se refuserait à examiner les preuves de cette doctrine si elle en avait.

Mais elle n'en a pas. Construite sur une hypothèse, elle ne se maintient que par elle. Si, dans la suite de son *Traité des sensations*, Condillac avait recours à l'analyse négligée au début, il se heurterait à des contradictions ou à des obstacles insurmontables ; si, à un stade quelconque, il prenait tout le contenu de la conscience, sa marche en avant serait entravée du coup. Sa méthode est plus simple : le fondement qu'il a choisi est hypothétique ; les définitions qu'il donne de nos facultés et de nos actes sont arbitraires. Il n'a souci que d'écarter ce qui serait en opposition avec son point de départ. Il demeure ainsi d'accord avec lui-même et son système est cohérent; mais c'est une construction purement formelle. Aboutissement étrange d'une doctrine qui veut, par un appel exclusif à l'expérience, réagir contre les systèmes à priori, contre ce qu'on avait appelé le roman de l'âme. Condillac a fait un roman, lui aussi, mais terre-à-terre, moins que cela, un exercice logique. Trop éloignée du réel, la philosophie n'est plus même un chapitre de la physiologie, mais de la grammaire : c'est une science conventionnelle, un château de cartes. Pour le renverser, un souffle suffit. Il n'y a qu'à contredire les définitions de Condillac, en invoquant la conscience sans parti pris. « L'attention » n'est pas « une sensation assez vive pour absorber ou exclure toutes les autres ». « La mémoire » n'est pas « la suite de l'ébranlement sensitif prolongé ». Cet ébranlement n'est pas prolongé, il réapparaît. Et cette réapparition n'est pas seulement plus faible que la sensation présente; elle est reconnue comme appartenant au sujet [1].

Les définitions de Condillac sont arbitraires; le fondement qu'il donne à la connaissance est hypothétique. Il est de plus contradictoire.

Si la sensation est si féconde, pourquoi sa fécondité dans l'animal est-elle si restreinte? Et, si elle est si pauvre, d'où vient le développement merveilleux qui s'opère dans l'homme? La sensation ne peut être à la fois si riche et si indigente [2]. Tout nous démontre qu'elle est pauvre, plus même que nous ne l'avons dit : par elle-même, elle serait impuissante à expliquer l'instinct.

1. *Œuvres inédites...*, t. I, p. 193-194.
2. *Ibid.*, p. 189; cf. t. III, p. 404

Condillac déforme toutes nos facultés. Il fait plus : il réduit le sujet à l'inertie et finit par le supprimer.

Leibnitz a remarqué avec raison que les principes sont comme les muscles de l'esprit. Ils en sont en effet la force et le stimulant : ce sont eux qui le poussent à l'acte. Il n'en est p[as] de plus puissant et de plus efficace que le principe de causalité. Les sensualistes le nient puisqu'ils nient la cause. Mais il faut le suppléer dans le rôle qui lui était jusqu'ici assigné. C'est sur lui que se fondait la science ; comment le remplacer ?

Voici la solution de Condillac. Il n'y a pas de cause. Le principe de causalité est inutile aux recherches des savants. Pour les guider, une loi suffit qui domine toutes les autres et dont voici la formule : « Tout phénomène a pour antécédent nécessaire un autre phénomène ». Mais devant cette formule, l'esprit hésite. Si elle est vraie, la série phénoménale sera nécessairement sans terme, infinie : ce qui paraît contradictoire. Et si, en un point quelconque de la durée, un phénomène peut surgir sans antécédent, la formule est fausse et l'instrument de la science est brisé. Les sensualistes se trouvent là dans une impasse : comment admettre la cause qui échappe, par sa nature même, aux prises des sens ? et comment la nier, si les substituts qu'on lui donne sont incapables de jouer son rôle et acculent l'esprit à la contradiction ou à l'impuissance ? Ils n'en peuvent sortir. Leur pseudo-principe est inacceptable [1].

Il y a d'ailleurs un premier acte de l'esprit qu'ils n'ex-

---

1. *Science et psychologie*, p. 149.

pliquent pas. En face d'un phénomène, la pensée, d'un mouvement naturel et incompressible, va vers la cause ou vers l'antécédent. Pourquoi? Un phénomène donné est complet en lui-même. Où les sens ont-ils vu qu'il ne se suffit pas et que, pour être intelligible, il réclame autre chose[1]? Qu'est-ce que cette tendance et pourquoi lui obéir? Si tout vient des sens et si rien n'est inné, il n'y aura même pas en nous cette poussée aveugle qui entraîne l'animal et qui le meut : rien ne pourra nous tirer de notre immobilité; nous serons inertes.

Moins que cela : nous ne serons pas.

Le moi n'est pas primitif, mais dérivé. La statue dont Condillac ouvre successivement les sens, n'a pas, au début, conscience d'elle-même. Elle est « odeur de rose ». Il n'y a pas en elle une dualité primitive et irréductible, pas même deux aspects et comme deux faces d'un même acte : la sensation est seule, nue, abstraite; le sujet, le moi n'a pas encore apparu. Il n'apparaîtra jamais. D'où surgirait-il en effet? Les sensations qui vont se succéder sont semblables à la première. Quel que soit leur nombre, elles ne pourront donner que ce qu'elles contiennent. Quelque opération qu'on leur fasse subir, elles sont vides de sujet; on ne pourra l'en extraire. C'est en vain qu'on prétendrait que la succession va donner ce que ne peut fournir le nombre, qu'elle va mettre en opposition les sensations qui varient et la faculté de sentir qui ne change pas, et que de ce contraste entre ce qui passe et ce qui demeure naîtra le sentiment du moi et la personnalité. Pour que ce con-

---

1. *Science et psychologie*, p. 149; cf. *Ibid.*, p. 142.

traste s'établisse, il faut deux termes; la sensation n'en fournit qu'un. Il n'y a pas, à vrai dire, de faculté, mais une réceptivité pure, indéterminée, sûrement inconsciente, et plus loin, dans un lointain inaccessible, l'âme que la conscience n'atteindra jamais. La formule de Condillac épuise toute la réalité du premier acte : il y a une « odeur de rose », et pas de résidu qui prête à l'opposition qu'on réclame, un fondement[1]. Le moi, la substance a disparu comme la cause; et il ne faut pas s'en étonner, puisque ces deux concepts sont identiques, qu'ils ont la même source ou plutôt qu'ils sont des aspects divers d'un fait unique et fondamental. Il n'y a ni moi, ni substance, ni cause.

Que reste-t-il? Une poussière de sensations, sans unité et sans lien, dont on ne peut dire si elles sont extérieures ou intérieures. Il devrait rester autre chose pourtant. Condillac, en effet, a posé à l'origine et la matière et le monde et l'âme et le corps qu'elle anime. C'est de leur rencontre, de l'impression de la matière sur les organes vivants que vient la sensation; et d'où pourrait-elle venir sinon de là? Et il se trouve que, le système une fois développé et parvenu à sa formule définitive, il n'y a plus ni cause, ni substance[2]. Le monde s'évanouit, le corps vivant disparaît; il ne reste plus que la sensation, suspendue dans le vide, isolée de tout, sans sujet, sans cause et même sans antécédent.

Conclusion faite pour surprendre, système, à vrai dire, contradictoire. Mieux que la critique la plus avisée et la

---

1. *Œuvres inédites...*, t. III, p. 422-431.
2. *Science et psychologie*, p. 183.

plus pénétrante, ce résultat le condamne : il aboutit, sans motif et en dépit de toute logique, à l'impossible suppression de la substance et de la cause.

Ces notions sont dans l'esprit. Nul ne saurait nier leur présence ni se passer de leur concours. Condillac lui-même serait contraint d'en faire l'aveu. Elles lui fournissent les antécédents nécessaires de la sensation et comme le fondement de son système : « J'approche, dit-il, une rose du nez de la statue, son âme est modifiée en odeur de rose. » Pour que la sensation naisse, il faut donc qu'il y ait une rose, une statue, une âme, en un mot, des substances et des causes. Dès lors, voici le dilemme qui se pose. Ou ces mots n'ont pas de sens; et alors pourquoi les employer? de quel secours peuvent-ils être? Ou ils en ont un; et alors quel est-il? On est mis en demeure de donner le contenu des notions qu'ils expriment et d'en assigner l'origine. C'est vainement qu'on les déclarerait illusoires et qu'on affirmerait qu'elles n'ont pas d'objet. Cette réponse ne résout pas la difficulté; elle l'aggrave. Si ces notions ne viennent pas de l'objet, d'où peuvent-elles surgir? Du sujet? Mais le sujet n'est pas distinct de la sensation; et, de la sensation à la cause, il y a une distance que Condillac est le premier à déclarer infranchissable. Quelle est leur origine? C'est la question fondamentale de la psychologie. Elle n'est même pas effleurée.

Cette question perdrait évidemment beaucoup de son importance, si la conclusion que Condillac croit pouvoir adopter était légitime et si nous devions nous débarrasser de ces notions. Nous ignorerions d'où elles viennent; et ce serait regrettable. Nous saurions du moins qu'elles n'ont aucun droit à séjourner dans notre esprit; et c'est ce qui importe. Mais comment en arriver là et comment prouver que les idées sans lesquelles le système n'aurait pu ni se construire ni même s'énoncer, sont inutiles et que, l'édifice une fois achevé, il faut, au risque de le laisser suspendu dans le vide, retirer le fondement sur lequel il reposait?

Condillac n'a qu'une ressource, c'est de prétendre qu'il a subi une contrainte, que cette contrainte lui a été imposée par les habitudes antérieures de sa pensée. Ces notions ne sont qu'une de ces hypothèses « que nous ne devons admettre que par provision, et seulement jusqu'à ce que la raison ou la suite des expériences réfléchies l'ait confirmée ou infirmée. Alors on s'engage d'après la méthode des hypothèses, admise avec succès dans plusieurs branches des sciences naturelles, à prouver que la première supposition d'où l'on part est absolument vraie en tout, en tant qu'elle s'accorde avec les phénomènes, et qu'elle les représente exactement; ou qu'elle est fausse et doit être exclue de la science, comme étant ou opposée avec quelques-uns des faits qu'elle est destinée à expliquer, ou inutile et de nul emploi, si ces faits peuvent être expliqués d'une autre manière, et sans avoir recours à l'hypothèse dont il s'agit »[1].

Condillac se croit en mesure de tenir cet engagement. Que les substances et les causes aient une réalité, peu importe, pense-t-il. Ce qui lui paraît incontestable, c'est que nous n'avons aucun moyen de les atteindre. Nous ne pou-

---

[1]. *Science et psychologie*, p. 177-178.

vons, par suite, justifier les idées que nous en avons. Le système entier de nos connaissances se développe sans elles. Elles sont inutiles; il ne reste plus qu'à s'en débarrasser.

Ce raisonnement repose sur une confusion inacceptable. L'hypothèse qui sert de point de départ et comme de fondement à la théorie de Condillac, ne peut être assimilée aux hypothèses provisoires des sciences naturelles. Celles-ci sont arbitraires : elles sont posées librement par nous; nous pouvons les modifier, les supprimer, les remplacer. Copernic, pour expliquer les mouvements réels et apparents de notre système planétaire, suppose que la terre tourne autour d'un soleil immobile; mais l'hypothèse contraire est intelligible, et longtemps on l'a crue vraie. Pour prendre parti et pour se fixer, l'esprit attend de l'expérience un témoignage décisif.

Pour admettre les idées de substance et de cause, au contraire, il n'attend de l'expérience ni confirmation ni démenti. C'est vainement qu'on tenterait de les lui présenter comme hypothétiques. Avant tout examen, il les tient pour fondées et valables. Bien plus, il ne peut s'en débarrasser : elles s'imposent à lui, soutiennent toutes ses démarches; et, quand il croit s'en être débarrassé, s'il veut s'examiner avec sincérité, il s'aperçoit que, déguisées ou apparentes, elles sont toujours là. « Qu'on essaie donc de s'en passer, seulement quelques instants, et d'imaginer une sensation abstraite d'un sujet sentant et d'une chose sentie[1]. »

On n'y réussira pas. Ces notions s'insinuent malgré nous

[1]. *Science et psychologie*, p. 177.

en nous; elles sont la condition de la pensée. C'est une gageure impossible que d'essayer de se soustraire à leur empire. Elles ne sont pas seulement données; elles sont nécessaires et par là se distinguent des hypothèses scientifiques. « On peut en physique opposer les observations les unes aux autres, feindre que les phénomènes soient autres qu'ils ne paraissent, et comparer le tableau de l'imagination à celui des sens, ou soumettre le premier à la vérification de l'expérience. Mais comment vérifier par l'expérience des notions qui, par leur nature, sont les conditions universelles et nécessaires de toute expérience, sans lesquelles rien de ce que nous appelons fait ne pourrait exister pour nous? Comment justifier aussi par les déductions de la raison ce qui constitue la raison même? quelle pourrait être la règle, la base, le point d'appui de l'entendement pour prouver les lois qui le régissent ou se prouver lui-même[1]? » Il nous faudrait sortir de nous-mêmes, devenir, non plus seulement par ce dédoublement intérieur qui constitue la conscience, mais par une opération dont nous n'avons aucune idée, des êtres distincts et différents de notre pensée, les spectateurs de notre vie mentale et les juges de ce qui est la règle de tous nos jugements. Tout raisonnement est caduc, qui ne tend pas à justifier ces notions en leur assignant un fondement. Ce fondement, parce qu'elle l'a rejeté à priori, la philosophie sensualiste ne peut le fournir. Elle se condamne par là : elle s'est placée hors de la pensée qu'elle devait expliquer.

Condillac a donc échoué dans sa tentative. Il ne pouvait réussir. Il prétend se fonder sur l'expérience et il la né-

---

1. *Science et psychologie*, p. 179-180.

glige. Il se réclame de l'analyse et n'a recours qu'à la synthèse. Et si, dans son esprit, celle-ci a été précédée de celle-là, s'il y a une analyse préliminaire et comme sous-entendue, pratiquée sur des concepts abstraits et de plus arbitrairement construits, elle demeure sans valeur. Il aurait fallu aller droit à la pensée, la prendre dans sa réalité concrète et vivante, en démêler les éléments, en sonder la profondeur[1]. Mais cette première démarche, Condillac ne la pouvait faire : elle lui était interdite par sa méthode, la méthode expérimentale, telle qu'il l'entendait. Par elle, il était retenu à la surface de l'être; il ne pouvait dépasser le phénomène. Il a étudié la sensation détachée du sujet qui la supporte et la produit, chose morte, concept abstrait. Dès le début, il se trouve placé hors du réel, hors du moi actif et vivant; et plus il avance dans son étude, plus il s'en éloigne.

C'est en sens inverse qu'il aurait fallu marcher.

Est-ce que Descartes ne l'a pas fait? est-ce qu'il n'a pas réussi à découvrir le sujet? et la lacune essentielle de la théorie de Condillac, ne l'a-t-il pas déjà comblée?

---

1. Dans cette opération logique qui a pour objet de décomposer la faculté de sentir, Condillac confond perpétuellement, je crois, deux modes de résolution ou d'analyse qu'il est de la plus haute importance de bien distinguer, lorsqu'il s'agit surtout d'une science de principe. Ces deux modes sont : 1° Celui qui s'applique à des touts artificiels ou à des notions abstraites, complexes, comme sont celles de classes ou de genres, ou encore à des idées archétypes que l'esprit a formées lui-même avec des éléments de son choix; ici, il ne s'agit que de résoudre la notion dans ses éléments conventionnels. 2° Celui qui s'applique à des touts réels, composés de parties unies entre elles par la nature elle-même de la chose que l'esprit considère et qu'il n'est pas en son pouvoir de changer arbitrairement; ici il s'agit de décomposer le tout en ses éléments constitutifs et réels (*Œuvres inédites...*, t. I, p. 190-191).

CHAPITRE II

LE MOI N'EST PAS DONNÉ A PRIORI

C'est avec raison que Maine de Biran a marqué l'influence exercée par Descartes sur le sensualisme. En vidant l'être de toute activité réelle, il lui a en effet préparé la voie. Ce serait pourtant une injustice de lui attribuer une conséquence lointaine de son système et de mettre à son compte une doctrine qu'il eût sûrement reniée dans ses résultats et ses formules brutales. Il eût encore, et avec plus de raison, protesté contre l'esprit qui l'anime. Il n'en eût admis ni la méthode, ni le point de départ ; il n'est rien de plus opposé à la méthode et au point de départ qu'il a lui-même adoptés.

Condillac débute par une hypothèse contestable ; Descartes, par un fait sur lequel le doute, même hyperbolique, n'a pas prise : ce n'est pas une abstraction, mais une réalité concrète. La méthode de Condillac est la synthèse ; celle de Descartes, l'analyse. La forme qu'elle revêt ne doit pas faire illusion. L'enthymème fameux : « Je pense, donc je suis », n'est pas un raisonnement. La première proposition est l'énoncé d'un fait ; la seconde n'est pas la conclusion d'une majeure sous-entendue et d'une mineure exprimée, c'est le résultat d'une simple inspection de l'esprit. Le témoignage direct, immédiat de la conscience nous donne la première ; le même témoin, mais plus attentif, nous donne la seconde. L'une exprime un fait dans son unité et sa complexité ; l'autre les éléments, ou mieux l'élément fondamental de ce fait. L'une atteste la pensée ; l'autre le moi, qui est tout à la fois le fondement et l'élément essentiel de la pensée. Le point de départ est sûr, la méthode paraît bonne.

Descartes a-t-il réussi dans son entreprise ? A-t-il trouvé la nature du moi ? Va-t-il fournir du même coup la réponse à cette question : Que pouvons-nous ?

Maine de Biran ne le pense pas. A la doctrine de Descartes, comme à celle de Condillac, il y a une lacune ; et cette lacune, elle aussi, provient d'un vice de méthode. Condillac n'arrive pas jusqu'au moi ; il demeure au-dessous, dans la sensation. Ce moi, Descartes le dépasse et se transporte, dès ses premières démarches, dans la substance qui est peut-être le fondement du moi, mais qui n'est pas le moi. Le premier est trop bas, le second est trop haut ; la démarche de l'un est trop terre à terre, l'élan de l'autre est trop prompt. Pour des raisons contraires, ils manquent l'un et l'autre le but.

I

Relevons d'abord les vices de méthode marqués par Maine de Biran dans l'enthymème de Descartes. Cette critique est minutieuse et, en apparence, purement dialectique; elle nous révélera pourtant ce qu'il y a de faux dans la doctrine de Descartes et nous fera pressentir celle que Maine de Biran lui oppose.

« Je pense, donc je suis. » N'y a-t-il là, comme l'a dit et répété Descartes pressé par les objections de ses adversaires, qu'une simple inspection de l'esprit, quelque chose comme une analyse spontanée et rapide? S'il en est ainsi, le résultat sera mince. *Je pense, je suis* sont deux formules identiques; et l'on pourra mettre cet enthymème fameux à côté du raisonnement dont se servait Cicéron pour discréditer les logiciens : *Si lucet, lucet, atqui lucet; ergo lucet.* L'esprit demeure stationnaire. Le moi de la première proposition est phénoménal, celui de la seconde l'est également : l'une ne nous révèle rien de plus que l'autre. Passer de l'une à l'autre n'est pas progresser, c'est piétiner sur place [1].

Pour qu'il y ait progrès, il faut que les deux moi se distinguent et, comme le premier est phénoménal, que le second soit nouménal : il faut qu'on aille du fait à la cause qui le produit, du phénomène à la substance, de la pensée à l'âme. Et c'est bien ainsi que Descartes l'entend. Mais alors, entre la première et la seconde proposition, il y a un abîme; et comment le franchir? Le moi enveloppé dans la pensée est passager, l'âme dure toujours; il est intermittent, elle est permanente; il est relatif, elle est absolue : l'un manifestement se distingue de l'autre. Si nous prenons conscience de celui-ci dans toute pensée, il n'en est pas de même de celle-là; on n'a pas conscience

---

[1]. *Science et psychologie*, p. 102.

d'une substance. Et c'est justement pour cette raison que, depuis l'éveil de la pensée philosophique, on discute sur la nature de l'âme, tandis qu'on n'a jamais douté de l'existence du moi. Les substituer l'un à l'autre dans un raisonnement est un paralogisme manifeste[1].

Il est aussitôt suivi d'un second. Si l'on découvre l'âme dans la pensée, si elle n'existe qu'en elle et par elle, âme et pensée sont solidaires. Et, comme manifestement la pensée s'éveille assez tard en nous, qu'elle disparaît pour renaître, ne sera-t-il pas naturel de conclure que l'âme est sujette aux mêmes vicissitudes de renaissance et de mort? C'est à une conclusion tout opposée que Descartes aboutit, et voici par quelle voie : l'âme est la cause de la pensée; elle est donc, dit-il, une substance pensante. Le paralogisme est ici manifeste et enveloppé dans un seul mot. Si l'âme pense, elle est une substance apte à penser (cogitative). En disant pensante, Descartes substitue un acte permanent à une aptitude [2]. Cette déviation du raisonnement est grosse de conséquences. Il suit de là que l'âme pense toujours, que cette pensée permanente nous est inaccessible puisque nous n'en avons pas conscience, qu'elle n'a d'autre objet que l'âme elle-même, que c'est en quelque sorte une pensée substantielle. Le premier paralogisme signalé disparaît alors; mais on voit à quel prix. L'analyse peut nous faire trouver l'âme dans la pensée, mais seule-

---

1. *Science et psychologie*, p. 192-193.
2. *Ibid.*, p. 193.

ment dans cette pensée substantielle que le raisonnement, et non la conscience, vient de nous révéler [1].

Mais s'il en est ainsi, ce n'est pas le raisonnement qui pourra nous conduire à la connaissance de la substance, de l'âme. Cette connaissance est primitive, éternelle si l'âme est éternelle, antérieure à tout, innée, ou plutôt identique à l'âme elle-même. Et c'est une erreur de la présenter comme la conséquence d'un fait de conscience individuel et isolé. Elle précède et domine toute connaissance particulière. Elle ne peut être déduite [2].

Au lieu d'une conséquence immédiate ou d'une simple inspection de l'esprit, il y a toute une série subconsciente de conclusions superposées; au lieu d'un acte unique et rapide, une suite d'évolutions et de mouvements dont on peut voir maintenant la ligne sinueuse. De la pensée, Descartes passe à la substance, et de la substance à la pensée. Et, ce faisant, il ne revient pas sur ses pas. Car la première pensée est passagère et relative, la seconde est permanente et absolue; la première n'enveloppe qu'un moi phénoménal, la seconde contient la substance même de l'âme. Ce qui les unit, c'est le moi, dont Descartes méconnaît la nature. Celui qu'il pose dans le fait de la pensée, n'est qu'un phénomène; il le prend pour une substance. De cette confusion sortent les paralogismes indiqués déjà, qui se succèdent et s'engendrent.

Il y a donc deux pensées : l'une transitoire et contingente, qui enveloppe un moi phénoménal; l'autre perma-

1. *Science et psychologie*, p. 193-194.
2. *Ibid.*, p. 194.

nente, immobile, qui enveloppe un moi substantiel dont elle est le reflet. La première est objet d'expérience, la seconde le résultat d'une déduction. Descartes passe sans s'en douter de la première à la seconde, ou mieux, il substitue la seconde à la première ; il se trouve qu'au lieu de reposer sur un fait, la philosophie n'a plus à sa base qu'une abstraction[1].

Si Maine de Biran poursuit ainsi Descartes de position en position, s'il démasque l'un après l'autre tous les paralogismes qu'il croit découvrir, ce n'est pas pour le plaisir bien vain de prendre un logicien en défaut, mais pour saisir sur le fait et dévoiler les conséquences d'une fausse doctrine.

La théorie de la connaissance de Descartes est inacceptable. S'il n'aperçoit pas le paralogisme qui le conduit de la pensée à la substance, c'est que ce passage est naturel et s'effectue par une tendance invincible et spontanée. La conclusion est légitime, mais il en ignore le motif ; l'opération spontanée qui l'y amène est logique, mais il en méconnaît la nature[2].

Ce n'est ni par analyse ni par déduction que, du fait de la pensée, on remonte à l'âme et à la substance.

Le fait de la pensée qui nous est attesté par la conscience, ou même qui lui est identique, est un fait particulier, contingent : il naît pour disparaître et demeure toujours soumis à ces vicissitudes de renaissance et de

---

1. *Œuvres inédites...*, t. I, p. 149-152.
2. *Science et psychologie*, p. 199-200.

mort. La substance est permanente et durable; elle n'est pas solidaire de la pensée; elle n'est jamais directement en contact avec elle; elle persiste quand elle disparaît.

La substance est donc distincte de la pensée. Mais de plus, elle la déborde en tout sens. Elle ne peut donc y être contenue. L'analyse ne l'y fera pas découvrir, comme le voudrait Descartes, ni même la déduction.

La déduction, en effet, quand il s'agit d'un fait, se confond avec l'analyse. On ne peut en déduire que ce qu'il contient. On ne déduit pas l'universel du particulier, ni la substance du phénomène, ni la cause de l'effet, ni le nécessaire du contingent.

Si du fait de la pensée, on ne peut aller, par analyse ou déduction, à la substance, ce n'est pas que le point de départ ait été mal choisi; c'est que la substance ne peut pas se déduire.

Ces deux propositions *je pense* et *je suis* sont évidentes l'une et l'autre. Ce sont deux vérités premières, chacune dans son ordre : l'une est le fondement de la science; l'autre, de la croyance[1].

Les connaissons-nous en même temps? Peut-être. Mais s'il plane quelque doute sur cette question, il reste certain que, quand l'esprit y est parvenu, elles sont pour toujours associées et se présentent simultanément. Il est vrai que je ne puis prendre de ma pensée une conscience réfléchie, sans savoir en même temps que je suis; mais la seconde proposition ne se déduit pas logiquement de la première. Comment va-t-on de l'une à l'autre? Pour

---

1. *Science et psychologie*, p. 196; *OEuvres inédit...*, t. III, p. 433.

répondre à cette question, c'est toute la théorie de la connaissance qu'il faudrait exposer. Nous renvoyons cet exposé à plus tard.

Distinction subtile, dira-t-on, et purement dialectique. L'inférence immédiate qui nous fait passer de la pensée à l'âme n'est pas contestée, mais seulement le nom qu'il lui faut donner : si ce n'est pas purement une question de mot, c'est une question de logique. Et, quelque solution qu'on lui donne, le fond des choses ne change pas : l'esprit, dans l'une et l'autre hypothèse, se meut du même mouvement et, parti du même point, aboutit au même but.

La question est plus grave, répondrait Maine de Biran. Cette erreur logique, en apparence purement dialectique, révèle une erreur fondamentale. Si Descartes croit pouvoir tirer la substance de la pensée, c'est qu'il confond deux ordres de connaissances absolument distincts, la science et la croyance : la science qui nous donne des idées positives, la croyance qui ne nous fournit que des concepts en quelque sorte schématiques et sans contenu réel, des cadres vides[1].

Cette confusion se trouve au fond de toutes les doctrines à priori : c'est là leur vice essentiel. Elles ont toutes la prétention de déduire la philosophie de la substance, qu'elles croient connaître et dont elles ignorent le contenu. Déduction peut-être rigoureuse dans sa forme, mais qui manque de fondement réel. Elle part d'une notion vide ; et ce vide, chacun le remplit à son gré.

Pour Descartes, l'essence de l'âme est la pensée. Mais

---

1. *Science et psychologie*, p. 168; cf. p. 164.

que peut-il répondre à celui qui affirme que c'est la matière[1]? On reconnaîtra aisément que cette confusion est regrettable, qui amène Descartes à faire reposer sa philosophie dans le vide.

De plus, cette méthode, en l'entraînant, dès la première démarche, hors de la pensée jusqu'à la substance qui en fait se dérobe à nos prises, l'empêche de voir ce que la pensée contient en réalité. D'elle, il ne retient qu'une chose, son unité, unité vide; s'il l'eût approfondie, il eût peut-être découvert ce qui la constitue, retrouvé sous l'unité l'activité, et sous l'activité l'effort. Et l'effort qui suppose une lutte, un conflit, lui eût fourni dès l'origine, avec le vrai moi, la connaissance du corps si laborieuse dans sa doctrine. La science eût été placée sur son véritable fondement, à égale distance de l'unité nue et peut-être purement logique de la pensée et du concept abstrait de substance, sur une unité réelle, concrète, active et vivante.

Pour avoir négligé cette analyse, Descartes a été conduit à vider l'être de tout contenu réel. Il n'en a gardé que l'arrière-fond immobile et la surface. Sans le vouloir, il a préparé la voie à Malebranche et à Spinoza.

II

Leibnitz va-t-il réparer la lacune que nous venons de signaler, faire à l'activité sa part et lui donner enfin sa

---

1. *Œuvres inédites...*, t. I, p. 153-154.

place? On pourrait le croire, si l'on s'en tenait à une vue superficielle de son système fondé tout entier sur la force et même sur l'effort.

L'effort, Descartes l'a entièrement négligé. Leibnitz le lui reproche; et, d'un regard très net et très perçant, il voit les conséquences de cette omission. Mais, pour n'avoir pas su lui-même rattacher à sa véritable origine l'idée de force, il l'entendra mal et n'en tirera pas le profit qu'il faudrait. Elle lui vient sans doute de la conscience; d'où pourrait-elle venir sinon de là? Mais il l'ignore [1]. Il ne la perçoit distinctement que lorsqu'elle a déjà subi une opération transformatrice, qu'elle a perdu les caractères primitifs qui la distinguaient, qu'elle est désubjectivée [2]. Ce n'est plus dès lors une activité consciente, volontaire, libre et constitutrice du sujet; c'est un objet, une force dont le contenu réel nous échappe, que nous connaissons dans ses effets, non dans sa nature intime. Ceci suffit peut-être pour fonder la mécanique, mais non la psychologie; et, au lieu de se rapprocher du moi, sujet de la pensée, Leibnitz s'en éloigne. C'est une première cause d'erreur.

En voici une seconde. Pour Leibnitz, toute connaissance directe et primitive est enfermée dans le moi; nulle communication directe entre lui et le monde : il est clos. Nulle issue pour en sortir, ou plutôt une seule, par en haut, par l'abstrait, par les principes. Deux de ces principes lui permettent d'arriver à son but et d'atteindre le

---

1. *Œuvres inédites...*, t. I, p. 160.
2. *Science et psychologie*, p. 218.

monde : celui de causalité [1] et celui de raison suffisante [2]. Le principe de raison suffisante est au fond de chaque système philosophique. Dire en effet que tout a sa raison, c'est dire que tout est intelligible ; et c'est le postulat, non seulement de toute philosophie, mais de toute pensée : penser c'est comprendre. Ce n'est donc pas pour avoir posé ce principe à la base de la science que Leibnitz se sépare des autres philosophes ; c'est par le rôle qu'il lui assigne. Il n'en fait pas seulement le fondement de la science, mais l'intermédiaire nécessaire de toute connaissance objective : c'est par lui que nous parvenons à sortir de l'enceinte du moi et que nous atteignons le monde.

En prenant ce détour, Leibnitz obéit à la nécessité et subit les exigences de son système sur la nature des monades. Mais cette nécessité est, par ailleurs, conforme à son désir et à ses tendances ; il croit par là mettre l'existence du monde à l'abri du doute. Au lieu de se fonder sur un fait, la connaissance que nous en avons s'appuie sur un principe. Elle lui paraît dès lors certaine, d'une certitude métaphysique, absolue.

Sortir du moi, aller au monde et à Dieu, c'est résoudre le problème suivant : étant donné le moi avec ses sensations, ses idées, ses principes, son évolution ininterrompue et graduelle, que doit être le monde pour que ce petit monde intérieur ne soit pas sans raison suffisante ? Mais il est évident que, même certaine, une connaissance ainsi obtenue tend à nous éloigner du réel et de l'activité qui en est le fond. Nous n'arrivons au monde que par la dé-

---

1. *Science et psychologie*, p. 204.
2. *Ibid.*, p. 202-203.

duction ; nous ne le voyons qu'en nous dans un reflet [1], dans une projection, fidèle peut-être, mais vide.

Là du moins, nous pourrions saisir la force d'une prise directe et à sa vraie source. Mais Leibnitz semble ne pas l'apercevoir [2] ; il ne la voit que dans les conséquences qu'il en déduit. Pour que le principe de causalité, qui est en nous, trouve satisfaction, il faut qu'il y ait hors de nous des êtres qui soient relativement à nous et entre eux dans le rapport de cause à effet [3] : c'est le fondement de l'harmonie du monde. Mais, on le sait, cette harmonie est préétablie [4] ; et l'on sait aussi comment, de cette conception, la causalité sort amoindrie. Non seulement tous les êtres, toutes les monades conçues à l'image du moi, sont closes à toute action extérieure, mais on se demande encore ce qui reste d'énergie vraie et de force dans leur développement intérieur. Faut-il voir dans la tendance autre chose qu'une prévision obscure des étapes que la monade va successivement parcourir? Entre ces étapes, y a-t-il plus qu'une succession, un lien réel, une action efficace? Peut-être. Mais ce déroulement d'états successifs suivant une loi tracée d'avance, prête au doute ; et l'on est amené à se demander pourquoi il faudrait une causalité vraie pour expliquer l'évolution de la monade, puisqu'une causalité apparente suffit à rendre raison des actions et des réactions des monades entre elles.

En tout cas, et c'est surtout ce qui nous importe, si la

---

1. *Science et psychologie*, p. 202.
2. *Ibid.*, 201-232.
3. *Ibid.*, p. 236.
4. *Ibid.*, p. 205.

monade humaine, si le moi était actif, nous n'en pourrions rien savoir. Mais cette affirmation est en apparence paradoxale. Il faut l'expliquer, ou du moins la préciser.

Les sens ne perçoivent que des phénomènes, vides d'énergie; la notion de l'activité ne peut nous venir que de l'expérience intérieure. S'il s'est rencontré des philosophes pour méconnaître cette origine, il semble que ce ne peut être Leibnitz. Tout est inné dans sa doctrine, en effet; et le monde lui-même, nous le voyons dans le moi, comme dans un miroir. Mais il est vrai aussi que nous ne nous voyons nous-mêmes que dans le monde. Les principes sont indépendants de l'expérience; l'expérience seule ne pourrait nous les fournir : ils la dépassent, la règlent, lui sont logiquement antérieurs. Et, cependant, nous ne les connaissons d'une manière explicite et expresse que dans et par l'expérience : c'est en elle qu'ils se révèlent.

On peut en dire autant du moi. Il n'est pas, comme le veulent les sensualistes, un résultat ou un résidu de l'expérience; il lui est logiquement antérieur : il en est la condition nécessaire. Mais il ne nous apparaît à nous-mêmes qu'en elle. De lui, nous n'avons jamais une conscience distincte ou du moins séparée; nous ne le connaissons que comme un élément, à priori sans doute, mais enfin comme un élément de l'expérience.

Dès lors, quand il serait démontré que ce tout complexe qui est la connaissance expérimentale, enveloppe la force, l'énergie, comment pourrions-nous savoir la part qui revient à cet élément fondamental et à priori que nous appelons le moi? et qu'est-ce enfin qui le constitue? Or, c'est là le vrai problème. Tant que nous n'avons pas une connaissance directe, distincte du moi, tant que nous n'avons pas réussi à le saisir en dehors de tout alliage, nous pouvons nous demander si l'unité que nous lui attribuons n'est pas une unité logique, purement nominale, si nous ne prenons pas un des aspects, une des faces de la sensation pour une chose réelle, et si, suivant les errements de la scolastique, nous ne réalisons pas des abstractions [1].

III

Il est évident que ce n'est pas Kant qui va nous fournir la solution de cette difficulté ; c'est lui, au contraire, qui nous permettra d'en mieux comprendre le sens et la valeur.

Il s'est contenté de cette unité que Maine de Biran n'accepte pas. Chez lui, bien mieux encore que dans Descartes et dans Leibnitz, nous en voyons le vide et l'insuffisance. Pour Kant, en effet, le moi n'est ni une substance, ni une unité antérieure à l'expérience, qui se reconnaît et se retrouve dans l'expérience ; c'est une unité dérivée. Elle dépend des lois à priori de la pensée et des manifestations de l'être inaccessible en lui-même, du noumène, de l'union de la matière et de la forme. Lien idéal, unité abstraite, sans consistance et sans support.

Il ne se découvre et ne s'apparaît à lui-même que dans et par l'expérience ; et par là, il semble qu'il se rapproche du moi de Leibnitz. Il y a là, en effet, comme un point de rencontre entre les deux conceptions. Mais si l'on pénètre

---

1. Œuvres inédites..., t. I, p. 103.

plus avant, on voit leur différence et même leur opposition. Le moi de Leibnitz se rattache d'une manière très étroite à la substance et à la cause; celui de Kant paraît se suffire à lui-même. S'il est uni au noumène, qui se dérobe dans le lointain non seulement à la conscience mais à la pensée elle-même, il est difficile de dire par quelle relation, et impossible de le préciser; et son union avec l'expérience, pour être plus certaine, n'en est pas plus claire. Il en est tout à la fois le fondement et le résultat : sans lui, toute expérience serait impossible, puisque, hors de l'unité, il n'y a ni pensée ni sensation; et sans l'expérience, il n'existerait pas, puisqu'il n'est que le point de convergence des éléments qui la constituent [1].

C'est de ce moi, qu'on peut dire qu'il est abstrait et purement logique. Maine de Biran cherche autre chose.

IV

Que cherche-t-il donc? Peut-être que, si nous résumons rapidement les critiques que nous venons d'exposer, nous parviendrons à comprendre en tout son enquête, et comment se pose dans son esprit la question fondamentale de la philosophie.

Depuis Descartes, tous les philosophes ont eu le même dessein et la même ambition : refaire, en laissant de côté toute tradition, la science philosophique. Et, comme ils ont le même dessein, ils ont à peu près le même plan : retrou-

---

1. *Œuvres inédites...*, p. 167.

ver le point de départ de la science et le retrouver par l'expérience. Il faut remonter jusqu'au point de départ pour que rien n'échappe au contrôle de la raison; et ce point de départ, il faut le demander à l'expérience, parce que seule elle peut témoigner de ce qui est primitif et que son témoignage est à l'abri du doute.

Descartes est l'initiateur de ce mouvement. Et même quand ils le contredisent, les philosophes qui l'ont suivi relèvent de lui. A son exemple, ils se sont tournés vers le moi, la conscience. « Je pense » : les uns se sont surtout attachés à l'attribut de cette proposition, à la pensée; les autres, au sujet, au moi. Et, partis du même point, ils sont arrivés à des conclusions divergentes.

L'école expérimentale, qui a trouvé dans la philosophie de Condillac sa formule la plus systématique et la plus simple, veut fonder la philosophie et l'édifier sur la pensée, mais sur ce qu'il y a d'essentiel, d'indivisible et de primitif dans la pensée. Descartes s'est arrêté trop tôt dans ses recherches. Une psychologie vraiment scientifique ne peut admettre, comme données et soustraites à l'analyse, les idées innées, les facultés qui les recèlent, la conscience de la pensée qui est un retour de la pensée sur elle-même, le moi en qui elle réside; elle doit retrouver le fait d'où surgissent et la pensée, et le moi, et les idées qu'on appelle innées, et les facultés qui les utilisent : ce fait, c'est la sensation.

Descartes, plus profond, plus soucieux des vraies causes, ne s'en tient pas, lui non plus, au fait de la pensée; il l'analyse pour en pénétrer le fond : dans la pensée, il prétend découvrir le moi et la substance.

Mais ils n'ont pu ni l'un ni l'autre mener à bonne fin leur entreprise.

La sensation, détachée de tout sujet, est abstraite et par conséquent irréelle. Elle est comme suspendue dans le vide. Elle ne reprendra jamais pied dans le concret. D'elle, on pourra tirer une foule de déductions logiques, jamais une science du réel. Quelque transformation qu'on lui fasse subir, et dans la théorie de Condillac elle n'en subit aucune, elle ne donnera que ce qu'elle contient; et donc aucun effort n'en extraira ni les facultés, ni le sujet conscient. Posée hors de la conscience, la sensation n'y pourra jamais pénétrer. C'est un monde placé trop haut et qui lui est fermé. Elle est impuissante à se hausser jusqu'à lui. Elle n'en forcera pas l'entrée.

La voie ouverte par Descartes était meilleure. Son analyse, plus compréhensive, ne mutile pas le réel. Il essaie de l'envelopper tout entier dans son premier regard. Mais ce regard est trop vaste. Pour tout saisir, tout, jusqu'à cet arrière-fond d'où surgit la vie consciente, et peut-être aussi la vie inconsciente, il néglige ce qui en est la source immédiate. Pour voir trop loin, hors de sa portée, il perd de vue ce qui est près de lui, à ses pieds. Dans le fait de la pensée, il trouve la substance qui n'y est pas; il ne sait pas y découvrir l'effort qui la produit, ou plutôt, qui lui est identique. La pensée n'est pas un miroir passif où le monde se réfléchit et se redouble sous une forme idéale. Penser, c'est agir, c'est vouloir; on ne veut pas sans effort.

Ce serait une illusion de croire que l'analyse de Descartes a quelque chose de plus profond et que, s'il est allé jusqu'à la substance, c'est que sa vue est plus pénétrante. Qu'il y ait un lien entre la substance et l'effort, on n'en saurait douter. Mais qu'importe? Ce lien n'est pas conscient. Or ce qu'il faut découvrir, c'est le début de la vie consciente, l'acte dans lequel le moi apparaît et dans lequel il se constitue. C'est à ce but que tend d'une manière plus ou moins nette toute la philosophie moderne; et c'est ce but qu'elle n'a pas atteint.

Condillac a raison contre Descartes. Il est anti-philosophique d'accepter comme données les idées innées, les facultés, le moi. Sous les idées, il y a les facultés, sous les facultés, le moi. C'est lui qui est antérieur à tout, lui qui est primitif. Et c'est vraiment lui que cherchait Descartes et qu'il croyait avoir trouvé quand il disait : « Je pense, donc je suis. » Le moi était en effet enveloppé dans cette formule ; et si, au lieu d'écouter sa raison, Descartes eût interrogé sa conscience sur la nature de ce moi, il se fût dès lors emparé de la vérité. Si sa doctrine a dévié, c'est qu'il a, dès cet instant, peut-être sans s'en douter, déserté le terrain de l'expérience.

Sans doute, en nous, dans une sorte d'arrière-plan, il y a la substance. Et cette substance, Condillac ne la nie pas. Mais, pour expliquer et l'origine et l'évolution de la pensée, il ne la fait jamais intervenir ; et il a raison. Elle est la condition métaphysique de l'existence du sujet; elle n'est pas le sujet. Or la question qui se pose est celle-ci : Comment le sujet, le moi, arrive-t-il à se constituer? Que la substance existe, qu'elle soit simple, spirituelle ou multiple et matérielle, c'est une question ultérieure; celle qu'on agite en est indépendante. D'où qu'il sorte, le sujet est donné. Quand? Comment? Dans quel acte? C'est ce qu'il faut savoir avant tout. C'est dans cet acte qu'avec le moi nous est donnée l'intelligence. Là, et là seulement, nous serons arrivés à ce qui est antérieur à tout, primitif, et découvert la source qui s'est dérobée jusqu'ici aux explorateurs les plus avisés.

Dira-t-on que le sujet est donné dans tout acte conscient, dans la pensée de Descartes, et peut-être même dans la sensation de Condillac; qu'il est inutile d'instituer une enquête laborieuse pour découvrir ce que nous ne pouvons pas ignorer? Ce ne serait pas répondre, mais reprendre, sous une forme atténuée, la théorie de l'innéité. On aurait réduit la part de l'inexpliqué, on ne l'aurait pas supprimée : il y aurait un résidu, le moi; on l'accepterait comme donné, ce qui est fâcheux. Ce qui l'est plus encore, c'est que dès lors on pourrait douter de son existence. S'il ne nous apparaît jamais seul, mais toujours dans et par un fait d'expérience autre que lui-même, qui nous assure qu'il a une réalité propre, qu'il n'est pas une des faces de cette expérience dont il est inséparable, que le moi et le non-moi ne sont pas les deux aspects d'un phénomène unique? C'est pour cela que Leibnitz, quoiqu'il ait heureusement restauré le concept de force, ne peut nous fournir une réponse satisfaisante : dans son système, le moi est tellement uni aux phénomènes en qui nous le percevons, qu'on peut légitimement se demander s'il subsisterait sans eux. Et dans la conception kantienne, cette question ne se pose même pas; il est évident que l'existence du moi est liée à celle des phénomènes qu'il conditionne, mais qui le supportent; il disparaîtrait avec eux.

Pour répondre à cette négation et se débarrasser de ces doutes, il serait désirable qu'il y eût un acte où le moi fût donné à lui-même, seul, isolé de tout phénomène, dans son unité et sa simplicité. Le vœu de la philosophie moderne serait alors réalisé et le fondement de la science établi.

CHAPITRE III

LE MOI NAÎT DANS L'EFFORT

I

Maine de Biran, même pendant la période sensualiste, n'a jamais été un disciple asservi et docile. Il y avait en lui une pensée trop personnelle et trop vivante pour n'être qu'un écho fidèle et mort, trop inquiète pour rester immobile. De l'an IX à l'an XI, il voudrait, on le sent, rester d'accord avec ses maîtres ; mais de jour en jour il s'éloigne d'eux. Les idéologues le comptent encore pour l'un des leurs. En est-il vraiment? C'est douteux pour qui lit attentivement le second manuscrit du *Mémoire sur l'habitude* et les modifications qu'il apporte à sa rédaction primitive. Ces modifications sont voulues et conscientes. Elles attestent que, s'il n'est pas encore parvenu au but, il se tourne vers lui ; et déjà il est en marche. Le sensualisme a pu lui offrir un abri momentané ; il n'y a pas trouvé, même un instant, un repos pour sa pensée.

Mais s'il se dégage de la philosophie mutilée et appauvrie du xviii° siècle, il en accepte pleinement l'esprit. Il veut poursuivre l'enquête qu'elle a commencée et la pousser plus avant : il veut, lui aussi, retrouver l'élément premier de la connaissance, réduire la part de l'innéité, la supprimer, si c'est possible, pour qu'il n'y ait en nous rien d'obscur et que la pensée débute en pleine lumière. Une seule méthode lui paraît bonne, la méthode expérimentale. L'abstrait, l'idéal, l'absolu n'a de valeur que quand on a vérifié ses titres. Et les vérifier, qu'est-ce? sinon chercher ses origines pour savoir où et comment il naît. A qui le demander? sinon à l'expérience, aux sens si cette origine est hors de nous, à la conscience si elle est en nous. Cette méthode, il est décidé à la suivre, comme Condillac. Il compte en faire un usage fidèle et loyal; sa probité scientifique est entière. Il accepte d'avance les conclusions auxquelles il sera conduit, quelles qu'elles soient. Il n'a souci que de vérité. En lui, pas de parti pris, pas de maître qui lui en impose, pas d'habitude d'esprit dont il ne veuille se délivrer. Et cette indépendance ne va pas jusqu'au dilettantisme, autre écueil; il est jaloux de son autonomie, mais pas assez pour la placer au-dessus de la vérité. Qu'elle se montre, et il est prêt à s'incliner, à prosterner devant elle et son esprit et sa vie.

Pour faire une étude expérimentale de sa pensée, pour connaître sa nature, son origine, son évolution, un seul instrument s'offre à lui : la conscience que les sensualistes ont traitée en suspecte, dont ils ont mutilé le témoignage quand ils n'ont pas refusé de l'entendre. Ce témoignage, Maine de Biran l'acceptera sans hésitation et sans réserve. Les sens s'arrêtent aux phénomènes et s'y heurtent sans pouvoir les dépasser. Si la conscience peut franchir cette barrière, ce sera pour lui, non pas un mécompte, mais une heureuse fortune. Il n'a garde de se fermer la voie qui peut le conduire à l'être vrai et lui fournir l'occasion d'accroître le nombre des vérités qui constituent la « philosophie éternelle ».

II

Le but est nettement défini. La méthode l'est aussi. Maine de Biran porte de plus en lui comme le plan idéal de la découverte à faire.

Il cherche le moi conscient. Il sait déjà ce que ce moi n'est pas. Il n'est pas la substance : la substance, si elle est immobile, ne donne aucune prise à la conscience ; et si elle change et se modifie, c'est dans ces modifications et non dans la substance elle-même qu'il faudra chercher l'origine de la conscience et le fondement du moi. Pour savoir comment se pose et se constitue le sujet, c'est évidemment hors d'elle qu'il faut chercher.

Le moi n'est pas non plus dans la sensation. La sensation est une, il est vrai ; mais cette unité, noyée dans les phénomènes dont elle est inséparable, nous ignorons si elle est réelle ou purement logique. Maine de Biran d'ailleurs tient la sensation pour inconsciente. Ce n'est donc pas en elle qu'il faut chercher l'origine de la pensée.

Le champ d'exploration se resserre et se restreint. Le

moi n'est ni la substance, ni la sensation. Il se trouve sans doute dans tout phénomène de conscience, et c'est lui qui en constitue l'unité. Mais cette unité est-elle indépendante du phénomène en qui elle se manifeste? Est-ce une apparition sans consistance? Leibnitz et Kant laissent subsister ce doute.

Pour s'en débarrasser, il faudrait deux choses : 1° Saisir le moi, non plus dans le phénomène dont il est l'unité, mais seul, distinct et séparé de tout ce qui n'est pas lui [1] ;

2° Pour que cette distinction fût complète, il faudrait de plus que cet acte constitutif du moi, détaché du phénomène, en fût indépendant, qu'il ne lui fût lié, ni comme un effet à sa cause, ni comme un conséquent à son antécédent. Distinct des sensations et des phénomènes intérieurs, il pourrait durer tandis qu'ils s'écoulent, et fournir un fondement à l'opposition du moi et du non-moi.

Sans la première de ses conditions, nous ignorons toujours si l'unité de la pensée a une réalité propre; sans la seconde, cette unité, quoique distincte des phénomènes et réelle, ne pourra constituer le moi. Le moi s'oppose aux phénomènes comme l'un s'oppose au multiple, comme le permanent s'oppose au variable, mais encore et surtout comme le libre s'oppose au fatal : dans son fond, il doit être indépendance et liberté [2]. S'il dépendait d'autre chose que de lui-même, s'il n'avait que sa place dans la série des êtres liés les uns aux autres et se succé-

---

1. *Œuvres inédites...*, t. I, p. 204.
2. *Éd. Cousin*, t. IV, p. 17.

dant suivant une loi fatale, s'il n'était qu'un anneau de cette chaîne de fer, sur quel fondement reposerait la distinction essentielle et radicale du moi et du monde? Pour n'être pas entraîné dans le mouvement nécessaire des choses, pour prendre possession de lui-même et leur faire face, il faut que le moi, comme il est séparé, soit indépendant, ne relève que de lui-même et que, jusque dans l'acte qui le pose, il soit libre. Qu'on supprime la liberté, et le moi se confond avec la spontanéité ou avec le désir : l'initiative de l'évolution mentale lui est enlevée; la cause des événements intérieurs dont il est le théâtre n'est plus en lui, mais hors de lui; il est replongé et confondu dans la masse des êtres dont on a essayé vainement de le distinguer.

De plus, si ce premier acte était lié à un antécédent ou à une cause, serions-nous sûrs que c'est vraiment par lui que débute la pensée? Ne pourrions-nous pas supposer qu'il a, dans cet antécédent ou cette cause, des racines obscures, qu'avant d'arriver au plein éclat de la conscience, le moi était déjà comme dans une pénombre et qu'il y reste inaccessible? Mais, si l'acte qui le constitue est libre, il est vraiment primitif. Entre lui et tout ce qui le précède, il y a rupture; il est un commencement absolu : c'est vraiment là que naît la pensée.

Sa naissance s'opère en pleine lumière. Tous les postulats ont disparu. On n'accepte comme donnés ni les idées, ni les facultés, ni le moi. Il est antérieur à tout. C'est de lui que tout procède. Et quand, dans l'acte libre qui le constitue, il surgit et se pose lui-même, nulle obscurité ne l'enveloppe : nous le pénétrons tout entier;

rien en lui ne se dérobe au regard de la conscience.
Passif, soumis à une influence étrangère, il nous resterait obscur; « l'homme ne sait que ce qu'il a fait ou peut faire [1] ». Il faut donc, pour que le moi se connaisse, qu'il se pose lui-même. Et l'acte qui est le fondement de son être, sera le principe du savoir. « Si l'on parvenait à démontrer, dit Maine de Biran,... qu'il y a un fait ou un mode réel (*sui generis*) unique dans son genre, tout fondé dans le sujet de la sensation qui est constitué tel par ce mode même; que celui-ci peut subsister et avoir par lui-même le caractère de fait de conscience, sans être actuellement et indivisiblement uni à aucune affection passive de la sensibilité, ou à aucune représentation extérieure; que dans lui se trouve avec le sentiment de personnalité individuelle, l'origine spéciale de toutes les idées premières de cause, de force, d'unité, d'identité, de substance dont notre esprit fait un emploi si constant et si nécessaire, n'aurait-on pas trouvé la réponse » cherchée [2]?

III

Ce plan directeur, Maine de Biran, sans doute, ne le connaissait pas au début de ses recherches d'une façon expresse. C'est lui, pourtant, qui le guidait à son insu. Il en avait comme le pressentiment. L'inquiétude qui l'agitait, lui interdisait le repos et le poussait hors du

---

1. *Œuvres inédites...*, t. III, p. 433.
2. *Ibid.*, t. I, p. 204.

sensualisme, témoignait de cette tendance obscure et des exigences encore mal définies d'une pensée toujours en quête de vérité. C'est pour cela qu'au moment même où il adoptait et les théories et les formules de Destutt de Tracy, il était déjà loin de lui. Destutt de Tracy les acceptait par une sorte de contrainte logique; mais, en les énonçant, il les vidait autant qu'il était en lui de leur contenu. Pour Maine de Biran, elles n'étaient qu'une première étape; il tendait au delà : il cherchait la réponse à la question posée dès la première page de son journal, question qui a suscité le mouvement de sa pensée et qui le domine : « Où est le bonheur? Que pouvons-nous pour le conquérir? » Il sentait le besoin d'une activité qui lui permît de se dérober aux impressions passives des sens, de combattre leurs violences, de modérer leurs entraînements, de régler leur marche, en un mot d'une activité libre. Et c'est parce qu'il la pressentait et la désirait, que mis enfin, par une de ces intuitions qui constituent le génie, en face de l'effort, il reconnut là ce qu'il cherchait depuis longtemps et ce qui réalisait le vœu de toute la philosophie moderne. « Descendant en moi-même, je cherche à caractériser plus expressément quelle est cette pensée primitive, substantielle, qui est censée constituer toute mon existence individuelle, et je la trouve identifiée dans sa source avec le sentiment d'une action ou d'un effort voulu. Cet effort sera donc pour moi le fait primitif, ou le mode fondamental que je cherche...[1]. »

---

[1]. *Œuvres inédites...*, t. I, p. 203.

Qu'est-ce que l'effort? Pour ne pas fausser la théorie de Maine de Biran et ne pas s'exposer à de vaines querelles de mots, il faut le bien savoir. L'effort n'est pas la contraction musculaire localisée dans une partie du corps, ni la réaction spontanée de l'animal qui tend ses muscles pour résister ou pour attaquer, réaction qui a son siège dans le cerveau. La contraction musculaire et la réaction partie du cerveau ne méritent le nom d'effort que si elles passent sous la domination de la force hyperorganique et cessent ainsi d'être spontanées pour devenir libres [1] : l'effort est une tension volontaire et libre destiné à mouvoir le corps et vaincre ses résistances.

C'est en lui et par lui que le moi se constitue. Il répond bien aux désirs de Maine de Biran et aux exigences de sa pensée.

Il a une réalité propre et dont nous ne pouvons douter. Il est distinct de tout phénomène : ce n'est ni dans la sensation, ni dans la pensée qu'il nous apparaît, mais en lui-même. L'effort suppose un terme qui lui résiste. Ce n'est pas dans ce terme qu'il est perçu, mais en opposition avec lui [2]. La lutte n'est pas l'union. Par elle, au contraire, se révèlent et se déclarent les forces en conflit; par elle se manifeste l'effort et surgit le moi. Distinct des sensations, il dure, tandis qu'elles passent; et nous le sentons. « ... Il y a un sentiment ou une aperception du *moi*, un, identique, permanent, dans toute la succession et la variété de nos impressions sensibles, qui reste dis-

---

1. *Œuvres inédites...*, t. I, p. 209-213.
2. *Ibid.*, p. 216-217.

tinct de toutes ces impressions, qui ne se confond avec aucune[1]... »

Il est indépendant et libre. Nous avons le pouvoir de commencer, de suspendre, de continuer un mouvement : « C'est un fait de sens intime aussi évident que celui de notre existence même. » Cette activité, rien ne peut la contraindre à entrer en exercice et rien ne peut l'empêcher d'agir. « Ni les amorces du plaisir, ni l'aiguillon de la douleur ne sauraient l'entraîner d'une manière invincible. Quand elle s'exerce, toutes les lois physiologiques sont troublées ; tous les signes extérieurs de sensibilité ou de contractilité sont incertains et peuvent être muets ou trompeurs. Eh! que peut, par exemple, la douleur la plus atroce, sur la volonté d'un Mucius Scévola ? Avant qu'elle cède, le bras qu'elle tient immobile sur le brasier ardent pourra tomber en cendres. N'est-ce donc pas une force propre et *sui juris*, que celle qui domine ainsi la sensibilité, l'enchaîne à ses propres lois, qui force le corps à s'arrêter ou à se précipiter en avant quand son instinct l'entraîne à la fuite[2] ? »

Ce que nous venons de décrire est la liberté déjà développée, entièrement maîtresse d'elle-même et s'élevant, à l'aide des motifs qui lui sont un attrait et un appui, jusqu'au sublime. Mais, « avant qu'il y ait des motifs d'agir, il y a bien sûrement une puissance de mouvement ou d'action ; avant que ce mouvement soit devenu moyen, il a commencé par être lui-même le but ou le terme propre du

---

1. *Œuvres inédites...*, t. III, p. 432 ; cf. p. 408.
2. *Ibid.*, t. I, p. 214-215.

vouloir [1] ». A cette heure où il se pose lui-même, il est tel qu'il sera plus tard : c'est un acte de liberté [2].

C'est pour cela qu'il est vraiment primitif : il ne dépend de rien ; il se trouve à la racine de tout acte. Et c'est précisément parce qu'il est très près de nous, parce qu'il est nous-même, qu'il n'a pas été aperçu et qu'il a été aussitôt oublié qu'entrevu. La direction de notre regard est en avant : il faut nous faire violence pour le replier sur nous-même ; et cette violence ne dure pas. C'est pour cela que ni Schelling, ni Fichte, ni Destutt de Tracy n'ont su tirer parti de la vérité qui leur était un instant apparue, et que, après avoir reconnu dans l'effort le fondement de la personnalité, ils l'ont déduite de l'absolu ou noyée dans le relatif [3]. Il ne faut pas la déduire, mais la constater ; elle naît avec l'effort. C'est l'élément primitif : tout le développement intellectuel le suppose et relève de lui ; lui ne peut avoir d'antécédent puisqu'il est libre.

C'est en lui et par lui que naît la conscience. Avant son apparition, tout se déroule dans les ténèbres. Sans doute, au-dessus du mouvement matériel et des phénomènes qui en proviennent et le manifestent, en un mouvement parallèle se développent dans l'animal, et dans l'homme avant l'éveil de sa pensée, toute la série des sensations affectives et représentatives. Ces deux mouvements se correspondent. Celui-ci est l'image de celui-là, image en un sens lumineuse puisqu'elle est sortie de la nuit où se meut la nature. Mais la lumière qui l'enveloppe est une lumière

---

1. *Œuvres inédites...*, t. I, p. 215.
2. *Ibid.*, p. 284-286.
3. *Ibid.*, p. 206-207.

diffuse Pour qu'elle s'éclaircisse, il faut que ses rayons convergent en un centre. Image inexacte et convergence impossible. Il n'y a pas de passage naturel de la sensation à la pensée. Celle-ci suppose une unité et une concentration de l'être qu'on ne trouve que dans l'effort. L'animal souffre et connaît; il ne sait pas qu'il souffre et qu'il connaît. Pour que la sensation soit consciente, il faut une unité supérieure qui soit à la sensation ce que la sensation est à la matière. Tant que cette unité n'a pas fait son apparition, il n'y a pas de moi ni de personne. C'est pour cela que l'animal ne peut se connaître. Ce qui lui manque, ce n'est pas la matière de la connaissance, la sensation ; mais sa forme, le sujet.

Il naît dans l'effort; et c'est avec lui que jaillit la conscience. Acte merveilleux et quasi créateur. En se posant, le moi s'oppose au monde, prend possession de lui-même, s'empare des mouvements qui de spontanés deviennent volontaires, donne l'unité à la sensation, accède à la lumière intellectuelle, ou plutôt la produit et la projette sur tout ce qui l'entoure. C'est l'avènement à une existence supérieure, à la vie de la pensée.

Nous avons marqué les caractères de l'effort, nous avons indiqué ses effets et signalé son importance capitale : il est la cause et le support de la pensée. Mais en lui-même, en sa nature intime, qu'est-il? Il est simple. Il entre en conflit avec les résistances matérielles et produit la pensée. Quelle est l'activité qui se révèle en ces actes? On ne peut ni la définir ni l'expliquer. Comment la faire entendre à qui n'en aurait pas l'expérience intérieure[1]? Comment donner l'idée des sons aux sourds et de la lumière aux aveugles? Il n'y a pas de combinaison de concepts, quelque précise qu'elle soit, qui puisse suppléer la sensation; il n'y en a pas non plus qui puisse se substituer au témoignage de la conscience. Ce témoignage, pour donner une idée de l'effort, quand on en a indiqué les effets, il suffit de l'évoquer.

Mais si l'on ne peut le définir, on peut décrire les instruments dont il se sert. Par là, on arrive à délimiter son domaine; et l'on a de lui, dans les organes qu'il utilise et les mouvements qu'il produit, comme une vision symbolique.

« Un physiologiste, doué du génie de l'expérience », Bichat, reconnaît trois modes ou trois espèces de contractilité musculaire. La première est une simple propriété organique, inhérente à la fibre musculaire et qui est connue, depuis Hobbes, sous le nom d'irritabilité. La seconde est la contractilité sensible ou animale; elle est déterminée par une cause extérieure dont l'action est transmise à un centre partiel ou au cerveau. La troisième est la contractilité volontaire; elle est indépendante de toute excitation venue du dehors et prend naissance dans le cerveau. Il n'y a évidemment pas lieu de s'occuper de la première. On voit comment les deux autres se distinguent. L'une est consécutive à une exécution, l'autre en est indépendante. « La réaction sympathique du centre qui effectue les contractions animales ou les mouvements

---

1. *Œuvres inédites...*, t. I, p. 208.

instinctifs, est le symbole d'un désir affectif. L'action qui, commençant dans un centre unique, effectue les mouvements libres, qu'il dépend de l'individu de faire ou de ne pas faire, est le symbole propre d'une volonté motrice. » Celle-là dépend de la sensibilité ; celle-ci peut à son gré la suivre ou la contredire et s'y opposer et, seule, elle s'en distingue. Ces conclusions vont rejoindre et confirment celles auxquelles le témoignage de la conscience nous a déjà conduits. Les physiologistes ne peuvent atteindre l'effort dans sa nature intime ; mais ils nous en montrent l'image, et comme la projection, dans les mouvements du corps. Bien mieux, ils attestent, eux aussi, son existence à leur manière : les effets qu'ils constatent exigent cette cause hyperorganique et indépendante [1]. Eux aussi, par une voie différente, ils aboutissent à l'effort.

IV

Mais l'effort, tel que nous venons de le décrire, est-il intelligible ? Il est distinct de la sensibilité ; son origine ne se confond pas avec celle de la vie animale. Il n'a pas d'antécédent ; il se pose lui-même : c'est un commencement absolu. Mais un commencement absolu n'est-il pas contradictoire ? Et s'il ne l'est pas, à quel degré de l'évolution de la vie animale faut-il le placer ?

La difficulté est grave. L'effort n'est pas une poussée aveugle et sourde ; c'est un acte libre. Et cet acte qui est

---

1. *Œuvres inédites...*, t. I, p. 209-213 ; t. III, p. 452-461.

primitif dans l'ordre du mouvement volontaire, l'est aussi dans celui de la connaissance intellectuelle. Nous commençons à connaître au moment même où nous commençons à vouloir; ou, plus précisément, puisque la pensée n'est qu'une manifestation et qu'une des manifestations de l'effort, nous connaissons parce que nous voulons. Mais peut-on vouloir sans connaître? Une volonté sans connaissance et sans but n'irait-elle pas se confondre avec la force instinctive qui dirige l'animal? L'effort est la cause de la connaissance; et la connaissance, la cause de l'effort. Ils sont donc l'un et l'autre, simultanément cause et effet, antérieurs et postérieurs à eux-mêmes.

C'est une illusion, répond Maine de Biran, une illusion d'optique mentale. A l'origine, dans l'acte qui est le principe de la vie intellectuelle, il n'y a ni avant ni après. C'est de cet acte que dérivent toutes les notions comme tous les principes, de lui que naît le temps. Il serait absurde de prétendre qu'il est régi par les lois qui découlent de lui. Il les fonde et ne les subit pas; il leur est logiquement antérieur. Dans l'unité du moi, le temps est inconcevable, il n'est pas. Des éléments du fait primitif, on ne peut dire ni qu'ils sont successifs, ni même simultanés. Le temps est une catégorie à laquelle ils sont soustraits : ils sont intemporels[1].

Sous sa forme systématique, cette réponse ne paraîtra peut-être pas décisive. Admettons l'hypothèse : le moi qui s'éveille à la conscience ne peut retirer les éléments

---

1. *Œuvres inédites...*, t. I, p. 226.

qui le constituent dans un temps qui n'existe pas encore pour lui. Mais moi qui l'étudie du dehors, pourquoi ne le pourrais-je pas? Dira-t-on qu'un moi étranger m'est inaccessible? Soit. Mais, par le souvenir, je remonte à l'origine de ma propre pensée; et, si je ne discerne en elle ni avant ni après, d'où cela peut-il venir? Ce ne peut être de l'absence du temps qui est désormais une des formes nécessaires de ma pensée. C'est en vain qu'on prétendrait que là réside précisément l'illusion d'optique mentale signalée plus haut, et qu'on a tort de rejeter en arrière, sur le fait primitif, une forme à laquelle il est soustrait. Quelle raison a-t-on en effet de faire au moi une situation privilégiée parmi les objets de la connaissance? Si les autres objets sont revêtus par la pensée d'une forme qu'ils ne portent pas en eux-mêmes, pourquoi n'en serait-il pas de même du moi?

La difficulté n'a-t-elle donc point de solution? Telle n'est pas la pensée de Maine de Biran. Mais, pour saisir la portée et la valeur de sa réponse, il faut la dépouiller de formules systématiques où elle s'embarrasse et s'obscurcit.

Dans le cours ordinaire de la vie, entre le but poursuivi par la volonté et l'acte de cette volonté, il y a une distinction, et de plus une distance, quelquefois immense. Cette distance ne crée pas la distinction; mais elle l'accentue. Il faut que je connaisse le terme de mon voyage, pour que je veuille m'y diriger et que je me mette en marche: la connaissance précède, la volonté suit. Rompre cet ordre, c'est rendre l'acte inintelligible. Mais la distance entre le but et le moyen de l'atteindre, entre la connaissance et la volonté, peut s'amoindrir; elle peut même disparaître. N'est-ce pas ce qui arrive dans le fait primitif? Le terme de l'acte, c'est l'éveil de la pensée, c'est-à-dire un acte de connaissance; l'acte lui-même est un acte de connaissance : l'acte et son terme s'identifient. Et c'est là précisément ce qu'il y a de neuf et d'original dans la théorie de Maine de Biran. La pensée n'est pas pour lui, comme pour Descartes, une lueur qui apparaît à la surface de l'âme, une représentation sans fondement, une sorte de projection sur un écran; c'est un acte vivant. Et sans doute, dans sa vivante unité, on peut distinguer deux éléments : l'un représentatif, l'autre actif. Mais cette distinction n'en entame pas la simplicité. Il n'y a pas d'un côté une force sans lumière, de l'autre une lumière sans force. Non, mais le même acte est actif et lumineux. Dès lors, si elle laisse encore quelque embarras dans l'esprit, la contradiction s'atténue. C'est parce que l'activité qui se manifeste dans le fait primitif est pénétrée de lumière, qu'elle est un acte volontaire : on veut parce qu'on connaît; mais cette connaissance résulte pourtant de cette activité intérieure : on connaît parce qu'on veut. L'intelligence et la volonté jaillissent simultanément et s'expliquent l'une par l'autre. Sans doute, il reste encore quelque obscurité dans la pensée. Ce qui surgit avec l'effort libre ne paraît pas contenu dans ce qui le précède; et devant toute nouveauté, l'esprit hésite, incertain. La déduction qui se ramène à une identité, est pour lui la forme de l'intelligibilité parfaite; et la vie, dans ses progrès et son évolution, ne se déduit pas : elle est une nouveauté continue, une invention incessante. Mais si l'esprit ne l'entend pas parfaitement, il la voit ; et l'évidence du fait suffit à la lui imposer. Il voit de plus qu'elle n'est pas contradictoire. L'effort libre qui, d'après Maine de Biran, est le fondement du moi et le début de la vie consciente, ne l'est pas davantage[1].

Il reste à montrer comment il peut surgir sans antécédent. C'est le mystère de toute naissance. Comment le germe où sommeille la vie sort-il de son inertie? Là aussi, au-dessus des ténèbres matérielles, luit tout à coup comme une lumière. Les forces inférieures sortent de leur chaos et s'acheminent vers l'ordre. L'acte qui les dirige n'émane pas d'elles, il les domine et les règle. D'où vient-il? D'où procède l'évolution qu'il inaugure? On dira peut-être, et avec raison, que pour la vie intellectuelle, surtout telle que la conçoit Maine de Biran, la difficulté est plus grave. Toute vie s'éveille dans les ténèbres; celles qui entourent les débuts de la pensée sont plus profondes : au mystère de la naissance, s'en ajoute un second. Comment peut-on vouloir naître? La difficulté paraît insoluble. Elle le serait si, comme il est sans antécédent, le fait primitif était sans cause. Il n'en est rien. C'est un commencement absolu, mais seulement dans la série phénoménale. Derrière lui, se trouve la substance, l'âme, en qui gisent et d'où sortent toutes les activités qui se manifestent au cours de la vie mentale. Elle est là ensevelie dans la matière, prête à poser librement son premier acte.

Pour qu'elle s'y détermine, que faut-il? A quel moment de l'évolution de la vie animale par où débute tout

---

1. Il convient d'avouer cependant que la question n'est pas résolue ; il faut voir d'abord pour vouloir.

homme, faut-il placer le premier effort? C'est la dernière question à traiter, question ardue. Il s'agit de remonter au delà de la vie consciente et de trouver un lien entre deux vies qui, dans la théorie de Maine de Biran, n'ont aucun point de contact.

Le fait primitif n'a pas d'antécédent : il est libre. Mais de plus, entre la sensation et lui, il y a un hiatus, une solution de continuité absolue. On ne va pas de la sensation à la conscience par un progrès insensible, par une lente évolution : l'une ne devient pas l'autre. De l'une à l'autre, de bas en haut, il n'y a pas de passage naturel; il n'y a même pas de communication. Si la pensée descend vers la sensation pour la pénétrer de sa forme et l'envelopper de sa lumière, la sensation n'agit pas sur la pensée. Mais alors pourquoi l'éveil de celle-ci est-il si tardif et qu'attend-elle?

Sans doute, dit Maine de Biran, le fait primitif ne résulte pas de la vie animale et il n'en dépend pas; ce n'est pourtant pas une activité posée dans le vide : elle est unie à des organes. Pour s'exercer, il faut que ceux-ci puissent se prêter docilement à son action : c'est cette préparation qui s'élabore lentement au sein de la vie inconsciente. Quand elle est terminée, que la voie lui est ouverte, le moi fait son apparition. Il apparaît sans que la vie animale ait sur lui une influence directe, en vertu d'une sympathie naturelle, sympathie dont la nature et l'action demeurent obscures dans la théorie biranienne.

Au début de la vie animale, les impressions sont vives et tumultueuses, les appétits pressants, les mouvements brusques; entre ces trois éléments de l'action, l'union est étroite et intime. Peu à peu, elle se relâche et tend à se rompre : les impressions sont moins violentes, les appétits moins facilement éveillés ; les mouvements sont moins prompts et tendent à une autonomie partielle. L'habitude laisse dans l'organe central qui les produit, dans le cerveau, une aptitude à les renouveler plus aisément. Cette aptitude grandit ; et bientôt le mouvement se produit sans excitation, spontanément. Cette autonomie évidemment n'est qu'apparente. Quand il entre de lui-même en exercice et qu'il meut le corps, le cerveau obéit encore aux sollicitations antérieurement reçues. Elles ont laissé en lui comme un résidu, une force latente. C'est donc d'elles encore que, d'une manière médiate, dépend la spontanéité du cerveau, et le mouvement qui en est la suite.

Mais cette spontanéité, même apparente, suffit pour que l'âme conçoive la possibilité de se substituer à elle et de prendre la direction d'un mouvement désormais assez aisé pour se prêter à son impulsion. « Dès qu'elle sent ce pouvoir, elle l'exerce, en effectuant elle-même le mouvement. Dès qu'elle l'effectue, elle aperçoit son effort avec la résistance, elle est cause pour elle-même, et, relativement à l'effet, qu'elle produit librement, elle est *moi*. Ainsi commence la personnalité avec la première action complète d'une force hyperorganique qui n'est pour elle-même, ou comme *moi*, qu'autant qu'elle se connaît, et qui ne commence à se connaître qu'autant qu'elle agit librement [1]. »

---

1. *Œuvres inédites...*, t. I, p. 223.

L'enfant crie d'abord et s'agite parce qu'il souffre. Il le fait bientôt sans motif, en vertu de l'habitude contractée. Enfin, il s'aperçoit qu'il peut produire ces actes à son gré, les utiliser à son profit, les transformer en signes : c'est à ce moment que la conscience s'éveille, que le moi apparaît. Nous pouvons suivre cette transformation dans le regard de l'enfant où la lumière de l'intelligence succède à la pression du besoin ; nous ne pouvons la voir en elle-même. Nous pouvons cependant en trouver au dedans de nous comme l'image. Dans le sommeil, nous sommes quelquefois éveillés en sursaut par des paroles proférées en rêve. Elles sont spontanées. Nous sentons aussi qu'elles sont soustraites à notre volonté, mais qu'elles peuvent passer sous sa direction. C'est comme une invitation à nous en emparer. Et c'est seulement après cette prise de possession que le réveil est complet. C'est une renaissance du moi et c'est l'image la plus fidèle que nous puissions trouver du fait primitif où il se constitue. « Tel est l'ordre ou la série des progrès; tel est le passage de l'instinct à la spontanéité, et de celle-ci à la volonté qui constitue la personne, le *moi*. L'animal franchit rapidement les deux premiers degrés; l'homme seul peut atteindre jusqu'au troisième, mais il ne l'atteint que progressivement, suivant certaines lois ou conditions que la philosophie doit s'attacher à connaître pour trouver les principes et l'origine de toute science. Si nous n'avons pu écarter tous les voiles qui couvrent cette origine, nous avons du moins montré comment, et dans quel sens, il faut admettre une origine assignable de la personnalité; comment ou par quels procédés de l'analyse on peut espérer la trouver identifiée, non avec la première sensation d'une substance passive, mais avec la première action d'une force hyperorganique [1]. »

1. *Œuvres inédites...*, t. I, p. 231-232; cf. t. III, p. 461-479.

CHAPITRE IV

NOUS AVONS CONSCIENCE DE L'EFFORT

On peut dès maintenant se rendre compte de la position prise en philosophie par Maine de Biran. S'éloignant peu à peu des sensualistes, il a fini par les condamner définitivement. Mais, s'il les abandonne, ce n'est pas pour se mettre à l'école de Descartes ou de Leibnitz. Sa pensée est totalement affranchie : il ne reconnaît d'autre maître que lui-même. Le système de Condillac est insuffisant : l'expérience, celle du moins qui s'arrête aux phénomènes, ne peut fournir le concept de cause [1]. Les philosophes à priori ne le peuvent pas davantage : s'ils ne rejettent pas cette notion, comme les sensualistes, ils ne lui ont pas trouvé de fondement. Ils prétendent la déduire de la substance. Or rien n'est plus obscur que le concept de substance, rien n'est plus clair que le concept de cause : « Comment les ténèbres ont-elles produit la lumière [2] ? » « Je suis intimement convaincu, dit Maine de Biran, qu'il n'est aucun moyen de sortir de là, tant qu'on voudra fonder la science,

---

1. *Éd. Cousin*, t. IV, p. 367.
2. *Ibid.*, p. 366.

soit sur l'absolu du sujet, en partant de l'âme telle qu'elle est en soi, soit sur le relatif de l'objet, en partant de la sensation ou de l'expérience extérieure qui demande un principe, une base ¹... » Il n'y a qu'un moyen de mettre fin à cet embarras, c'est d'établir la philosophie sur son véritable fondement, sur l'effort. L'effort est quelque chose de plus que le phénomène transitoire et inerte; il n'est pas la substance inaccessible et toujours ténébreuse.

Mais cette position, il faut la protéger. Elle est violemment attaquée. Le sensualisme se défend. Il sent bien que son œuvre est vaine, que son entreprise est ruinée, si de tous les êtres métaphysiques il en reste un, si l'on est contraint de lui laisser une place dans la réalité et de lui en faire une dans la science, que, battu sur son propre terrain et par ses propres armes, sa défaite sera plus éclatante et plus décisive.

Nous allons exposer sa défense. Hume en a fourni le fond; il en a même donné tous les arguments. Mais ils ont peu à peu pris une forme plus nette, plus claire et se sont complétés. Sans nous astreindre à citer les textes si connus de Hume et de ses successeurs, nous résumerons leurs critiques. Nous espérons ne rien leur enlever de leur force.

I

La méthode expérimentale est puissante et sûre; mais elle a ses limites. Il faut se résigner à ne pas les fran-

---

1. *Éd. Cousin*, t. IV, p. 367.

chir. Par elle, nous connaissons les faits, les phénomènes et les lois de leur succession; nous ne pouvons aller au delà. La conscience n'est pas plus pénétrante que les sens : elle s'arrête à la même barrière, ou plutôt elle a le même objet, les phénomènes. Elle saisit l'acte de volonté et le mouvement qui le suit; mais le lien qui les unit, s'il en est un, elle l'ignore[1] : toute conscience directe de l'effort est illusoire. Il nous semble que nous le sentons grandir et décliner; mais, en réalité, nous ne percevons que des sensations successives, d'intensité croissante ou décroissante. La force qui les produit, nous la concevons peut-être; mais elle échappe à nos prises.

L'énergie productrice est inaccessible. Au repos, elle ne se distingue pas de la substance; elle est insaisissable comme elle. En acte, elle se confond avec le mouvement qu'elle est censée produire. La force vive d'un mobile, pendant son trajet d'un point à un autre, est un aspect du mouvement et non une entité cachée; il en est de même en nous : l'énergie et le phénomène qu'elle est censée produire, s'identifient. Les séparer, c'est opérer dans le réel une section idéale, une division purement logique : ils sont inséparables en fait; ils le sont aussi dans notre esprit.

Nous ne pouvons les connaître l'un par l'autre[2]. Il le faudrait pourtant. Si nous pénétrions jusqu'à l'énergie active, jusqu'à l'effort, dans la cause nous verrions l'effet : nous devrions avoir quelque idée de sa nature intime, de son intensité, de son mode de développement et par suite pressentir, avant qu'il se produise, le mouvement futur et

1. *Éd. Cousin*, t. IV, p. 276-277.
2. *Ibid.*, p. 278.

même sa direction. Or il n'en est rien : de l'efficacité de l'effort nous n'avons nul pressentiment. Sans doute, pour vérifier cette assertion, il faudrait pouvoir remonter par le souvenir au premier acte volontaire et là constater qu'avant de l'avoir appris de l'expérience, nous ne pouvions prévoir le résultat du vouloir; et cette régression est impossible. Mais il n'est pas impossible de tourner cette difficulté et de combler cette lacune du souvenir.

Le lien entre le vouloir et le mouvement se rompt quelquefois ; on devrait avoir conscience de cette rupture. L'effort est inefficace, ou il disparaît. Si la conscience, comme on le prétend, le pénètre, elle devrait être avertie de cette stérilité accidentelle ou de cette absence. Elle n'en sait rien. Le paralytique veut et ses membres demeurent inertes ; il croit pourtant se mouvoir, il le croit jusqu'à ce que des expériences répétées aient ébranlé sa confiance en lui-même. N'est-ce pas une preuve qu'il ne sent pas directement l'effort, mais que, sur la foi d'expériences antérieures, après un acte de volonté, il attend le mouvement, comme il attend, après l'aurore, le lever du soleil? La conscience ne va donc pas au delà du phénomène saisir l'effort : elle ne le perçoit pas.

Il faut aller plus loin et dire que cette perception est impossible et contradictoire. La volonté est suivie du mouvement; mais entre ces deux phénomènes, la succession n'est pas immédiate, ni, par suite, la liaison. Ils sont très distants l'un de l'autre, situés aux deux bouts d'une longue chaîne : entre eux s'insère toute une série d'événements physiologiques. La volonté produit une modification dans le cerveau, celle-ci en produit une dans la moelle, la moelle dans le nerf, le nerf dans le muscle, le muscle se contracte et le mouvement suit. Ces modifications successives unissent la volonté et le mouvement[1]; mais aussi elles les séparent. De plus, elles sont inconscientes. Dès lors, voici la question qui se pose : La conscience, dit-on, dépasse les phénomènes, pénètre au delà, saisit le lien qui les unit. Un lien? Lequel? Un lien immédiat entre la volonté et le mouvement? Il n'y en a pas. Un lien entre la volonté et les événements intermédiaires? Qui oserait le dire, et prétendre qu'il a conscience d'opérer, dans son cerveau et dans ses nerfs, une pression ou une modification dont il ignore la nature? Cette conscience est manifestement impossible. On ne peut percevoir la liaison de deux termes sans connaître ces termes eux-mêmes. Or c'est la science, et une science récente, qui nous a fait connaître les modifications qui du cerveau se propagent jusqu'aux muscles. La conscience ne les atteint pas; et, quelque effort qu'elle fasse, elle ne peut les atteindre : elles sont par leur nature placées hors de ses prises. Il est donc légitime de conclure que le témoignage qu'on attend de la conscience en faveur de l'effort, elle ne le donne ni ne peut le donner. Et ce que la conscience ignore, qui peut le savoir? L'effort, l'énergie active, dernier reste des entités métaphysiques, doit être chassé de la science, de celle du moins qui se réclame de l'expérience.

Ce n'est pas tout. Il suit de là que l'effort, qui est ignoré,

---

1. *Éd. Cousin*, t. IV, p. 379.

n'existe pas et que, rejeté hors de la science, il doit être mis hors du réel. S'il s'opérait par lui, le mouvement serait impossible. Qu'on se remette dans l'esprit ce que nous venons de dire et qu'on se représente la situation de la volonté. Elle est séparée du mouvement qu'elle veut produire, par des intermédiaires nombreux. Comment va-t-elle s'y prendre pour aboutir ? Il ne suffit pas qu'elle ordonne pour se faire obéir ; il faut qu'elle agisse, qu'elle fasse effort, qu'elle dégage une force qui, après un long trajet dans l'organisme, produira son effet dans le mouvement. De quel côté la diriger ? Comment la volonté pourra-t-elle le savoir ? Il faut qu'elle le sache pourtant. Elle n'agit pas à la façon des forces aveugles et instinctives ; elle tend vers un but fixe, elle se propose un acte déterminé, distant d'elle, complexe. Pour répondre au dessein qu'elle se propose, tout doit se faire en pleine lumière. Elle est plongée dans les ténèbres.

Dira-t-on que les diverses parties de l'organisme sont tellement liées les unes aux autres qu'elles s'ébranlent toutes sous la même impulsion, que le mouvement final et les événements qui le précèdent forment une synthèse indivisible, un bloc, et que c'est à lui que s'adresse l'effort ? Cette assertion est contestable ; de plus, elle laisse la difficulté intacte. L'effort s'adresse à ce bloc ? Soit. Mais par où l'aborder ? Il ne s'agit pas de produire un mouvement quelconque, une agitation désordonnée ; il s'agit de produire un acte prévu et conforme à un plan nettement tracé dans l'esprit. La force dégagée dans l'effort ne doit point se heurter au cerveau en un point quelconque, au hasard ; elle doit être dirigée. Avec les mouvements à accomplir, son plan d'application doit varier. Comment le déterminer et le reconnaître dans cette masse nerveuse qu'est le cerveau, peut-être confusément sentie, mais assurément inconnue dans sa nature, dans sa forme, dans sa structure? N'est-il pas évident qu'on demande à la volonté et à l'effort un acte qu'elle ne peut fournir? La conscience qui éclaire le terme de son action, en laisse les débuts dans les ténèbres; elle rend impossible sa première démarche, et par suite la condamne à l'inertie. L'effort ne lui est donc pas un secours, mais un obstacle invincible. Pour la délivrer et lui rendre sa liberté, il faut en exorciser le fantôme. Les événements connus et inconnus de la conscience se suivent conformément à leur loi, et la volonté aboutit, par des intermédiaires dont elle n'a pas à se soucier, au mouvement qu'elle doit accomplir.

Il y a donc entre l'expérience extérieure et intérieure, parallélisme et parité complète : au dedans, comme au dehors, les phénomènes bornent notre vue. Et si nous ne pouvons soulever ce voile, ou en rompre la trame pour voir, au-dessous d'eux, ce qu'ils nous cachent, c'est qu'ils ne nous cachent rien. Les connaître et constater la loi qui règle leur succession, c'est épuiser le contenu du réel. Nous n'avons pas conscience de l'effort, nous ne pouvons pas en avoir conscience; et de cette ignorance nécessaire, il est légitime de conclure qu'il n'existe pas.

II

Hume, avec son école, nie la conscience de l'effort; Maine de Biran et, avec lui, des philosophes en grand nombre qui tous ne se réclament pas de sa doctrine, l'affirment. Ces assertions contradictoires se heurtent; et cependant elles ont pour objet un fait de perception immédiate au sujet duquel la contradiction devrait être impossible. On ne peut en rester là. Si la conscience de l'effort est illusoire, il faut expliquer cette illusion et démêler les phénomènes intérieurs qui lui donnent naissance et la produisent. C'est ce qu'on a fait.

Les explications fournies sont de deux sortes : les unes physiologiques et les autres psychologiques. On les oppose souvent les unes aux autres ; et peut-être en effet sont-elles animées d'un esprit différent et même contraire. La tendance des physiologistes est de nier l'effort et la volonté elle-même pour leur substituer la sensation de mouvement ; les psychologues, au contraire, s'ils ne vont pas jusqu'à nier les sensations qui accompagnent le mouvement, sont portés à faire une part prépondérante à la volonté. Mais, si leur esprit diverge, leurs doctrines ne se combattent pas nécessairement. Il nous semble qu'on peut les unir et retrouver ainsi les éléments nécessaires pour reconstituer ce qu'ils appellent l'illusion de l'effort.

Les sensations musculaires ne peuvent unir la volonté au mouvement. Au lieu de se diriger du centre à la surface, du cerveau, siège de la volonté, aux muscles et aux membres, organes du mouvement, elles vont de la périphérie au centre : pour employer les mots techniques, elles sont afférentes, non efférentes. Il y a là deux preuves du néant de l'effort.

La première résulte de la direction de ces sensations :

elles ne viennent pas du cerveau puisqu'elles s'y rendent. L'effort n'est pas une force unique et simple qui s'épanouit dans les membres et y détermine le mouvement ; ce sont au contraire les mouvements et les contractions multiples de l'organisme qui convergent vers un point, s'y réunissent en faisceau, y prennent l'apparence de l'unité et y produisent l'illusion de l'effort. Ce qui le prouve, c'est qu'avec les sensations, le sentiment de l'effort est aboli. Un malade, dépourvu de sensibilité dans la moitié supérieure du corps jusqu'au niveau de l'ombilic, perd le sentiment de l'effort. Il veut, il croit mouvoir ses membres; ils bougent à peine. L'effort est nul ; mais, en l'absence des sensations qui d'ordinaire le lui révèlent, le malade en est réduit à se fier à une croyance qui n'a de fondement que dans le passé : c'est une première preuve

En voici une seconde, plus précise et plus décisive encore. Qu'on fasse le compte de ces sensations musculaires sans en négliger aucune, on verra qu'il est adéquat au contenu de la conscience ; il ne reste rien pour prendre le nom d'effort et qu'on puisse attribuer à l'influence de la volonté. « Quand nous pressons du doigt la détente d'un pistolet imaginaire, ne percevons-nous pas une force efférente, l'effort en lui-même et seul ? Les sensations musculaires qui pourraient le voiler et qui, dit-on, se substituent à lui, ou plutôt le constituent réellement, sont absentes. Le voilà donc isolé et sous le regard de notre conscience. — Il nous le semble. Mais un examen plus attentif et une analyse plus précise nous révélera tout un ensemble de sensations, d'abord inaperçues. Notre doigt est immobile, il est vrai ; mais la poitrine se fixe et s'affermit, la respiration se modifie, la glotte se ferme, les sourcils se contractent. » Qu'on épuise toutes ces sensations élémentaires, elles rendent compte de la sensation complexe et totale; il ne reste rien pour l'effort.

Reste pourtant la volonté. Et, si quelques physiologistes la nient, ils ont tort, et tort contre le témoignage de la conscience.

Hume avait reconnu entre elle et le mouvement une relation de succession constante. Nous voulons; le mouvement suit. C'est la loi : on ne peut la dépasser. Mais on peut la préciser, chercher, par une analyse plus exacte, quel est celui des éléments enveloppés dans la volonté qui est l'antécédent nécessaire du mouvement. Or c'est la pure idée de l'exécution du mouvement. Des expériences nombreuses ont montré que sa présence suffisait pour provoquer le mouvement.

Pour qu'elle soit efficace, il faut que cette image représente, non la sensation intérieure du membre qui agit, mais le mouvement lui-même, tel qu'il peut être perçu par les sens. « Nous entendons, dit M Renouvier, par l'idée de l'exécution du mouvement, l'idée du mouvement comme s'exécutant et comme il serait extérieurement perçu s'il s'exécutait, et non l'idée de ce mouvement que doit sentir celui de nos membres qui l'exécute. »

Il faut de plus que cette représentation intérieure soit accompagnée d'un acte de la volonté, d'un *fiat*, qui lui ouvre la voie et la rende victorieuse dans le conflit des représentations contraires qui, comme elle, tendent à se réaliser. Cette addition de M William James est adoptée par M. Renouvier, qui définit l'effort : Le maintien d'une représentation de jussion. Et cette formule un peu dure est peut-être la plus précise. Ainsi s'explique d'ailleurs la croyance elle-même. Que cela soit! disons-nous, et notre corps s'ébranle. Que cela soit! et notre esprit se détache de lui pour adhérer à son objet. Bien plus, cet objet lui-même, la volonté souvent le crée.

Nous avons maintenant tous les éléments de l'effort; et nous pouvons nous rendre compte du nombre et de la suite des événements psychologiques et physiologiques qui sont enveloppés dans un mouvement volontaire. — Il paraît simple, il est très complexe : il y a dans l'esprit la représentation du mouvement à accomplir, un effort purement intellectuel pour la maintenir présente, un *fiat* libérateur qui écarte les images antagonistes et ouvre la voie à son efficacité; il y a dans le corps un ensemble de modifications du muscle, des tendons de la poitrine, de la glotte, des sourcils qui se propagent de la surface à l'intérieur.

Ces deux séries phénoménales se succèdent : la première est l'antécédent, la seconde le conséquent. Or, on aurait tort d'imaginer pour expliquer cette relation un lien réel, l'effort; de l'une à l'autre, il y a solution de continuité. La première est efférente, si ce terme n'est pas trop impropre pour désigner, non pas un mouvement, mais une tendance; la seconde est afférente. Celle-ci par conséquent n'est pas, en un sens matériel et quasi mécanique, issue de l'autre; mais elle va au-devant de l'autre : en sa présence, elle entre en activité et spontanément. N'est-ce pas ainsi que, dans les œuvres d'art, le but à atteindre suscite, sans qu'on songe à lui attribuer une efficacité réelle, par une sorte de contact, tout ce qui tend à le réaliser? L'imagination s'éveille, les images se présentent, s'organisent; et, pour les exprimer, des profondeurs de la mémoire surgissent les termes appropriés. L'activité matérielle, ou plutôt organique, est identique à l'activité mentale. On pose devant elle un but à poursuivre; elle s'ébranle spontanément : les muscles se contractent, les nerfs se tendent, le mouvement se produit. Ces événements ne sont pas connus, mais ils sont sentis. Ils ne sont pas vus du dehors, mais se reproduisent dans la sensation et pénètrent ainsi dans la conscience.

Qu'on réunisse toutes ces sensations, qu'on place à côté d'elles les événements psychologiques qui les précèdent, à savoir le maintien d'une représentation de jussion, on aura tout le contenu de la conscience quand nous opérons un mouvement volontaire, la traduction détaillée, exacte et complète de l'effort. Il est donc illusoire.

C'était la dernière des entités métaphysiques; il faut y renoncer et s'en tenir aux phénomènes.

III

Si cette critique était fondée, ce serait la ruine du système de Maine de Biran. La métaphysique lui survivrait peut-être; mais il faudrait lui chercher, hors de l'expérience, un autre fondement : la seule voie jusqu'ici découverte pour aller, au delà des phénomènes, saisir d'une prise directe une réalité plus profonde et plus vraie, resterait désormais impraticable. Ce serait pour les doctrines spiritualistes, non pas une défaite définitive, mais un grave échec. Maine de Biran a tout fait pour l'écarter.

Reprenons dans leur ordre les difficultés proposées :

1° La première, qui se fonde, pour éliminer l'effort, sur le parallélisme nécessaire de l'expérience intérieure et de l'expérience extérieure, ne vaut pas qu'on s'y arrête longtemps. Ce n'est pas une critique de la philosophie de l'effort, c'est l'énoncé de la thèse contraire. Pour la juger, il faut la bien entendre sans doute, mais ne pas trop s'y attarder et passer directement aux vraies preuves[1].

2° La cause est inconnaissable : au repos, elle est inaccessible. — Elle l'est sans doute. Mais une cause en repos est-elle cause? Elle ne l'est qu'au moment même où elle agit et tant qu'elle agit. Cette critique s'adresse à une conception de la cause qui n'est pas ici en question. Que la substance — et en quoi une cause inactive diffère-t-elle de la substance? — que la substance soit et demeure toujours inconsciente, nul n'est plus disposé à le reconnaître que Maine de Biran. Le but de ses recherches, c'est justement de trouver un moi qui ne soit pas la substance et dont l'activité donne prise à la conscience. Conscience et activité libre sont pour lui synonymes. Cette activité est identique à l'effort et n'existe que pendant qu'elle agit[2]. Elle ne se confond pas avec son effet : l'effet, c'est l'impulsion reçue par le terme qui lui résiste ; il en est distinct comme le non-moi l'est du moi.

Il est aisé de voir que, ainsi entendue, la cause échappe

1. *Éd. Cousin*, t. IV, p. 276-277.
2. *Ibid.*, p. 278-279.

à la critique de Hume. On n'eût pu prévoir, dit-il, l'effet dans l'énergie de la cause. Pourquoi non? L'effet est le mouvement, la cause est la volonté motrice. Cette volonté — nous aurons bientôt l'occasion de revenir sur cette idée — n'est pas un projet de mouvement, mais une volonté actuelle, efficace. Elle est donc inséparable du mouvement qu'elle produit.

Cette séparation, la nature l'opère, dit-on : la paralysie supprime le mouvement sans atteindre la volonté. — Est-ce bien sûr? Et qui l'a démontré? Un organisme immobile dans toutes ses parties serait pour la volonté un insupportable fardeau : pliant sous ce faix, immobilisée par cette inertie, elle ne réussirait sûrement pas à produire le premier acte où elle prend conscience d'elle-même[1]; le moi ne naîtrait pas. Quant à l'illusion du paralytique qui croit encore mouvoir ses membres inertes, elle suppose, au lieu de l'infirmer, le témoignage de la conscience[2]. D'où vient cette foi dans l'efficacité du vouloir et de l'effort? sinon d'une conscience primitive. Il est juste d'ailleurs de reconnaître que ce qui est voulu d'abord, c'est l'effort[3] et le mouvement, au moins ébauché, qui en résulte immédiatement; quant aux autres mouvements plus apparents où ce mouvement initial se répercute et s'amplifie, ils ne sont probablement unis à l'effort qu'en vertu d'une habitude.

On n'a pas établi que l'effort puisse être séparé du mouvement. Ces deux termes se supposent l'un l'autre;

1. *Éd. Cousin*, t. IV, p. 96-98.
2. *Ibid.*, p. 385-387.
3. *Œuvres inédites...*, t. III, p. 476.

et dans l'un, le premier, on peut voir, et même on voit nécessairement l'autre. Ce fait est le fait primitif : il constitue la personnalité, le moi. Remonter au delà, c'est remonter au delà de la conscience, chercher l'origine de l'activité dans l'inertie, de la lumière dans les ténèbres.

Il y a là, sans doute, une difficulté que nous avons traitée plus haut. Nous avons reconnu que la naissance du moi conscient était enveloppée de mystère. Mais ce mystère, quelque théorie qu'on adopte, ne le retrouve-t-on pas dans le premier acte de volonté? Comment se déterminer au premier vouloir si l'on ne connaît pas l'efficacité de la volonté? Et comment la connaître sans l'avoir éprouvée? Mais cette question est différente de celle qui se pose ici. Dans la cause qui est le moi actif et conscient, on peut certainement prévoir, ou mieux voir l'effet; elle ne peut exister sans lui.

3° Nous arrivons à la critique fondamentale. Nous ignorons les intermédiaires nombreux qui s'intercalent entre la volonté et le mouvement; il est donc impossible de connaître le lien de ces deux termes.

a) Cette critique suppose d'abord que, dans tout mouvement volontaire, il y a d'un côté un acte de volonté, de l'autre un mouvement; entre les deux, pour les unir, l'effort. Mais rien n'est moins fondé. Le vouloir, l'effort, le mouvement ne sont pas trois actes successifs qui se déterminent l'un l'autre, mais tout au plus les trois éléments d'un acte unique, un mouvement volontaire [1].

---

1. *Œuvres inédites...*, t. III, p. 476-477-478.

b) Si ces trois éléments étaient non seulement distincts mais séparés, si la volonté précédait l'effort et l'effort le mouvement, elle changerait de nature et d'objet. Ce ne serait plus une volonté, mais un projet de mouvement; et son objet serait, non pas présent, mais futur[1]. Il faut donc unir intimement, et en un seul acte, la volonté, l'effort et le mouvement.

C'est d'ailleurs une nécessité à laquelle on ne peut se soustraire. La volonté, en effet, séparée de l'effort et du mouvement, se transforme en projet. Mais ce projet, à son tour, est un acte de volonté qui se termine à une pensée, à la conception actuelle du plan d'un mouvement futur. Si, dans ce nouvel acte, nous séparons la volonté de l'effort et de la pensée où il aboutit, par une transformation analogue à celle que nous venons de signaler, la pensée actuelle et voulue disparaîtra; et, à sa place, il ne restera que la volonté de penser, un projet de pensée : la volonté réelle, actuelle et efficace fuira devant nous d'une fuite éternelle. Pour la retenir, il faut ne pas séparer ce que la nature a uni.

Hume a été conduit à cette fausse conception par l'erreur fondamentale de son système. Pour lui, la cause, c'est l'antécédent; et, si la cause et l'effet peuvent être simultanés, l'antécédent précède toujours le conséquent. La volonté ne doit pas être séparée de l'effort; Hume la dénature.

c) De plus, il se méprend sur son rôle et son objet. Ce qui est voulu, ce n'est pas la mise en branle de l'or-

---

1. *Œuvres inédites*, t. III, p. 478.

ganisme, c'est le mouvement lui-même tel qu'il est perçu, non par la conscience, mais par les sens. L'objet de la volonté, c'est « l'idée de l'exécution du mouvement, l'idée du mouvement comme s'exécutant, et non l'idée de ce que doit sentir celui de nos membres qui l'exécute » : Maine de Biran eût accepté cette formule de Renouvier; et, s'il l'eût trouvée un peu lourde, il ne s'en serait pas plaint : il avait la coutume de placer l'exactitude et la précision au-dessus de l'élégance. En fait, cette formule est exacte : nous voulons nous mouvoir; c'est à l'acte lui-même où se terminent l'ébranlement nerveux et les contractions musculaires, que s'adresse la volonté. Intervertir cet ordre, c'est contredire la conscience et méconnaître la vraie fonction de la volonté. Dans ce cas, toute son activité se réduirait à exercer, dans le cerveau, des pressions dont le mouvement ne serait que l'effet lointain, prévu sans doute, voulu même, mais comme l'effet est voulu dans sa cause : c'est une situation absolument nouvelle; il est impossible de n'en pas voir les difficultés et les embarras [1].

Ici encore, on les verra mieux, si au mouvement l'on substitue une pensée. Quel pourra être alors l'objet de la volonté? Le mouvement moléculaire qui est l'antécédent immédiat de la pensée. C'est lui qui sera voulu directement, pour que la pensée en sorte comme l'effet de sa cause. N'est-ce pas mettre la volonté dans une situation inextricable? Il faut s'en tenir au témoignage de la conscience : nous ne voulons directement ni le mouvement

---

[1]. *Œuvres inédites...*, t. III, p. 449-151.

moléculaire qui précède ou escorte la pensée, ni l'ébranlement organique qui aboutit au mouvement; nous voulons la pensée et le mouvement. Et comme la volonté et la représentation du mouvement sont l'une et l'autre pleinement consenties, le processus intérieur du mouvement s'accomplit en pleine lumière.

Mais encore, répliquera-t-on, la volonté ne suffit pas. Entre elle et le mouvement, il y a des intermédiaires, le cerveau, les nerfs, les tendons, les muscles. — Leur ébranlement n'est pas l'objet de la volonté. — Soit; il est pourtant nécessaire. Qu'est-ce qui le détermine? Où réside l'effort? Qu'est-il? C'est quelque chose de plus que la succession purement phénoménale que Hume constate, qui lui suffit, mais qui supprime la cause. C'est aussi quelque chose de plus que le maintien d'une représentation de jussion. Cette conception fractionne l'effort : elle ne laisse à la volonté d'efficacité que sur les images et leur transfère le pouvoir de susciter le mouvement et de se réaliser elles-mêmes. Il faut bien pourtant, pour qu'il y ait effort, que la volonté entraîne vers le mouvement qui est son objet, toutes les énergies organiques qui le conditionnent : c'est l'œuvre qui s'impose à elle. N'y est-elle pas inégale, vu que ces intermédiaires lui sont inconnus et que par ce fait même elle ne peut s'en emparer?

d) Non; elle les connaît. Mais il faut savoir, ou plutôt — car personne ne l'ignore — il faut se souvenir qu'il y a deux sortes de connaissance : l'une qui s'opère par les sens extérieurs; l'autre par le sens intérieur, par la conscience. Vue de dehors, la sensation est le contact ou le choc de deux surfaces résistantes à la suite duquel se produit dans les nerfs et se propage jusqu'au cerveau une vibration moléculaire; vue du dedans, la sensation est une représentation mentale qui nous met en relation avec son objet extérieur et s'accompagne habituellement d'une affection agréable ou pénible. Ces deux modes de connaissance sont distincts; ils ont pourtant, en un sens, le même objet et nous le font connaître l'un et l'autre, chacun à sa manière [1].

Mais ils sont irréductibles l'un à l'autre. Qu'on suppose l'œuvre de la physiologie terminée. Nous savons le nombre et la nature des vibrations qui cheminent dans les nerfs; et le point précis du cerveau où elles aboutissent, est déterminé. Nous ne connaîtrons pas mieux la sensation; et par là, si nous ne l'avions d'ailleurs, nous ne pourrions nous en former une idée. D'autre part, l'étude de la sensation en elle-même, quelque patiente qu'elle soit, ne nous fera jamais soupçonner les événements physiologiques auxquels elle est liée [2]. Mais pourtant, elle en est l'écho, elle nous les révèle à sa façon; les sens et la conscience se réfèrent au même texte : comme on l'a bien dit, ils nous en donnent la traduction dans deux langues différentes.

Qu'on le nie, et toute sensation devient impossible. On peut, en effet, instituer à leur sujet le même raisonnement que pour l'effort. Prenons le sens de la vue. Il est impossible, dirons-nous, de voir un objet distant. Nous ne pouvons le voir immédiatement; entre lui et nous, s'inter-

---

1. *Éd. Cousin*, t. IV, p. 279-280, 379-380; *Œuvres inédites...*, t. I, p. 235-237.
2. *Œuvres inédites...*, t. III, p. 370.

pose toute une série d'intermédiaires. Nous ne pouvons le voir par ces intermédiaires, puisqu'ils sont inconnus. Nous n'avons senti ni le contact de l'éther en mouvement et de notre prunelle, ni les vibrations moléculaires du nerf optique; et la conscience ne nous a jamais averti du point terminal où elles expirent. Nous les recueillons pourtant. Tous ces événements physiologiques ont un retentissement dans notre conscience; et par là, nous les connaissons.

e) Il y a donc, entre l'organisme en mouvement et notre pensée, une relation. Cette relation peut devenir plus étroite. Toute sensation est simultanément représentative et affective : l'un ou l'autre de ces éléments domine en elle. Représentative, elle nous instruit sans doute, à sa façon, de l'ébranlement nerveux, mais elle nous met surtout en relation avec son objet; affective, elle nous révèle aussi sans doute la cause de notre émotion, mais elle nous renseigne spécialement sur l'état de nos organes. Guide sûr, nous pouvons nous fier à elle; elle nous avertit de ce qui leur est nuisible ou favorable : une certaine inquiétude intérieure nous apprend qu'il y a, dans nos membres, une quantité d'énergie disponible, surabondante; et la fatigue qui survient, après un mouvement prolongé, nous indique le moment où cette énergie s'est épuisée. Nous la sentons aussi pendant qu'elle se dépense. Cette sensation est la sensation musculaire. C'est elle qui est le véritable intermédiaire entre la volonté et le mouvement, ou plutôt, elle est un des éléments essentiels de ce tout complexe, mais unique, qu'on appelle un mouvement volontaire.

Elle est une vraie connaissance. Sans doute, quand l'énergie motrice est mise en liberté sous la pression de l'effort, son équivalent mécanique ne s'inscrit pas automatiquement dans le cerveau; mais le sens musculaire nous la révèle et nous permet d'en mesurer l'intensité. Dans sa critique sommaire, partiale et violente de Maine de Biran, Taine reconnaît que, par des expériences répétées et des tâtonnements, nous arrivons à discerner le degré exact de sensation musculaire requis pour que le mouvement qui lui correspond atteigne son but; il y trouve une confirmation de sa propre doctrine et la preuve que les intermédiaires du mouvement ne sont pas connus et ne peuvent subir l'impulsion de la volonté. Étrange raisonnement! Si l'énergie déployée dans le mouvement ne nous était pas connue par la sensation musculaire, quel moyen aurions-nous d'en doser la dépense? Nulle expérience ne pourrait nous l'apprendre. Le mouvement se débanderait à l'aventure et n'atteindrait son but que par hasard; son antécédent immédiat, inaccessible à la conscience comme au sens, serait totalement ignoré : il dépendrait d'un X dont nulle opération, ni nul calcul ne nous permettrait de déterminer la valeur.

f) Que manque-t-il d'ailleurs à la sensation musculaire pour être une vraie connaissance? Dira-t-on qu'elle ne nous fournit pas une image exacte de son objet? Cette objection serait faite pour étonner, aujourd'hui surtout où l'on tient, non seulement pour inexacte, mais pour inintelligible la théorie qui admet la ressemblance de la sensation à son objet : l'objet de la vue et de l'ouïe n'est ni un son ni une couleur, mais une vibration de l'éther ou de l'air. Si l'on serre de près cette difficulté, on verra qu'elle se réduit à ceci : même quand ils ont un objet identique, le témoignage de la conscience diffère de celui des sens. — Nul ne le conteste. Mais il serait malaisé de dire pourquoi, de ces deux témoignages, on préfère le second au premier. Celui-ci, puisqu'il nous donne la mesure de l'énergie requise pour le mouvement, suffit à ce que l'effort ne frappe pas dans l'obscurité et au hasard et sache où adresser son action..

Mais il fait plus : c'est grâce à lui que nous arrivons à discerner nos membres les uns des autres et à les situer dans cet espace intérieur où successivement prennent place toutes les parties de notre corps, comme tous les objets des sens externes se juxtaposent dans l'espace extérieur. De là vient que les parties profondes de l'organisme, sur lesquelles la volonté n'a pas prise, ne sont jamais que confusément senties et nous demeurent obscures. Celles, au contraire, qui peuvent se soumettre à la direction de la volonté, deviennent l'objet d'une connaissance de plus en plus nette ; et nous utilisons cette connaissance pour introduire dans nos mouvements plus de précision et de justesse [1].

g) De ce que les mouvements musculaires sont connus par la sensation, il suit que la volonté peut s'en emparer. — Cette sensation, au lieu d'être un instrument aux mains de la volonté, lui est une barrière, nous dit encore Taine. « La volonté, loin de remuer le muscle, ne tend même pas à le remuer. Son objet n'est pas la contraction du muscle, mais la sensation musculaire. » — Sans

---

[1]. *Œuvres inédites...*, t. I, p. 235-241.

doute, mais vouloir l'un, n'est-ce pas vouloir l'autre? Et, si quelqu'un peut le contester, ce n'est pas lui, lui pour qui la sensation et le mouvement ne sont pas deux phénomènes simultanés; mais les deux faces, le dehors et le dedans d'un phénomène unique. A son gré, l'action de la volonté ne serait concevable que si elle s'appliquait à un organisme vu du dehors par l'intermédiaire des sens, c'est-à-dire d'un autre corps auquel elle serait unie. Ce n'est évidemment pas ainsi que doit s'entendre son activité. Elle est au centre; c'est de là qu'elle meut. Et parce que le mouvement et la sensation musculaire sont, sinon identiques, du moins intimement unis, elle a dans cette sensation un moyen, tout à la fois, de connaître de l'intérieur et de produire le mouvement. Il lui suffit de le vouloir, et elle le peut évidemment.

IV

C'est ici que nous allons rencontrer les physiologistes. Ils contestent cette conclusion au nom d'une science récente. La sensation musculaire, disent-ils, est afférente, non efférente : elle va des membres au cerveau où s'opère la connaissance. Elle est donc postérieure au mouvement, ou du moins connue après lui. On ne peut la vouloir directement, et par elle le mouvement. En outre, comme elle épuise le contenu de la conscience et que de plus elle va en sens inverse de l'effort, il s'ensuit que l'effort lui-même n'existe pas.

Maine de Biran n'eût pas été embarrassé par cette difficulté. Il reconnaît dans une de ses lettres à Ampère que la sensation musculaire est afférente. Mais il ne suit pas de là qu'elle soit antérieure au mouvement, encore moins qu'il faille la substituer à l'effort. Elle n'est ni antérieure ni postérieure au mouvement, elle lui est simultanée. Elle ne se substitue pas à l'effort; mais elle est un de ses éléments essentiels. Nous n'avons pas conscience de la force que nous lançons dans l'organisme tant qu'elle chemine sans difficultés. Mais qu'une force se trouve sur son trajet et s'y oppose, il en résulte un conflit. C'est de ce conflit que naît la conscience : c'est lui qui constitue l'effort. Il enveloppe deux termes: la force hyperorganique et volontaire qui agit, la force ou l'inertie de l'organisme qui lui résiste. Nous connaissons, au même instant et par le même acte, et notre force et l'obstacle qu'elle rencontre. La sensation musculaire est la réponse de l'organisme à l'impulsion de l'effort : l'un n'existe pas sans l'autre; et c'est du point où surgit le conflit que part la sensation que les physiologistes nomment afférente. C'est là que se trouve, d'après Maine de Biran, le début de la connaissance et l'origine du moi[1].

Peut-être n'eût-il pas été d'accord avec les auteurs modernes sur le siège de la sensation. Il sait qu'une section dans le nerf qui la transmet, ou une lésion dans le cerveau, la rend impossible. Il se croit autorisé à conclure, non qu'elle s'opère dans le cerveau, mais simplement qu'elle exige, pour se produire, que l'organisme dont elle dépend soit sain et complet. Il est porté à croire qu'il y a,

---

1. Lettre de Maine de Biran, citée par AL. BERTRAND, *Psychologie de l'effort*, p. 90-92.

hors du cerveau, des centres inférieurs de sensation qui sont fermés à la conscience et que nous ne pouvons connaître de l'intérieur.

Dira-t-on qu'on se croit autorisé à supprimer l'effort, non pas seulement parce que la sensation musculaire est afférente, mais encore et surtout parce qu'elle épuise le contenu de la conscience et que, si on la supprime, il ne reste rien? Sur ce point, Maine de Biran aurait jugé inutile d'entrer dans une discussion de détail. Avant la naissance du moi et l'éveil de la conscience, le mouvement, sous l'influence de l'instinct et des appétits, se produit déjà. Il est matériellement identique à celui qui plus tard sera consécutif à l'effort. Et il est évident que la sensation musculaire qui l'accompagne, si elle n'épuise pas le contenu de la conscience — la conscience n'existe pas encore — est pourtant le seul événement intérieur qui corresponde au mouvement. Mais de là à conclure, comme on le fait, que l'effort est inutile et illusoire, qu'il n'existe rien de plus dans les mouvements volontaires que dans les mouvements spontanés, il y a loin. On n'y réussit qu'au prix de la plus grave des confusions, la confusion de l'actif et du passif. Ce qui est passif et spontané dans la vie inconsciente, devient actif et libre dans la vie consciente. En s'emparant des énergies persistantes, le moi ne les modifie pas dans leur nature matérielle; mais il les fait servir à d'autres fins. Et cette prise de possession de l'organisme par une force hyperorganique, trouve sa preuve dans la conscience. La conscience et le moi naissent de la rencontre de la force hyperorganique et de l'organisme. C'est le premier résultat du conflit. Il se termine par la défaite de l'organisme. Le moi s'empare de ses énergies et se les agrège. C'est par là que Maine de Biran se sépare de Renouvier et de M. William James. Comme eux, il admet la puissance de l'image. Elle fournit du mouvement dans l'animal, et en nous avant l'éveil de la vie consciente, une explication plausible. C'est sous son attrait que l'organisme secoue sa torpeur, se met en mouvement et qu'il prépare et rend possible la naissance du moi. Après l'éveil de la conscience, elle ne perd pas tout son empire. Aux heures où notre effort atténué n'aboutit qu'à nous maintenir en état de veille, en deçà, mais pourtant sur les frontières de la vie inconsciente, quand nous sommes spectateurs plutôt qu'acteurs de notre propre vie, elle suffit à évoquer cette série désordonnée d'images qui constitue le rêve, et même à déterminer toute une suite de mouvements où la volonté n'a aucune part.

L'image agit sur l'organisme. La volonté agit sur l'image pour la maintenir présente : c'est une de ses fonctions. Elle en a une autre : elle exerce une influence directe et immédiate sur le mouvement et s'empare de sa direction[1]. Comment s'opère cette prise de possession? Maine de Biran répond que la question ne se pose pas. Cette prise de possession constitue le moi; elle est donnée avec lui. Ce n'est pas un problème, mais un fait, ce fait primitif au delà duquel on ne peut ni on ne doit remonter[2]. Nous touchons encore ici le mystère qui entoure l'apparition de la vie, mystère qu'on peut atténuer, mais qu'on ne supprime pas.

1. *Œuvres inédites...*, t. III, p. 448.
2. *Éd. Cousin*, t. IV, p. 379.

Maine de Biran a raison de faire appel au témoignage de la conscience. Elle atteste l'existence de l'effort : elle le saisit d'une prise directe. Hume et tous ceux qui relèvent de lui prétendent le contraire ; et leur critique passe pour définitive. C'est bien à tort : loin d'être décisive, elle est contradictoire. Elle tend à prouver qu'il ne faut pas demander à la conscience une connaissance que seuls les sens extérieurs peuvent nous fournir, que nous ne voyons pas du dedans, comme ils sont vus du dehors, les antécédents immédiats du mouvement. Et en vérité, qui le conteste ? Mais, pour exorciser le fantôme de l'effort, il aurait fallu montrer qu'il ne laisse de lui-même nulle trace dans la conscience. Cette démonstration n'a pas été faite ; et les psychologues en sont venus, tout en niant l'effort lui-même, à retrouver dans la conscience presque tous ses éléments : la sensation musculaire, la volonté, et même son influence directrice sur le mouvement, influence médiate sans doute, qui n'arrive à son but que par l'intermédiaire de l'image, mais réelle pourtant. Il ne reste qu'une dernière démarche à faire, qui est de restituer à la volonté une part de l'efficacité qu'on en avait détachée pour la transférer à l'image.

Au lieu d'une série d'événements qui se succèdent dans le temps, nous avons des forces qui se superposent et s'unissent pour un acte commun : leur activité est simultanée. Pour les connaître, il ne faut pas aller d'antécédents en antécédents et remonter dans le passé, mais de la surface de l'être descendre en sa profondeur où résident les causes. C'est ainsi que nous trouvons sous le mouvement l'énergie motrice, l'effort actif et libre. Et parce que, depuis l'éveil de la conscience, toutes ces énergies et toutes ces forces ont passé sous l'empire de la volonté, si nous avons plusieurs éléments, nous n'avons plus qu'un seul acte, plus riche en son unité vivante que le mécanisme psychologique ou physiologique qu'on a voulu lui substituer.

Nous possédons maintenant une idée complète de l'effort. La volonté, dès le début et d'un seul élan, se porte vers le terme de son action, vers le mouvement. Pour y parvenir, elle utilise les énergies de l'organisme qui lui sont connues par le sens musculaire, et s'en empare. Et ce faisant, elle ne traverse pas, comme on l'a dit, un tunnel ténébreux qui la relie au mouvement; elle est escortée de la lumière de la pensée, au début, au milieu, et au terme de son acte : la décision de la volonté, la force musculaire et le mouvement terminal sont pénétrés par la conscience. Et ces trois moments ne forment qu'un seul acte en qui l'on peut discerner, comme en toute activité qui se déploie, le but où elle tend, le chemin qu'elle parcourt pour l'atteindre, la source d'où elle émane. Ce qui est primitif, en un sens, c'est le terme; car on le veut d'abord et directement. Mais, dans un autre, c'est l'exercice de l'activité par où débute l'action. Là se trouve la raison pour laquelle Maine de Biran affirme tantôt que l'objet de la volonté est le mouvement, tantôt que c'est l'effort. Ces deux assertions paraissent contradictoires; on voit comment elles peuvent se concilier.

LIVRE III

THÉORIE DE LA CONNAISSANCE

CHAPITRE PREMIER

LA MATIÈRE DE LA CONNAISSANCE : L'INCONSCIENT

I

L'effort est le fait primitif. Ce n'est pas une abstraction suspendue dans le vide, comme la sensation de Condillac ou même la pensée de Descartes. Il est solidaire du terme qui lui résiste. Il ne se confond pas avec lui, puisque cette solidarité repose sur un antagonisme : il a besoin de cette résistance pour se poser; mais, en se posant, il s'y oppose, s'en distingue, et peut par suite se connaître en lui-même. Il est indépendant et libre : l'effort libre constitue le fait caractéristique et générateur de la vie consciente.

Cette conception resserre et restreint les limites de la conscience et coupe en deux ce que nous sommes accoutumés à considérer comme le moi. Ce moi est synonyme de liberté. Par suite, tout ce qui est fatal est le non-moi ; et, comme sans le moi il n'y a pas de conscience, tout ce qui est fatal est inconscient. Le domaine de l'inconscience se trouve agrandi de tout ce qui est enlevé à la conscience. Il y a, non pas en nous — l'expression serait inexacte et même contradictoire —, mais dans l'enceinte où se termine notre corps, deux vies superposées : la vie animale et la vie humaine. Celle-ci est consciente ; celle-là ne l'est pas. Qu'est-elle ?

Maine de Biran est toujours fidèle à sa méthode, la méthode expérimentale ; et, quand l'expérience directe fait défaut, il la côtoie et se fonde sur elle pour la dépasser et l'interpréter. Descartes se transporte dans l'essence : l'essence de l'âme est la pensée, l'essence de la matière l'étendue. De l'une, on déduit la psychologie ; de l'autre, la physique et tout ce qui, d'après lui, relève d'elle, la vie et la sensation. Maine de Biran prend une autre voie. Pour connaître la vie mentale, il a voulu la voir dans sa source et découvrir le fait qui lui donnait naissance. C'est la même enquête qu'il va instituer au sujet de la vie animale : il ne se demande pas d'abord quelle est son essence, mais quel en est le fait primitif et générateur.

Il faut le chercher à égale distance du mouvement et de la pensée : c'est quelque chose de supérieur à l'un et d'inférieur à l'autre, la sensation telle à peu près que Condillac l'avait imaginée pour en faire le fondement de la vie mentale. Elle correspond à un mouvement matériel ; mais elle n'est pas le mouvement, ni une face du mouvement, étant par sa nature soustraite aux prises des sens.

D'autre part, elle se trouve au-dessous de la vie humaine, qui prend sa source dans l'effort libre. Elle n'est pas consciente : elle ne se laisse voir ni du dedans, ni du dehors. Qu'est-elle donc? Et son concept n'a-t-il pas quelque chose de contradictoire? La caractéristique des événements intérieurs, c'est d'être connus, conscients, ou mieux encore, de s'identifier à la connaissance, à la conscience. Supprimer la conscience, n'est-ce pas les supprimer et laisser à leur place, non pas la sensation, mais la matière de la sensation? Non, il reste autre chose. Qu'on enlève à une sensation tout ce qui lui assigne une place déterminée dans le temps et dans l'espace, qu'on supprime le sujet qui la connaît et la distingue ; il y a un résidu, la sensation brute, la sensation sur laquelle pourra se projeter plus tard la lumière de la pensée pour la situer hors du sujet, dans un point fixe du temps et de l'espace. Mais, va-t-on dire, peut-on sentir sans savoir qu'on sent ? Une sensation ignorée, n'est-ce pas une sensation non sentie ? C'est la formule la plus nette de la difficulté qui se présente ici. Elle repose sur une équivoque.

Il est évident qu'une sensation est sentie et que, si elle ne l'est pas, elle n'est rien. Mais sentir n'est pas savoir qu'on sent. La sensation peut être douloureuse ; la connaissance qu'on en a, ne l'est pas. La sensation est toute dans le moment présent ; la connaissance l'atteint dans le passé et même la projette dans l'avenir. La sensation est confuse, essentiellement confuse ; la connaissance, même la plus incomplète, est claire. L'élément qui est toujours absent de la sensation et qui fonde la pensée, c'est le moi, le sujet en qui elle s'insère, ou plutôt de qui elle émane.

Condillac s'exprime d'une manière vraiment scientifique, quand il dit que sa statue, à qui il vient d'ouvrir le sens de l'odorat, est « odeur de rose ». C'est cela : il n'y a qu'une réalité, une odeur. D'elle on dira qu'elle est forte ou faible, douloureuse ou agréable ; elle tient la place du sujet, sujet illusoire sans doute et purement grammatical. Il n'y en a point d'autre. En elle, rien qui prenne conscience de soi et puisse dire : je sens. Sans doute, elle enveloppe une unité. Toute sensation est une synthèse, fruit d'une activité qui entre en exercice et se déploie ; mais cette unité est l'unité de la sensation : elle ne s'en distingue pas, ne peut s'en séparer et exister pour soi. La sensation est située hors de la pensée, elle est inconsciente[1].

On le voit, Maine de Biran prend ce terme dans toute sa signification. De l'inconscient au conscient il y a une différence, non de degré, mais de nature. L'émotion la plus violente, celle qui secoue un animal jusqu'aux fondements de son être et le précipite sur sa proie, est inconsciente ; les pâles visions que nous suivons dans le rêve d'un air distrait, tant que nous n'avons pas abdiqué la direction de notre esprit, sont conscientes. L'inconscience n'est pas de la conscience faible, comme le veut Leibnitz, ou de la conscience amortie et graduellement éteinte, suivant la pensée de Stahl ; c'est un événement intérieur qui n'enveloppe pas les mêmes éléments que la conscience, qui ne provient pas de la même source, qui ne peut évoluer vers elle et se pénétrer

---

1. *Œuvres inédites...*, t. III, p. 396, 397, 399, 405.

de sa lumière : il est en deçà du seuil de la pensée ; il ne saurait le franchir.

La sensation inconsciente n'est pas contradictoire. Mais existe-t-elle en nous, ou hors de nous? Par définition, elle est inaccessible : ni les sens, ni la conscience ne peuvent nous conduire vers elle. Pouvons-nous même l'imaginer? Et, quand nous en parlons, y a-t-il dans notre esprit autre chose qu'un concept mort et sans intuition? Pour nous la représenter, nous nous transportons vers elle ; mais pouvons-nous y pénétrer sans y entraîner le sujet que nous sommes, et sans la transformer? Les formes mêmes du langage, images de la vie intellectuelle d'où elles émanent, témoignent de cette difficulté : « portant toutes l'empreinte du *moi* et de la personne humaine », elles « ne trouvent pas d'application là où le *moi* n'est pas [1] ».

La difficulté est réelle ; elle n'est pas invincible. Cette sensation, nous pouvons l'imaginer ; bien mieux, quoique cela puisse paraître contradictoire, nous pouvons la surprendre comme en fuite, au moment précis où elle se dérobe pour faire place à la pensée ou s'absorber en elle.

Quand nous sommes brusquement tirés du sommeil, notre réveil n'est pas complet dès le premier instant : nous trouvons en nous, comme flottantes, les images qui ont occupé le champ de la connaissance ; et, avant que notre volonté ait repris l'empire pour rompre leur suite

---

[1] *Œuvres inédites...*, t. III, p. 397.

ou s'en emparer, nous les apercevons du dehors comme une chose étrangère. Nous sentons bien qu'elles se développaient sans conscience et que désormais, en la présence du moi tiré de son inertie et de sa torpeur, elles vont, sous sa direction, passer de l'ombre à la lumière et changer de nature.

De même, pendant la veille, quand nous laissons notre imagination errer à l'aventure, que le moi peu à peu tempère son activité et se réduit autant qu'il est en lui au rôle de spectateur, nous pouvons anticiper le terme auquel, dans un mouvement contraire, tendent et l'imagination et la pensée, et, passant à la limite, concevoir un état où, par la disparition complète du moi, le déroulement intérieur des images est devenu spontané. Il est désormais objectif ; il n'y a pas de sujet en qui, tout à la fois, il se redouble et se concentre.

Ce qui est accidentel dans l'homme, est essentiel dans l'animal. L'animal n'est pas une machine. Comme nous, il se dirige dans le monde extérieur, évitant ce qui lui serait un obstacle ou une cause de douleur : il fuit devant une menace, se met à la poursuite de ce qui peut lui être une proie ; il pousse des cris variés où nous ne pouvons nous empêcher de voir le retentissement d'une joie ou d'une douleur. Si ces manifestations étaient trompeuses, et si, en agissant comme nous, il était privé de sensation, nous pourrions renoncer à rien connaître de nous-mêmes ; toute induction par analogie serait frappée d'impuissance. Les animaux sont doués de sensation ; ils ne s'élèvent pas jusqu'à la pensée. Ils n'en donnent aucun signe. Rien ne leur manque pourtant pour la manifester. Il en est parmi eux qu'on dresse à la parole articulée; mais cette parole est vide : ils sont incapables d'y déposer une pensée, d'en faire un signe voulu de l'état de leur âme. Leur vie doit être comme un rêve continu où se succèdent, dans un désordre qu'ils ne peuvent discipliner, les sensations et les images à la suite desquelles, d'une manière fatale, s'éveillent les appétits qui tendent ou débandent les muscles et produisent les mouvements. C'est une série nécessaire de plaisirs et de douleurs, non pas séparés sans doute les uns des autres, comme les perles d'un collier dont on aurait brisé la monture; ce n'est même pas une collection sans unité. Mais cette unité est comme noyée en eux : elle ne peut s'en détacher pour s'opposer à la série tout entière et, en prenant possession d'elle-même, faire jaillir la conscience. La vie animale, réduite à la sensation, est inconsciente.

La sensation est le fait primitif de la vie animale. Maine de Biran a dépassé depuis trop longtemps la philosophie purement sensualiste pour s'en tenir là.

De même que sous la pensée il y a l'effort, il y a sous la sensation une tension de l'activité : c'est cette activité qui est la cause génératrice de toute la vie purement sensitive. Le contact matériel des corps extérieurs et des organes ne pourrait produire que des mouvements ou des modifications matérielles. Si ce contact est suivi d'une sensation, ce n'est pas qu'il se transforme de lui-même; mais l'organe est animé : de là vient que le contact matériel, en même temps qu'un choc dans l'organe, produit une impression vitale. Ces deux événements son unis l'un à l'autre par des liens dont on ne peut vérifier la nature, mais qu'il est impossible de nier : sous la sensation, il y a, analogue à l'effort, une énergie qui s'exerce et se déploie [1].

Cette énergie elle-même d'où vient-elle ? sinon de l'âme. Sthal a raison contre Descartes : restaurer la notion de force et reconnaître aux animaux la vie et la sensation, c'est une réaction heureuse contre l'esprit de système, un retour à la vérité. Mais ce philosophe a voulu, par un souci excessif d'unité, dériver de la même source toutes les manifestations de la vie et attribuer à l'âme pensante et la sensation et les mouvements de l'instinct et ceux mêmes de la vie organique [2]. C'est un excès. Sans doute, Sthal ne va pas contre le témoignage trop évident de la conscience ; il reconnaît que de ces dernières manifestations la pensée est absente. Mais il n'en était pas ainsi au début : c'est elle qui a inauguré cette vie inférieure et donné le branle à tous ses mouvements. Si elle s'est retirée, c'est que l'habitude, en la rendant inutile, l'a amortie et éteinte. Même avec ces interprétations qui la restreignent, Maine de Biran juge la théorie de Sthal inacceptable et dangereuse.

Elle est inacceptable. La diversité des objets témoigne, dit-il, de la diversité des causes [3] ; et la distance entre la sensation et la pensée est telle qu'elles ne peuvent sortir de la même source. Cette doctrine est, de plus, dangereuse : elle peut conduire, et en fait elle a conduit

---

1. *Œuvres inédites...*, t. III, p. 363-364.
2. *Ibid.*, p. 382.
3. *Ibid.*, p. 383-384.

au matérialisme. La pensée, en effet, et la fonction organique procèdent de la même cause. Ceci admis, Sthal en conclut, sans doute, que cette cause est la pensée. Mais d'autres, animés d'un esprit différent, tireront une conclusion opposée et trouveront cette cause unique dans l'organisme. L'estomac digère, le cerveau pense : les fonctions sont différentes, les organes le sont aussi. Mais, comme cette cause suffit à expliquer la diversité des organes, on ne voit pas pourquoi la matière ne suffirait pas à expliquer la diversité des fonctions [1].

Le danger que signale Maine de Biran, nous paraît moins redoutable qu'à lui. De toute doctrine on peut aller au matérialisme par une fausse déduction ; et celle qui s'appuie sur la théorie de Sthal, l'est si manifestement ! Aussi Maine de Biran ne s'éloigne pas de l'animisme uniquement pour prévenir de pareils écarts. Il les redoute pourtant ; et cette crainte le confirme dans la doctrine qu'il déduit directement de l'expérience : la cause dernière de la sensation est un principe vital, supérieur à l'organisme et distinct de l'âme pensante.

II

La distance qui séparait la sensation de la pensée s'accroît, ou plutôt, c'est une rupture entre l'une et l'autre qui se produit, rupture complète, fondamentale. Les deux phénomènes n'ont rien de commun : ce sont les manifestations de deux vies juxtaposées ; et il se trouve que

---

[1]. *Œuvres inédites...*, t. III, p. 386-387.

ce qui les rapproche sans les unir, c'est le corps. Mais alors comment expliquer leur relation? Maine de Biran reproche avec raison à Descartes d'avoir isolé l'âme et de l'avoir placée si loin de la matière et si haut, qu'elle ne peut plus entrer en contact avec elle; et c'est à ses yeux un mérite de la doctrine de l'effort que de donner comme primitives les relations de l'activité du moi et de la résistance du corps. Mais n'est-il pas à craindre qu'il n'ait fait que transposer la difficulté? La vie sensible, et tout ce qu'elle enveloppe d'images et d'affections, n'est pas close comme la conscience; le moi la pénètre et s'en empare. Comment s'y prend-il? Et même, comment et par quoi est-il averti du mouvement intérieur de cette vie, si différente de la sienne? Il y a en effet une action de la sensation sur la pensée et une réaction de la pensée sur la sensation : la sensation ne s'élève pas d'elle-même jusqu'à la pensée, mais elle la sollicite à secouer sa torpeur; la pensée ne descend pas vers la sensation et, par une évolution à rebours, ne se dépouille pas de ce qui fait sa supériorité, mais elle s'unit à elle et utilise, en les enveloppant de sa lumière, les données qu'elle lui fournit[1]. Sur quoi se fonde ce commerce?

La réponse de Maine de Biran manque ici de précision et de clarté. Le moi, d'après lui, sympathise avec la sensation[2]; et cette sympathie est une loi générale de la vie : c'est grâce à elle que, sans contact, les fonctions organiques demeurent en harmonie, que les facultés sensibles tendent à se mettre au même ton. Il se fait entre

---

1. *Œuvres inédites...*, t. II, p. 11-19.
2. *Ibid.*, t. III, p. 362-376.

elles comme une sorte d'émulation qui les pousse à prendre la même tension; et par là peut s'entendre l'éveil de la pensée, quand la vie sensitive est arrivée à son plein développement. Quelque nom qu'on lui donne, émulation ou sympathie, la cause de cette correspondance et de cet accord demeure obscure. Elle le serait moins, si les deux vies avaient la même source et procédaient de la même âme.

Si Maine de Biran hésite dans la recherche des causes, il retrouve sa fermeté quand il reprend pied dans l'expérience.

Il y a en nous deux sortes, ou mieux, deux degrés d'inconscient. Le premier enveloppe ce qu'il y a de plus élevé dans la vie animale : les images, les affections, les tendances, sur lesquelles peut tomber le regard de la réflexion. Elles se développent en nous avant l'éveil de notre pensée et subsistent dans son absence ou son sommeil. Mais la pensée peut les pénétrer, les connaître ; et ce sont elles qui donnent un aliment à son activité. Elles concourent à la connaissance : elles en sont la matière ; le moi en fournit la forme.

Au-dessous de cet inconscient, il en est un autre, plus profond, plus inaccessible : c'est comme un degré inférieur de la vie animale, plus éloigné de la lumière. Il en résulte que l'état de l'organisme demeure obscur, n'est jamais l'objet d'une connaissance claire et distincte, se dérobe parfois totalement aux prises de l'esprit et n'est perçu que dans ses effets.

Ils agissent l'un et l'autre sur la pensée tout entière, qui est à la fois intelligence et volonté; mais pourtant l'un agit principalement sur l'intelligence et l'autre principalement sur la volonté.

Nous n'avons rien à dire ici du premier : entrer dans le détail de son action sur le moi, ce serait exposer la théorie de la connaissance, qui trouvera sa place un peu plus loin. Mais nous parlerons du second; il vaut la peine qu'on s'y arrête.

Ici, Maine de Biran se détache entièrement de la pensée pure de Descartes et de la sensation abstraite des idéologues : il déserte la science purement logique et grammaticale. Comme il est allé au delà de la pensée jusqu'à l'effort, au delà de la sensation jusqu'à l'activité spontanée, il veut chercher d'où surgissent et les affections qui paraissent naître sans cause, et cet état général heureux ou malheureux qui se perpétue pendant notre vie et qui en est comme la caractéristique. Il était prédisposé et comme contraint à cette enquête par son caractère. Il a cherché, sans doute, et trouvé une force pour dominer sa nature inquiète; mais il était trop curieux de lui-même pour ne pas s'enquérir d'abord des causes de cette inquiétude, puis de la paix sentie qui lui succédait parfois et où la volonté n'avait aucune part. Il a exploré les sous-sols de la conscience, y a fait des découvertes dont il a pressenti les développements et les succès futurs; et la science contemporaine, celle même qui le combat, relève de lui. Délimitons d'abord le terrain de cette nouvelle enquête.

La vie inconsciente est une vraie vie, inférieure et parallèle à la vie consciente : nous y trouvons, en allant de la surface au centre, la sensation qui correspond à la pensée, la tension de l'énergie spontanée qui correspond à l'effort, et le principe vital qui est le fondement de la vie animale, comme l'âme est la source de la vie intellectuelle. Les sensations peuvent toutes devenir conscientes; le principe vital est ainsi que l'âme elle-même, et mieux que l'âme, inconscient. Nous n'arrivons à lui que par le raisonnement et l'induction; il échappe à toute prise directe ou indirecte. C'est donc dans la région intermédiaire entre les sensations et le principe vital qu'est situé le domaine de l'inconscient, dans l'énergie spontanée d'où émerge la vie animale.

De même que, dans la vie consciente, l'effort est un et identique; de même, dans la vie animale, la tension de l'énergie spontanée est unique. Mais, si elle est unique par son fond, elle s'épanouit en sensations spécifiquement distinctes. Les unes ont leurs organes à la périphérie du corps : ce sont les sensations externes; les autres ont leur siège à l'intérieur (Maine de Biran les place dans les ganglions nerveux de la région précordiale) : ce sont les sensations internes. Les unes et les autres agissent à leur manière sur l'énergie active et y laissent des impressions qui demeurent inconscientes[1].

Ces impressions, nous ne pouvons les atteindre directement en elles-mêmes, puisqu'elles sont données comme inconscientes; mais peut-être y a-t-il quelque moyen de les saisir dans leurs effets. En face du monde, sur lequel la monade humaine n'a pas d'issue, Leibnitz se posait cette question : étant donné l'état de l'âme, que doit être le

1. *Œuvres inédites...*, t. II, p. 11-19.

monde pour que cet état ait une raison suffisante? En face de l'inconscient, Maine de Biran se trouve aux prises avec les mêmes difficultés et rencontre le même problème : étant donné le contenu actuel de notre conscience et les impressions qu'elle subit, que doit être l'inconscient pour que cet état ait sa raison suffisante? C'est dans le connu qu'il faut chercher l'inconnu; et, pour dépasser l'expérience, c'est sur elle qu'il faut s'appuyer.

Que nous apprend-elle? Chacun de nos cinq sens extérieurs produit des effets différents, en apparence hétérogènes et sans lien entre eux. En même temps qu'une sensation déterminée, distincte, quoiqu'elle ne soit pas toujours aisée à décrire, ils éveillent des impressions diffuses dans l'organisme tout entier. Les odeurs produisent un affaissement ou une excitation générale; elles ont, en certains cas, une action marquée sur « le sixième sens », le sens générique. Les saveurs provoquent les préférences ou les répugnances de l'estomac. Il y a des couleurs qui nous agréent et d'autres qui nous déplaisent, sans qu'on puisse, pour expliquer ces attraits et ces aversions, faire intervenir des considérations esthétiques. Le rouge met un taureau en fureur; et la vue d'un homme passionné nous émeut : il émane de lui quelque chose de contagieux, son regard surtout se remplit de sa passion et la propage. « C'est par cette flamme vivante lancée par l'œil et modifiée selon les affections variables de l'âme sensitive qu'un être passionné électrise ceux qui l'approchent et les force en quelque sorte à se monter à son unisson. » La voix est plus puissante encore : bien timbrée, elle va « remuer toute la sensibilité intérieure dans ses principaux foyers ». « Saint Bernard entraînait par les prestiges de sa voix plus que par ceux de son éloquence ces grossiers paysans du Nord à qui il prêchait la croisade dans une langue qu'ils n'entendaient pas, et les faisait voler sous son étendard à la conquête de la Terre sainte [1]. » Même vides de passion, les sons exercent une influence extraordinaire : « J'ai été témoin moi-même, dit Maine de Biran, des effets extraordinaires produits par les sons doux et mélancoliques d'un harmonica; j'ai vu des personnes, trop sensibles pour pouvoir y résister, frémir dans toutes les parties de leur corps à la seule impression de ces sons, s'attendrir, verser des larmes et finir par tomber en syncope [2]. »

Voilà les faits. D'où proviennent-ils? Qu'il puisse y avoir, entre les phénomènes que nous venons de signaler et la sensation spécifique qui les accompagne ou les précède, une relation de cause à effet, c'est une question qui, pour Maine de Biran, ne se pose pas. Et il paraît évident que, si ces phénomènes dérivent partiellement de ces sensations, ils ne s'expliquent pas entièrement par elles : ils sont le résultat des impressions directement subies par l'énergie vitale; et ces impressions ont deux sources.

Les causes extérieures, quel que soit leur caractère et quel que soit le sens auquel elles s'adressent, ont toutes une activité fondamentale uniforme : elles agissent par contact; c'est là un point qui leur est commun. Dans ce contact, se manifeste, sans doute, la diversité de leur nature; et de

---

1. *Mémoire sur les perceptions obscures*, cité par Al. Bertrand, *Psychologie de l'effort*, p. 40.
2. *Ibid.*, p. 41.

lui résultent, après un travail d'élaboration vitale et comme de « chimie animale », les cinq sensations spécifiques. Mais ce qu'il y a de fondamental dans l'excitation venue du dehors, c'est le contact; et ce qu'il y a de primitif dans la sensation, c'est l'impression qui en est la suite. Uniforme dans sa nature, cet appel de la matière s'adresse à une cause intérieure unique, l'énergie vitale. Elle est excitée avant que les sens spéciaux dont les fonctions sont plus complexes, aient terminé leur travail d'élaboration. Elle a donné la première à cette excitation une réponse confuse, mais puissante : c'est la réaction de l'être tout entier en ce qu'il a de plus rudimentaire, mais aussi de plus profond. De là viennent les goûts et les préférences qui accompagnent la sensation particulière et que nous venons de signaler : ils sont le contre-coup senti d'une émotion inconsciente. C'est là une première cause.

Il y en a une seconde. Le contact éveille en nous l'énergie vitale et la pousse à l'action; il fait plus encore. Quand il part d'un être vivant, il nous avertit de sa présence et nous révèle l'état de son organisme. Or c'est une loi de tout être vivant, nous l'avons déjà signalé, que toutes ses facultés, par suite d'une sympathie ou d'une émulation inexpliquée mais certaine, tendent à se mettre au même ton. Il en est des êtres vivants comme des facultés d'un seul être : deux organismes tendent à se mettre d'accord, comme deux instruments voisins à vibrer à l'unisson. C'est par là que l'ennui se répand ou que la passion se propage, et, en se propageant, s'amplifie [1].

---

[1]. Al. Bertrand, *Loc. cit.*, p. 51.

L'action de ces deux causes est immense, et leur répercussion sur la vie tout entière incalculable. Par le contact, nous arrivent des sollicitations incessantes. Le milieu dans lequel nous sommes plongés, exerce sur nos organes, sur notre corps tout entier, une pression continue qui se transmet à l'intérieur par les pores toujours ouverts. Or, en suspension dans ce milieu, que de causes ignorées ! Si nous parvenions à connaître et leur nombre et leur nature, c'est là que nous pourrions lire notre avenir. Elles agissent toutes, en effet, d'une manière fatale. Ne sentons-nous pas que nous sommes unis par des liens inconnus à la nature entière ? Notre humeur varie avec l'atmosphère ; notre âme s'illumine ou se voile avec le ciel. C'est de là que, pendant une partie très longue de sa vie, Maine de Biran a attendu la paix et la joie de vivre. Elle lui arrive avec le printemps, elle part avec les beaux jours. Comment la soustraire à cette influence et comment la maintenir ? C'est le problème qui l'occupe avant qu'il ait découvert la volonté ; et il fait appel à la médecine future, qui saura peut-être, par une médication appropriée, réveiller l'énergie vitale assoupie et lui garder sa tonicité [1]. Plus forte, elle serait moins à la merci des causes extérieures ; elle leur est entièrement soumise : elle n'est pas seulement solidaire du présent, mais encore héritière du passé. La joie ou la douleur, déposée en elle, ne disparaît pas entièrement avec les causes qui l'ont produite : l'impression s'affaiblit, elle n'est pas anéantie. D'elle, il reste un résidu qui se transmet ; et c'est ainsi que la sensation, qui est la dominante

---

1. AL. BERTRAND, *Loc. cit.*, p. 40.

de notre vie, devient l'écho de toutes les impressions inconscientes du présent et du passé [1].

Il est pourtant des heures où ces impressions sont plus décisives. Quand le fœtus se développe dans le sein de la mère, il reçoit de tous côtés des pressions dont l'effet sera décisif : c'est peut-être alors que l'être inconscient prend la forme qu'il imposera plus tard à la vie consciente [2]. Tout ne vient pas pourtant de l'extérieur. Pour que l'action de celui-ci soit efficace, il faut qu'il y ait une réaction intérieure, et donc une énergie primitivement donnée.

C'est dans l'inconscient, que nous trouvons la raison des joies et des douleurs qui paraissent sans cause : Ce qu'il est, nous le savons par le retentissement qu'il a dans le sentiment immédiat de l'existence.

Mais son action ne s'arrête pas là.

Quand il eut découvert la volonté libre, Maine de Biran se crut au port. Il lui sembla qu'il allait trouver le repos et que la joie qui n'avait été jusqu'ici qu'une bonne fortune passagère, désormais il pourrait la conquérir de haute lutte et, conquise, la placer en lieu sûr. Mais il ne tarda pas à s'apercevoir que, comme ses impressions étaient mobiles, sa volonté était changeante. Et il en vint bientôt à se demander d'où procédaient les variations de cette faculté autonome et si cette force hyperorganique était aussi indépendante qu'il l'avait cru. Il reconnut alors qu'elle n'était pas entièrement maîtresse d'elle-même, que sa fermeté et sa faiblesse dépen-

---

1. *Œuvres inédites*, t. II, p. 32-39.
2. AL. BERTRAND, *Loc. cit.*, p. 50.

daient de la vigueur ou de la débilité du corps, plus immédiatement, des impressions inconscientes qui en résultaient. Même pendant la période mystique qui a clos sa vie, à l'heure où il avait trouvé, au-dessus de lui, en Dieu, un appui assuré pour sa volonté défaillante, il se demande toujours si les élans de sa volonté ne dépendent pas d'une énergie vitale momentanément affermie, et si l'union du corps et de la volonté n'est pas plus étroite qu'il ne l'avait pensé. Ce qui ne lui paraît pas douteux, c'est que, si la volonté peut résister aux entraînements de l'inconscient et se raidir en s'appuyant sur une force plus haute, elle subit pourtant son influence et s'en trouve affermie ou affaiblie.

Cette action est incontestable ; et par elle, on peut expliquer des phénomènes qui passent pour mystérieux.

La suggestion, l'hypnotisme venaient de faire leur apparition. On pouvait les dédaigner, comme on l'a fait longtemps. Maine de Biran était trop sincère et trop soucieux de science pour s'en tenir là : il avait trop de philosophie pour ne pas chercher une réponse au problème qui se posait, d'autant que ce problème était de ceux dont il pouvait difficilement se désintéresser : il s'agissait de l'autonomie de la volonté.

Si je puis suggérer à autrui ma pensée et m'emparer de sa volonté pour la diriger à mon gré, la conscience n'est pas close et la volonté n'est pas une force indépendante et libre. C'est une conclusion trop hâtive, répondra Maine de Biran, et qui n'est pas contenue dans les faits qu'on invoque. La conscience est close; c'est un sanctuaire inviolable : nul ne peut y pénétrer, nul ne peut surtout s'insinuer dans l'intérieur de la volonté, se substituer à elle et la régir.

Mais, si l'on ne peut s'emparer d'elle, on peut agir sur elle. On le fait tous les jours par les conseils, par les menaces, par les ordres. Que de forces la subjuguent, que de séductions l'entraînent ! Il n'y a pas là une prise de possession immédiate, mais une influence qui s'exerce. Pour être suivi, le conseil doit être entendu; pour être exécuté, l'ordre doit être compris : entre ma volonté et la volonté d'autrui, il y a un intermédiaire, l'intelligence. Il peut y en avoir d'autres. La suggestion et l'hypnotisme nous en fournissent un nouveau : le corps, l'organisme, l'inconscient. Ma pensée, au lieu de suivre la route ordinaire et lumineuse et de mouvoir la volonté en passant par l'intelligence, suit une voie inférieure et obscure, chemine à travers l'inconscient et va, à son insu, incliner et entraîner la volonté : par les passes, c'est le corps qui parle au corps. Jusqu'où va le pouvoir de transmettre ainsi des pensées, c'est ce qu'il est difficile de dire. L'état de notre corps, à chacun des instants de notre vie, ne traduit-il pas l'état de notre âme, traduction obscure, inaccessible directement à l'intelligence?—Mais le corps ne l'entend-il pas et ne peut-il pas la transmettre? En nous, il y a un retentissement de l'organisme dans l'intelligence, de l'inconscient dans le conscient; qui nous empêche de croire que, par un mouvement analogue, mais contraire, toute pensée consciente affecte l'inconscient, modifie l'organisme, que les modifications de celui-ci se transmettent à des organismes étrangers et par là se font sentir, soit à l'intelligence, soit à la volonté? Que de faits viennent à l'appui de cette hypothèse, ou plutôt, attestent cette action du corps sur le corps! L'ennui est contagieux comme la passion. Ils se propagent l'un et l'autre, même dans le silence; et dans une grande assemblée, ils s'amplifient : leur intensité paraît y être proportionnellement au nombre. Est-ce que l'autorité est toujours en raison directe de la valeur morale? Est-elle même toujours en rapport avec l'énergie de la volonté? N'y a-t-il pas des hommes qui se font obéir sans effort et sans déploiement d'énergie? Leur nature est plus puissante et l'empire qu'ils obtiennent est comme une contrainte physique qu'ils exercent sur les autres, uniquement par leur présence. Mon génie étonné tremble devant le sien, disait Néron en parlant de sa mère. Il y a dans cette parole un essai de révolte et un aveu d'impuissance : le corps était vaincu et il entraînait la volonté dans sa défaite.

Nous avons marqué plus haut la cause de cette action. S'il y a une barrière entre les sensations et l'intelligence, celle qui sépare l'inconscient de la volonté est plus haute. Mais de même que l'intelligence est éveillée par les sensations, la volonté est émue par les impressions de l'inconscient. Il ne peut y avoir de bas en haut d'influence directe et réelle, mais il existe une sympathie ou une émulation qui la supplée. C'est par elle que la volonté, sans rien perdre de son autonomie, reçoit le contre-coup des impressions sourdes et fatales qui s'agitent au-dessous d'elle; c'est par elle encore que ces impressions se propagent. La même loi de solidarité qui unit les facultés d'un même être, unit les êtres entre eux. Deux corps voisins tendent à se mettre au même ton, comme les cordes de deux instruments à vibrer à l'unisson[1].

En nous, il y a deux vies entièrement distinctes. Ce ne sont pas deux rameaux sortis d'un même tronc; les troncs eux-mêmes sont séparés. En l'une nous trouvons les sensations, les affections, les appétits, l'énergie vitale, l'âme sensitive ; en l'autre la pensée, l'effort, l'âme, source de l'intelligence et de la volonté. La première est inconsciente ; la seconde est consciente. Ces deux vies, quoique distinctes, se côtoient l'une l'autre, se mêlent, tendent au même but ; et c'est en cela surtout que réside leur unité. Parties de points différents pour conspirer à une même fin, il faudrait, semble-t-il, puisqu'elles sont distinctes, qu'elles fussent unies par une action et une réaction incessante. Elle existe en effet, mais limitée. Dans le système de Maine de Biran, l'action descend, elle ne remonte pas : la pensée agit sur la sensation et s'en empare; la sensation n'agit pas sur la pensée. C'est une première limite. Il y en a une seconde : le domaine de la pensée est identique à celui de la liberté.

1. AL. BERTRAND, *Loc. cit.*, p. 54-58.

CHAPITRE II

LA FORME DE LA CONNAISSANCE

I

Maine de Biran, quand il commence à philosopher, est tout entier sous l'influence de l'école régnante, des idéologues, continuateurs des sensualistes. C'est ce qui décide de la direction de ses études et lui en marque le but. Il se propose, non pas encore de refaire, mais de compléter le *Traité des sensations :* la philosophie n'est alors à ses yeux qu'une théorie de la connaissance. A cette influence tout extérieure, s'en joint une autre, plus persévérante et plus décisive, qui vient de lui-même, de sa nature, de ce qu'il y a de plus intime en elle. D'un tempérament maladif, mobile, facilement opprimé, il cherche une force pour dominer son impressionnabilité native et fixer dans la paix son âme toujours agitée. C'est sous ces deux influences que se meut son esprit. Elles le conduisent à une théorie de la connaissance où l'effort tient une place prépondérante et qui restaure les éléments à priori de la pensée.

Ces éléments, quels sont-ils? Il y en a deux : le sujet pensant et les notions.

Pour sentir et pour penser, il faut d'abord un sujet; et c'est, semble-t-il, un truisme que de l'affirmer. Cette affirmation est pourtant nécessaire, puisqu'elle a été contredite. Maine de Biran eût accepté la formule de Leibnitz : *Nihil est in intellectu quod non prius fuerit in sensu, nisi ipse intellectus.* Mais il se fût réservé la liberté de l'interpréter. Nous savons en quel sens il l'entend.

Le sujet n'est pas la sensation; il en diffère et lui est antérieur. Pour éprouver la douleur ou le plaisir, il faut un principe qui en soit distinct, qui résiste à l'une et s'abandonne à l'autre.

Le sujet n'est pas la substance. La substance est inaccessible; le sujet réside dans l'effort volontaire et libre, par lequel nous nous séparons de la série phénoménale. Nous nous opposons à elle, nous la heurtons en un de ses points : c'est de ce conflit que jaillit la conscience et dans cet acte que le moi s'apparaît et se constitue.

Cette conception est nouvelle. Descartes avait remarqué la distinction de la sensation et de son objet, et aussi leur différence. Par un procédé analogue, Maine de Biran, de la substance, distingue le sujet. De la substance au sujet, la distance est moins grande peut-être que de l'objet à la sensation. Mais ni la substance ni l'objet ne nous sont donnés directement; pour parvenir jusqu'à eux, il nous faut des intermédiaires : d'un côté la sensation, de l'autre la conscience et le sujet phénoménal qu'elle enveloppe.

C'est la position déjà prise par Kant. Maine de Biran

n'est pourtant pas son disciple. Il a commencé à philosopher sans le connaître ; il s'est développé sans subir d'une manière sensible son influence ; il ne se dirigeait pas vers le même but. Kant était surtout préoccupé de science et de certitude ; Maine de Biran, de l'indépendance du moi. Celui-là cherchait à se sauver du scepticisme ; celui-ci à se libérer de toute sujétion et de sa propre inertie. Aussi, malgré des ressemblances apparentes, leur conception du moi est au fond très dissemblable. Le moi de Kant ne nous permet pas de pénétrer au delà des phénomènes, d'aborder une réalité plus profonde et de mettre le pied sur le seuil du monde métaphysique ; il est intimement uni au monde phénoménal et n'est pas plus consistant que lui. Il ne vient pas de la sensation, mais il ne lui est pas antérieur et ne lui survit pas : Il en est le lieu, ou plutôt, le foyer idéal, où, comme des rayons épars, convergent tous ses éléments. D'où procède-t-il ? Des catégories. Il n'est pas primitif, mais dérivé : Il n'est pas le fondement de l'être ; il est le résultat lointain de ce fond mystérieux où résident et d'où émergent les catégories. Le moi de Maine de Biran, au contraire, ne se révèle sans doute que dans une sensation, la sensation d'effort ; mais il lui est logiquement antérieur ; et, durant le temps de son apparition, il demeure distinct de tout ce qui n'est pas lui. Il ne procède de rien : tout dérive de lui : il est le principe premier de toute connaissance, l'unité qui l'ordonne, l'énergie qui la produit. Et comme, en même temps qu'il est actif, il est pleinement conscient, il nous introduit, au delà des phénomènes et du devenir, dans l'intimité de l'être et les profondeurs de la force et de la cause. Le moi de Kant est une unité vide; celui de Maine de Biran une énergie en acte.

Cette énergie, distincte de la sensation, en est entièrement indépendante; elle n'en sort pas et n'en peut sortir : quand elle apparaît, c'est un être nouveau qui surgit, une vie plus haute qui s'inaugure, la vie proprement humaine. La sensation ne devient pas plus une pensée qu'un animal ne devient un homme. Ces métamorphoses fabuleuses, la philosophie ne peut ni les admettre ni même les entendre.

Tandis que la vie inférieure se développe, tout à coup survient l'effort conscient et libre, le moi : il s'ajoute à la sensation. Que lui apporte-t-il? L'unité d'abord. Sans doute, la sensation n'est pas une multiplicité pure; elle est une, mais d'une unité synthétique et qui s'ignore. Cette unité, parce qu'elle s'ignore, ne se distingue pas des sensations, s'y perd et s'y noie, naît et périt avec elles et ne peut fournir à leur succession un lien, ni à leur nombre un centre. L'effort les leur donne. Il est durable, elles sont transitoires; il est un, elles sont multiples; il est libre, elles sont fatales; il s'oppose à elles, s'en distingue. Et c'est parce qu'il en est indépendant, qu'il peut les unir et leur servir d'appui : il est leur unité permanente.

Il est de plus leur lumière.

Quand la pensée se lève, il se fait comme une illumination dans le monde intérieur : les phénomènes, tout à l'heure ténébreux et confusément sentis, sont vus dans leur ensemble et dans leur détail, dans leur succession régulière, leurs causes et leurs principes. C'est l'accès à un monde supérieur où luit le jour qui ne connaît pas de déclin : c'est l'avènement de la lumière intérieure. D'où vient-elle? Les idéologues la nient; les philosophes à priori l'acceptent comme donnée, sauf à en chercher le fondement dernier plus haut qu'eux-mêmes, en Dieu; Aristote la faisait venir du dehors et pénétrer en nous, comme le soleil dans nos demeures, par une ouverture. Maine de Biran, sans nier aucune de ces solutions vers lesquelles il se tournera plus tard, fidèle à sa méthode d'expérience intérieure, la cherche ailleurs, en lui-même. Cette lumière sort de l'effort volontaire : Penser, c'est agir, c'est vouloir. Il y a sans doute dans la pensée, comme dans tout phénomène interne, un caractère distinctif et original qui ne s'entend que par la pensée elle-même et ne se définit pas. Maine de Biran a eu le mérite de voir ce qu'elle enveloppait d'actif : elle n'est pas une image sans profondeur et sans vie; elle est un acte vivant, elle a sa racine dans l'effort.

Pour penser, il faut être; pour être, il faut vouloir : avec la volonté, nous avons la condition essentielle et fondamentale de la pensée, le sujet. Il ne surgit pas de la sensation; il n'est pas donné non plus : il se pose lui-même. Rien n'est inné, pas même le sujet.

II

La doctrine de l'innéité ne va-t-elle pas réapparaître sur un autre point? Le moi n'est pas le seul élément de la connaissance; il y a encore les idées. D'où viennent-elles? Maine de Biran rencontre ici, sous sa forme traditionnelle, le problème que toutes les écoles ont agité. Au début de ses recherches, il était surtout en quête d'énergie et d'indépendance ; il l'est maintenant de certitude. Sur quoi la fonder ? La question se pose pour lui, comme elle s'est posée au Moyen Age : quand nous employons les termes généraux, quel est l'objet de notre pensée ? et en a-t-elle un ?

Des trois réponses données à cette question, Maine de Biran en élimine une sans même la mentionner ; il accepte simultanément les deux autres, les deux solutions extrêmes et les concilie : il est réaliste et nominaliste.

Si ces deux écoles se combattent, c'est qu'elles sont excessives : elles ont cru à tort que nos idées abstraites étaient toutes de même nature et n'ont pas su discerner les différences essentielles qui les divisent en deux classes bien distinctes [1].

Il y a des notions et des idées générales. Les notions ont un objet un ; les nominalistes ne l'ont pas vu. Les idées générales sont le résultat d'une longue élaboration et n'ont pas d'objet qui leur corresponde ; pour l'avoir ignoré, les réalistes ont quitté le terrain ferme et solide de la réalité et se sont égarés dans le rêve.

Toute perception enveloppe trois éléments : « 1° le sujet *moi* qui perçoit ; 2° le mode perçu ; 3° le terme extérieur où ce mode est rapporté ». Ces trois éléments sont donnés, mais à l'état confus : ils ne deviendront plus nets que par un travail ultérieur. C'est ce travail qui donne naissance aux idées générales et aux notions [2].

1. *Œuvres inédites...*, t. II, p. 167-168.
2. *Ibid.*, p. 158.

L'esprit peut s'arrêter au mode perçu et se fixer sur lui : c'est le point de départ de l'idée générale. Ce mode, précisément parce qu'il est considéré en lui-même et non dans sa relation avec l'objet qui lui sert de support, est, par une opération de l'esprit spontanée et inconsciente, rendu non-individuel, abstrait : il est apte à fournir la matière d'une idée générale [1].

L'attention, en se fixant « tour à tour sur chaque mode ou apparence semblable qu'offrent les objets divers », les tire « des groupes naturels dont ils font partie, pour en former un nouveau tout artificiel » : c'est proprement l'idée générale.

De là, « toujours guidée par quelques analogies sensibles, elle parcourt une échelle de comparaisons qui l'élève successivement des espèces aux familles et de celles-ci aux genres et aux classes plus étendues, fondées sur un seul caractère sensible qui, étant abstrait, ou séparé de toutes les circonstances particulières de lieu et de temps, embrasse une multitude indéfinie de phénomènes » [2]. Plus simple, l'idée paraît plus une ; mais il est évident que cette unité est illusoire et purement logique. Au lieu de marcher vers le réel, on le fuit : on s'éloigne de l'individu qui seul existe.

De plus, à mesure qu'on s'élève, le contenu de l'idée générale s'appauvrit, s'exténue et se fausse. Près de sa source, voisine de la sensation, elle était légèrement inexacte. Toute sensation est individuelle, marquée de caractères précis qui la séparent et la distinguent de ce

---

1. *Œuvres inédites...*, t. II, p. 162.
2. *Ibid.*, p. 163.

qui n'est pas elle ; toute idée générale laisse tomber ces caractères individuels, pour pouvoir s'appliquer indifféremment à tous les êtres d'une même espèce. Elle ne correspond plus, dès lors, au monde qui est son point de départ; entre elle et lui, c'est un commencement de rupture : il y a un écart. Il s'agrandit à mesure qu'on monte ; et arrivés au terme, nous n'avons plus devant nous que deux choses : un résidu de sensations exténué et appauvri et l'unité qui lui donne une apparence d'être. Or ce résidu de sensations peut bien garder son aptitude à évoquer tous les êtres d'où il est extrait, mais il ne s'applique exactement à aucun ; et l'unité que nous trouvons en lui et qui est symbolisée par le mot, n'est que l'ombre du moi qui conçoit tout à son image : il est sans fondement et sans objet. Les deux éléments de l'idée générale ne sont donc qu'une sorte de mirage. Ce qu'il y a de plus réel en ce tout artificiel et factice, c'est le mot, résultat de l'activité libre de l'esprit : les nominalistes ont raison [1].

De là le trait distinctif des idées générales : elles sont contingentes. Elles résultent en effet d'une longue élaboration de la pensée; or qu'est-ce qui va lui assigner un but et fixer par là le sens de son évolution? Les réalistes qui admettent pour les idées générales un objet situé dans une région difficile à déterminer, mais qui est immuable et un, dirigent vers lui leur recherche ; et leur œuvre consiste à le dégager de tout ce qui l'enveloppe, le cache et le souille, pour le retrouver dans sa pureté et dans son unité : tendant au même but, il n'est pas étonnant que

---

[1]. *Œuvres inédites...*, t. II, p. 163-164 ; — *Science et psychologie*, p. 156-157.

tous les esprits suivent la même route, aboutissent au même résultat, découvrent les mêmes idées. Mais si les nominalistes ne se trompent pas, si les idées générales n'ont pas d'objet, il ne reste plus rien pour rendre leur reproduction nécessaire dans tous les esprits : nous les formons à notre gré. Les relations des modes sensibles qui s'offrent à nous sont innombrables; nous saisissons les unes et les autres, d'après la direction de notre regard ou l'attention de notre esprit : les voies que nous suivons en cette recherche, sont aussi variées que nos tendances individuelles. S'il en est où, parce qu'elles sont naturellement ouvertes, tous les esprits, presque fatalement, s'engagent, la part laissée à notre liberté demeure pourtant très grande. Les idées générales sont variables comme elle, et comme elle, frappées d'une contingence essentielle.

Elles le sont encore parce que la sensation qui leur sert de point de départ est variable, et que, de plus, elle est naturellement relative. Les sensations sont variables : il y a dans les couleurs, par exemple, des nuances délicates que tout le monde ne perçoit pas; celles même qui sont nettes et tranchées, il y a des yeux qui ne peuvent les distinguer et les confondent. Et enfin, quand tous les organes seraient sains et recevraient des objets une impression uniforme et identique, il n'en resterait pas moins que la connaissance qu'ils nous donnent et par suite les idées qui se fondent sur elle, sont relatives à notre constitution. Qu'on la modifie, le monde nous apparaîtra sous un autre aspect; et, reposant sur une autre base, tout l'édifice de nos connaissances sera changé [1].

1. *Œuvres inédites...*, t. I, p. 301 ; t. II, p. 221.

Résultat d'une volonté libre et d'une matière mobile et essentiellement relative, nos idées générales sont contingentes. La science manquerait de fondement, si nous n'avions pas d'autre voie pour arriver à la vérité.

III

Nous en avons une autre : au-dessus des idées générales, il y a les notions.

Il existe, comme nous l'avons dit, trois éléments dans toute perception : le sujet qui perçoit, le mode perçu, le terme extérieur où ce mode est rapporté. L'esprit peut s'arrêter au mode, s'éloigner du terme qui en est le support et du sujet qui le perçoit, pour s'élever à l'idée générale. Il peut suivre une marche inverse et se diriger de la surface de l'être vers l'intérieur, vers le terme auquel le mode est rapporté et vers le sujet qui le connaît ; c'est de là que procèdent les notions.

Par les notions, nous connaissons le sujet. Par elles aussi, nous connaissons l'objet, mais d'une manière différente : c'est à l'aide du premier que nous arrivons au second. Directement l'objet nous est inaccessible ; il est fermé. Nul moyen d'en forcer l'enceinte et de pénétrer dans son intérieur : les phénomènes qui nous le manifestent, nous le dérobent ; leur trame serrée demeure impénétrable. Elle a pourtant une brèche, une seule, en nous. Nous sommes le seul être que nous puissions voir du dedans, non plus uniquement dans les résultats de son activité, mais dans son activité elle-même. Les autres objets, nous ne les connaissons qu'en projetant sur eux, par une opération qu'à défaut d'autre terme Maine de Biran appelle induction, ce que nous avons perçu en nous, la force, la substance, l'unité. Ainsi, comme il y a deux sortes de connaissances, il y a deux sortes de réalités : les modes sensibles qui nous conduisent aux idées générales et la force active et une qui produit les notions. C'est parce que celle-ci ne peut être l'objet d'aucun sens, ni recueillie dans une représentation sensible, que les idéologues et les nominalistes l'ont niée.

Ces notions nous apparaissent des touts complexes, mêlées à la sensation et en apparence confondues avec elle ; pour les retrouver, il faut les en abstraire. L'abstraction est aussi la première démarche de l'esprit dans le travail d'élaboration qui aboutit à l'idée générale ; mais ces deux abstractions n'ont rien de commun que le nom [1]. L'une s'opère sur la sensation qu'elle détache de son objet et qu'elle mutile ; l'autre retire le moi des combinaisons où il est engagé, pour le voir pur de tout alliage, tel qu'il est en lui-même. L'une, parvenue à son terme, nous fournit une idée artificielle à laquelle nul objet ne correspond ; l'autre nous donne une notion qui subsiste en l'absence de toute donnée sensible, qui non seulement ne disparaît pas, mais, plus pure, est plus aisément reconnue, et retrouve son fondement et son objet dans le sujet lui-même. Elle est donc déterminée par lui et ne dépend pas dans sa formation de la liberté de l'esprit : elle n'est pas arbitraire.

1. *Science et psychologie*, p. 158.

Enfin, tandis que notre organisme se modifie et que nos sensations varient, nous ne pouvons concevoir une pensée qui existerait sans sujet, ni un sujet qui cesserait d'être identique à lui-même : les notions qui n'en sont que le reflet idéal, sont immuables comme lui et participent à sa nécessité[1].

Ce travail d'élaboration des notions que l'on vient d'indiquer, suppose deux termes, qui servent, l'un de point de départ, l'autre de point d'arrivée et entre lesquels l'esprit se meut. L'esprit ne peut connaître qu'à condition d'exister pour lui-même ? il n'existe pour lui-même que s'il se connaît ; et nous avons vu qu'il ne se connaît que dans le conflit de son activité propre et du terme qui lui résiste : c'est là le point de départ de toute connaissance, la condition de la pensée, l'acte constitutif du sujet. Mais, si cette conscience est suffisante pour que le sujet se pose en s'opposant à l'objet, elle demeure pourtant enveloppée de quelque obscurité. Cette obscurité s'accroît dans les actes successifs qui suivent la naissance du moi. Il est en effet immédiatement engagé dans des opérations complexes où son énergie se trouve voilée et comme opprimée ; et ce n'est que par un effort continu qu'il se retrouve et se reconquiert. Cet effort n'obtient tout son effet et cette conquête n'est définitive que lorsque le moi est parvenu à se retirer de la sensation et à se replier sur lui-même par la réflexion. C'est alors que le sujet, n'ayant plus d'autre objet que lui-même, se pénètre entièrement et se connaît sous tous ses aspects : le développement intellectuel est achevé ;

---

1. *Éd. Cousin*, t. IV, p. 388-402.

l'esprit, après s'être aliéné et comme perdu, suivant une autre courbe rentrante revient vers lui-même. La conscience du moi est tout à la fois le début connu et le terme de la connaissance, conscience confuse au commencement, claire à la fin. La première est la pensée, la seconde est « la pensée de ce qui nous fait penser ». Les notions fournies par l'une sont connues plus distinctes par l'autre ; mais, au fond, le contenu de l'une et de l'autre est identique.

On le voit, entre les idées générales et les notions, l'apposition est complète.

Les idées générales sont sans objet, comme l'ont bien observé les nominalistes ; les notions ont un objet, comme l'ont reconnu les réalistes.

Les idées générales dépendent dans leur formation de la liberté de notre esprit ; les notions s'imposent à nous, nous ne pouvons les modifier.

Les idées générales sont contingentes, les notions sont nécessaires.

Les idées générales sont le résultat du travail de l'esprit : l'esprit peut se mouvoir sans elles puisqu'il les forme. Les notions sont la condition nécessaire de la pensée ; elles ne lui sont pas seulement unies, elles la constituent. Les supprimer, ce n'est pas immobiliser le sujet, c'est l'anéantir[1].

Nous en trouvons la liste dans la première partie des *Fondements de la psychologie*. Les voici dans leur ordre : La force, la substance, la cause, l'unité et l'identité, la liberté et la nécessité.

---

1. *Science et psychologie*, p. 156-161 ; — *Œuvres inédites...*, t. I, p. 300-303.

La première est la force. Elle dérive immédiatement du fait primitif : c'est la conscience de l'activité du moi.

Cette activité aboutit à des effets différents : elle varie dans ses résultats. Dans son fond, elle est permanente. Elle rencontre, sous toutes les modifications sensibles avec lesquelles elle entre en conflit, un continu résistant, toujours le même : cette activité permanente et cette résistance continue fondent l'idée de substance. En cette idée, pourtant, domine la passivité; par là, elle se rattache plus étroitement à la résistance qu'à l'activité.

La force peut être envisagée dans ses relations avec le terme de son activité : elle prend alors le nom de cause. La cause ne se confond pas avec l'antécédent. L'antécédent est antérieur au conséquent; la cause est contemporaine de son effet : ce sont deux termes relatifs et simultanés, qui se supposent l'un l'autre. L'antécédent est un phénomène, il est perçu par les sens; la cause est inaccessible aux sens, elle n'est directement perçue que par la conscience.

En même temps qu'actif, le moi est un d'une unité essentielle, qui ne peut se résoudre en éléments : il est simple et le type de toute unité.

Il est permanent. Mais il n'y a de permanent que ce que la durée n'atteint ni n'entame, ce qui, au sein du flux perpétuel des êtres, demeure identique. Et, comme cette permanence est celle d'un être qui est un, son identité est absolue. Il faut se souvenir pourtant que cet être n'est pas quelque chose de donné, mais un acte et un acte qui n'est connu qu'au moment où la force qui le constitue entre en conflit avec l'inertie qui lui résiste. Pour que le moi nous apparaisse comme identique, il ne suffit donc pas que l'énergie qui se déploie dans cet acte soit permanente; il faut encore que le terme auquel elle s'oppose le soit aussi. L'idée d'identité, comme celle de substance, a son fondement dans les deux termes qui constituent le fait primitif.

La force une, permanente, n'est vraiment en possession d'elle-même que par la liberté. La liberté est primitive : elle est l'élément primordial et constitutif du moi. Ceux qui la nient la confondent avec le désir, ou, trop peu attentifs à ce qui se passe en eux, ne savent pas, au sein des phénomènes passifs qui l'enserrent, démêler son action. Pour la reconnaître, il suffit de prendre conscience de soi-même. C'est surtout un abus de nier ce fait d'expérience intérieure, au nom de principes à priori qui en dérivent. Ces principes sont solidaires de son existence. Qu'on le supprime, ils disparaissent et s'évanouissent avec lui[1].

La forme de la connaissance vient tout entière du moi. Le sujet est le lien des sensations qui sans lui se disperseraient, désagrégées et disjointes. Mais l'unité qu'il leur apporte ainsi est insuffisante : il se distingue d'elles; elles se détachent de lui. Elles ont besoin d'une unité qui soutienne leur existence et d'une cause qui rende raison de leur succession : c'est encore le moi qui les fournit. Il est et il se connaît; il est sujet et il est objet : ce qui en fait, à deux titres divers, le fondement de la pensée. Il lui donne le sujet en qui elle repose et d'où elle émane, et les notions et les principes qui l'éclairent et la dirigent.

[1]. *Œuvres inédites...*, t. I, p. 246-283.

IV

On discerne maintenant la place qu'il faut assigner à Maine de Biran. Il est et il se dit réaliste et nominaliste ; mais il ne l'est pas à la manière de ses devanciers.

Platon accorde un objet aux idées générales. Il les multiplie outre mesure et les situe dans une région inaccessible et mal définie, mais loin, et au-dessus des ombres au sein desquelles nous nous mouvons. Aristote se refuse à ce dédoublement de la réalité. Pour lui, comme pour son maître, le sensible et l'intelligible sont distincts ; mais ils ne sont pas séparés. Le même objet est sensible par ses modes et intelligible par son essence. Les modes sont multiples, répandus dans l'espace, matériels ; l'essence est une et simple, immatérielle comme l'idée de Platon. C'est l'idée elle-même, non pas déchue, mais descendue du monde imaginaire où elle était reléguée et désormais incarcérée dans les ombres. Elle en est la réalité intérieure : intimement unies, les idées et les ombres sont les deux faces d'un être unique. Nous connaissons les ombres par les sens, les idées par l'intelligence. Nous ne pouvons entrer directement en contact avec celles-ci ; mais les ombres les manifestent : c'est là que nous les voyons. Nous avons la faculté de saisir et de reconnaître l'intelligible dans le sensible, l'absolu dans le relatif, le nécessaire dans le contingent. Les réalistes se réclament de Platon et les conceptualistes d'Aristote. A les bien entendre, ces deux philosophies sont deux formes du réalisme.

Sans se confondre avec elles, Maine de Biran les rappelle l'une et l'autre. Il croit, comme Platon, que nous avons accès dans le monde intelligible. Nous sommes en commerce avec lui, non pas par un retour vers le passé et par le souvenir d'une préexistence mystérieuse, mais par une vue directe, continuelle, contemporaine de l'éveil en nous de la vraie vie, de la vie humaine. Les idées ne sont pas hors de nous, mais en nous. Elles ne sont pas innombrables comme l'avait cru Platon, mais concentrées en une seule qui est notre activité libre, que nous saisissons d'une prise immédiate et puissante. D'elle, rien ne nous échappe : ses limites sont celles même de la conscience.

Cette activité est le fondement de notre être et constitue le sujet pensant. C'est à son image qu'est faite toute réalité. Cette expression est peut-être inexacte. Entre la force qu'est le moi et celle qui gît au fond des choses, objet de la pensée, il n'y a pas de ressemblance, dit Maine de Biran, mais identité. Les modes aperçus par la sensation sont semblables; les activités qui sont situées sous eux, qui les supportent et les produisent, sont identiques[1]. Par là, Maine de Biran semble se rapprocher de Platon et voir entre le moi et les objets cette relation inexpliquée qui lie les idées et les ombres. Nous croyons pourtant que ce n'est là qu'une apparence, une forme de langage un peu étrange, et qu'au fond Maine de Biran, comme Aristote, place en chaque objet, sous les apparences sensibles qui le manifestent, une réalité métaphysique analogue à celle du sujet pensant. Elles ont leur type dans le moi, mais elles sont réelles.

---

1. *Science et psychologie,* p. 159-160.

Comme Platon, Maine de Biran admet une réalité essentielle, type et modèle de tout ce qui est. Mais cette réalité n'est pas au-dessus de nous; elle est en nous, elle est nous-même.

Comme Aristote, il reconnaît que le monde matériel où nous sommes plongés n'est pas une simple apparence; qu'il enveloppe une réalité faite à l'image du moi; que les objets de la sensation ne sont pas des ombres inconstantes et vides, mais des êtres vrais.

Et de même qu'il y a deux formes du réel, il y a deux modes de connaissance : les sens et la conscience. Par les sens, nous atteignons les modes extérieurs et sensibles; par la conscience, l'effort et les notions qui se fondent sur lui. Nous n'aboutissons pas ainsi à deux formes distinctes de connaissance, l'opinion et la science, comme le voulait Platon; mais aux deux éléments d'une science unique : les sens nous en fournissent la matière, et la conscience, la forme.

Cette dernière formule, plus que la précédente, indique le vrai caractère de la théorie biranienne. Elle a, comme nous venons de le dire, des points de contact avec celle des réalistes et des nominalistes. Mais son allure est plus moderne : elle évoque surtout le souvenir de la philosophie de Kant.

Toute connaissance, dit Kant, résulte de deux éléments : la matière et la forme. La matière vient de l'objet, la forme du sujet. La matière, avant son union avec la forme, n'est pas seulement inconsciente; elle n'est ni ne peut être un objet : elle se dérobe par sa nature à toutes les catégories qui sont les conditions de la pensée. La forme est donnée à priori; elle est la condition de la pensée. La pensée ne peut donc s'en dégager ni instituer une enquête sur son origine et son fondement. Il faut se borner à constater qu'elle est donnée et à reconnaître le lien qui l'unit à la pensée. Il n'y a pas de pensée sans forme et la forme ne nous est connue que dans la pensée.

Maine de Biran place la matière, avant son union avec la forme, hors de la conscience; il ne la rejette pas hors de la pensée. La sensation inconsciente n'est évidemment pas l'objet d'une connaissance directe et immédiate; mais une induction légitime nous permet d'arriver jusqu'à elle, de l'ériger en objet, de la penser.

La forme vient du sujet. Elle se résout, elle aussi, en deux éléments : le sujet et les notions qui en dérivent et ne sont que la conscience claire que le sujet prend de lui-même. Le sujet, tel que le pose Maine de Biran, a des ressemblances avec le sujet de Kant. Mais, comme nous l'avons dit plus haut, il est plus consistant et plus ferme. Au lieu d'être le résultat des catégories, il en est le fondement. Et l'unité, qu'il introduit dans la connaissance, il ne l'a pas reçue; il la possède de lui-même. Il n'est pas dérivé, mais primitif : rien ne lui est antérieur.

Il est solidaire des notions; il en est inséparable, comme les catégories le sont du sujet. Et le lien qui les unit, plus solide, est vraiment infrangible. Les notions ne sont pas la condition de la pensée; elles sont la pensée dans son exercice primitif et fondamental; elles sont la conscience que l'activité prend d'elle-même. Cette activité n'existe que par la conscience, et la conscience que par cette activité : ce sont les deux aspects d'un acte unique, éminemment simple. Supprimer les notions, ce n'est pas anéantir la pensée par une voie indirecte, en la privant des formes qu'elle doit nécessairement revêtir ; c'est l'atteindre immédiatement dans son existence et son activité essentielle. Les notions nous sont données en même temps que le moi dans l'acte qui le constitue, et par lui. C'est peu de dire qu'ils sont solidaires ; ils sont identiques.

Le moi est réel et consistant ; les notions en sont la reproduction idéale. Elles ne sont donc pas des formes vides, comme les catégories de Kant ; elles ont un objet accessible et connu, le moi. Par une induction légitime, on les transfère à la nature entière dont elles nous révèlent les dessous. La connaissance, au lieu de se réduire à la série des phénomènes et aux lois à priori qui les lient, nous tire de nous-mêmes et, dès le premier instant, nous met en contact avec l'extérieur ; bien plus, elle nous introduit dans le monde métaphysique qu'on regardait comme clos et nous le fait saisir d'une prise immédiate.

Les notions sont l'élément essentiel de la conscience ; leur objet est le fondement du réel : les lois de la connaissance et les lois de l'être se correspondent. Et, dans cette harmonie, il n'y a rien ni d'illogique ni de mystérieux, puisque ces deux lois dérivent de la même source, naissent du même fait, sont les deux aspects, idéal et réel, d'une seule chose.

Cette conception qui avait paru aller au-devant de la théorie kantienne et semblait pouvoir s'envelopper des mêmes formules, s'en éloigne donc de plus en plus et finit par la contredire. Sans doute, ni le sujet ni l'objet ne sont aussi consistants que, en cette phase de son évolution intellectuelle, l'a cru Maine de Biran. Il a bien dépassé la région phénoménale et trouvé, par la conscience et l'induction, l'activité jaillissante qui la soutient et la produit. Mais il s'apercevra bientôt que cette activité, moins superficielle et moins mobile que les phénomènes, a besoin d'une réalité plus profonde encore pour relier ses intermittences et soutenir son action.

Il essaiera alors de compléter sa théorie des idées par une théorie de la raison et de donner à l'être un fondement plus ferme.

CHAPITRE III

L'UNION DE LA MATIÈRE ET DE LA FORME

I

La matière de la connaissance est la sensation inconsciente; la forme est le moi, et les notions qu'il fonde, l'objet : de l'union de la matière et de la forme résulte la connaissance. Le moi ne se disperse pas dans la sensation; il conserve toujours son unité individuelle. Quelque complexes que soient les opérations dans lesquelles il est engagé, on peut, par l'analyse et la réflexion, le retrouver et le reconnaître : il ne peut déchoir. Il s'empare de la matière, l'élève jusqu'à lui, la concentre en son unité, la revêt de sa lumière.

Il n'y a de connaissance que par lui ; elle s'éteint quand il disparaît. Mais, présent, il peut s'unir d'une manière plus ou moins intime à la matière qu'il pénètre. Son activité, activité qui tend à supprimer la passivité, peut la réduire à son minimum, ou au contraire, se restreignant et se recueillant en elle-même, lui laisser le champ libre : l'activité et la passivité s'allient en des proportions diverses. C'est sur ces variations que se fondent les divers états que Maine de Biran appelle les systèmes.

Il y en a quatre : le système affectif, le système sensitif, le système perceptif et le système réflexif.

Le premier est caractérisé par l'absence du moi : c'est la vie de l'animal; c'est, en nous, la vie réduite à la sensation, avant l'éveil de la vie consciente.

Dans le second, le moi apparaît avec l'effort. Il se réduit au rôle de spectateur : il fournit aux sensations un centre et une unité; mais il les laisse se succéder, d'après leur loi, sans intervenir dans leur suite ni en prendre la direction.

Avec le troisième, le moi, sortant de son rôle de spectateur, meut les organes des sens, les fixe sur leur objet, s'empare ainsi de la sensation qu'il fait varier à son gré, et se rapproche de la pleine activité, de l'indépendance absolue; mais il n'y parvient pas encore. Dans la sensation, en effet, quelque soumise qu'elle soit au mouvement des organes et à l'action de la volonté, le moi demeure toujours partiellement passif et comme dominé par l'objet.

Il s'en délivre dans le dernier système. Là le sujet, se prenant lui-même pour objet, est totalement affranchi; il arrive du même coup à supprimer toute passivité et toute servitude. L'évolution intellectuelle débute par la conscience du moi, et c'est à cette conscience qu'elle se termine. La conscience du moi se trouve ainsi placée à l'origine et au terme de la connaissance. Elle ne demeure pourtant pas stationnaire. Quand après s'être aliénée, spectatrice d'abord, puis cause partielle, mais vraiment active de la sensation, elle revient sur elle-même, elle se retrouve plus nette, plus pleine [1].

Ce n'est pas du premier coup que Maine de Biran est arrivé à cette division; mais il y tend dès le début : elle résume et précise les divisions confuses et innombrables qui l'ont précédée. Plus nette, elle est aussi mieux fondée. Elle nous fait pénétrer le système et de plus elle correspond aux étapes que parcourt naturellement toute pensée : la simple veille où le moi est le témoin de sa propre vie, se distingue de l'attention, et celle-ci de la réflexion où la pensée, rappelée sur elle-même, se concentre pour se mieux connaître.

Entre le second et le troisième systèmes, le système sensitif et le système perceptif, il n'y a pas de différence essentielle : dans l'un et dans l'autre, la connaissance se fonde sur le même sujet et s'adresse au même objet. L'activité du moi est sans doute ici plus grande et plus concentrée; mais là aussi on la retrouve, puisqu'elle est l'élément constitutif du moi. C'est pourquoi, dans les *Nouveaux essais d'Anthropologie*, qui sont comme le testament philosophique de Maine de Biran, cette division a disparu. Après l'avoir indiquée, nous n'y insisterons donc pas ; et, comme ce qu'il y a de fondamental dans le système sensitif et dans le système réflexif a déjà été développé dans les chapitres précédents, il ne nous reste plus qu'à indiquer ce qui provient de l'union de la sensation et du moi, de la matière et de la forme. Nous le ferons sans entrer

---

1. *Œuvres inédites...*, t. II, p. 5-9.

dans les analyses délicates, quelquefois artificielles, mais toujours précises et ingénieuses de la seconde partie de l'*Essai sur les Fondements de la psychologie :* nous nous en tiendrons aux résultats essentiels.

II

En dehors de l'effort qui constitue le moi et par où débute nécessairement toute connaissance, il y a deux objets à connaître : le monde qui est hors de nous et le passé qui est hors du présent. Pour les atteindre et l'un et l'autre, il faut franchir une distance, là dans l'espace, ici dans le temps. Comment y parvenons-nous?

Avant d'entrer dans le détail de ces opérations, il convient de marquer la position prise par Maine de Biran. Pour lui, la question ne se pose pas comme pour Descartes. Il ne s'est pas enfermé dans un moi abstrait, situé dans la substance, objet d'une idée immobile, si distinct et si séparé de la matière qu'il paraît impossible de mettre en relation des réalités si hétérogènes et qu'il faut faire appel à la puissance de Dieu pour suppléer leur action; il a pris pour point de départ le fait primitif. Ce fait enveloppe deux éléments : la force active qui est le moi et l'inertie résistante qui est le non-moi. Leur relation n'est donc ni un problème ni une question; mais une donnée, la donnée fondamentale, celle par où l'on explique tout et sans laquelle il n'y a ni intelligence ni sujet.

Dès le début, le non-moi s'affirme en même temps que

le moi, connaissance rudimentaire. Il faut expliquer comment de là nous allons à la connaissance distincte de notre corps, du monde et des êtres multiples qui le composent[1].

Rappelons d'abord les éléments que le moi doit mettre en œuvre, la matière qu'il lui faut revêtir de sa forme.

La vie inconsciente précède la vie consciente. Quand celle-ci apparaît, elle trouve toute préparée la matière dont elle va s'emparer.

Cette matière est la sensation brute, dépourvue de situation fixe dans l'espace et le temps. Ici, dans l'*Essai sur les Fondements de la psychologie*, Maine de Biran la nomme affection, et ailleurs, dans les *Nouveaux essais d'Anthropologie*, sensation. Sa langue philosophique manque un peu de fixité. Sur ce point cependant ses idées n'ont pas varié : il a toujours admis, antérieure à la conscience, une vie inconsciente.

Les affections se divisent en affections proprement dites et en intuitions.

Les premières sont intérieures, se confondent avec le sentiment de la vie et le modifient. Elles sont générales ou particulières : celles-là résultent des impressions faites sur les organes internes ou sur les extrémités nerveuses des sens externes, tant que ces impressions n'excitent et n'éveillent que le sens vital ; celles-ci sont le produit d'une excitation reçue, élaborée et transformée par les sens spéciaux.

---

1. *Œuvres inédites...*, t. I, p. 245.

Les intuitions sont orientées vers le dehors : elles reflètent et redoublent en une image les objets qui les éveillent et les produisent. Moins confuses que les affections, elles enveloppent un élément apte à s'unir au moi et à s'étaler dans l'espace et le temps pour produire la connaissance distincte.

Les affections et les intuitions ne disparaissent pas tout entières ; elles laissent après elles des traces : les affections des attraits et des répugnances, les intuitions des images qui réapparaissent dans leur ordre primitif ou dans des combinaisons nouvelles et fortuites[1].

Tels sont la matière et l'instrument de la connaissance.

Le premier acte du moi, quand il surgit, c'est de se distinguer de cette vie animale inconsciente. Il est étrange que Condillac ne l'ait pas vu ; il l'est plus encore qu'il n'ait pas senti qu'il y a une distinction essentielle, irréductible, entre le moi et les intuitions, le moi qui est simple, situé par nature au-dessus et en dehors de l'espace, et les intuitions dont la multiplicité simultanée requiert une étendue où elle s'étale. La confusion de ces deux éléments de la conscience, le moi et l'intuition, n'est pas seulement fausse ; elle est inintelligible[2].

Détachées du moi, les sensations vont-elles demeurer suspendues dans l'espace, flottantes comme en un rêve? Non; ce serait un retour partiel à la doctrine de Condillac qui définit la substance une collection de modes. Maine de Biran n'a rien gardé de sa première doctrine.

---

1. *Œuvres inédites...*, t. II, p. 1-32.
2. *Ibid.*, p. 48-50.

Il conçoit le non-moi à l'image du moi : tous les modes perçus se rattachent à une force, comme la pensée à l'effort ; tous reposent en une substance comme la pensée sur le moi[1].

Il faut voir en détail comment, dans le non-moi qui lui est donné en même temps que lui-même, le moi parvient à discerner le corps qui lui est uni ; dans ce corps, à mesure que se fractionne l'effort, les parties qui le composent ; et, par lui, les autres corps.

Toutes les substances sont également étrangères au moi, situées hors de son enceinte. Il en est une cependant à laquelle il faut faire une place privilégiée et qui, quoique extérieure, est intimement unie à l'effort, à savoir notre propre corps. Le corps nous est un obstacle ; mais aussi un appui, notre intermédiaire obligé pour nous mettre en relation avec les autres corps, pour subir leur influence et les mouvoir : il est comme un prolongement du moi.

Par lui débute notre connaissance. Il s'affirme d'abord comme une résistance confuse à l'action de l'effort ; il est perçu par une sorte de tact, dans un espace analogue, mais non identique, à celui que plus tard nous trouverons mêlé à nos intuitions[2]. C'est là que, avec le temps, nous apprenons à situer les parties de notre corps : celles qui sont aux ordres de la volonté y prennent, dès que nous sommes parvenus à les mouvoir, une place précise ; les autres, immobiles ou mues par des forces réfractaires à la direction de l'effort libre, res-

---

1. *Œuvres inédites...*, t. II, p. 111-112.
2. *Ibid.*, t. I, p. 235.

tent toujours dans une position mal définie. Nous nous faisons de la sorte une représentation de notre corps vu de l'intérieur, un atlas où l'on distingue deux zones inégalement éclairées [1].

Par notre corps, nous entrons en relation avec les corps étrangers. Comme l'effort se heurte à l'inertie des organes et des membres, les membres qui ont cédé à l'impulsion de la volonté se heurtent à l'inertie des corps étrangers : du conflit de l'effort et de l'inertie des membres résulte la connaissance du moi et de l'organisme ; de la lutte de nos membres et des corps étrangers naît la distinction de ces mêmes corps.

Cette dernière démarche de la pensée est-elle aussi assurée que la première ? Le moi nous est intérieurement connu ; tout ce qui s'oppose à son action est le non-moi : nul doute ne peut atteindre ni entamer la certitude de ce fait de conscience. Mais, quand le mouvement de nos membres est arrêté dans son trajet, ne peut-il pas y avoir à cet arrêt d'autre cause que la rencontre d'un corps étranger ? Pourquoi ne tiendrait-il pas tout simplement à ce que notre énergie physique se trouve épuisée ?

L'expérience suffit à lever ce doute.

Dans les arrêts que subissent nos membres en mouvement et que nous attribuons à des corps étrangers, nous éprouvons simultanément deux sensations : l'une de pression, l'autre de résistance. Si ces deux sensations étaient en raison directe de l'effort, nous pourrions les attribuer, avec quelque vraisemblance, à une inertie organique nor-

---

[1]. *Œuvres inédites...*, t. I, p. 236-237.

male ou accidentelle; la pression, et par suite la résistance, serait la réponse de l'organe à l'effort qui tendrait à le porter hors des limites qu'il ne peut dépasser. Mais, si cette proportion est rompue, si la pression grandit quand l'effort s'atténue, elle n'est évidemment plus le résultat du conflit de l'organe et de l'effort; elle est indépendante de l'un et de l'autre : elle a une cause extérieure [1].

De plus, le moi, interprétant toutes les résistances qu'il rencontre, place au-dessous d'elles, par une induction naturelle, des forces analogues à celle qui le constitue lui-même. Il nous est difficile de percevoir la résistance pure, sans mélange, comme le moi : elle se trouve toujours engagée dans d'autres sensations tactiles. Mais, par abstraction, nous pouvons l'isoler; nous le pourrions, par l'expérience, si nous entrions en contact avec le monde par une extrémité réduite à un point simple, par exemple un angle aigu. La perception, ramenée alors à ce qu'elle a d'essentiel, le moi et la résistance, serait le rapport et la réplique de deux forces. C'est là l'élément substantiel, le centre autour duquel vont se réunir et sur lequel vont s'appuyer les sensations [2].

Les sensations internes et générales se situent dans cette partie du corps mal connue, parce qu'elle est soustraite aux directions de la volonté; et la place qu'elles y occupent demeure imprécise et vague [3].

Les sensations internes et particulières sont rapportées aux

1. *Œuvres inédites...*, t. II, p. 107-111.
2. *Ibid.*, p. 111-113; *ibid.*, p. 133-134.
3. *Ibid.*, p. 43.

divers organes qui, mobiles à volonté, peuvent être mieux connus. Chacun de nos sens est le siège d'une sensation spéciale et le tact est répandu sur toute la surface du corps[1].

C'est aussi dans les sens que les intuitions ont leur siège. Elles sont intimement unies aux sensations internes particulières. Elles forment souvent avec elles un phénomène unique, phénomène à deux faces, l'une subjective qui nous fait connaître à nous-mêmes les modifications de notre sensibilité, l'autre objective qui se réfère aux objets extérieurs et nous révèle leur nature.

Ce n'est point que la sensation affective n'ait aucune relation avec le monde extérieur. Elle y est rattachée, ainsi que l'intuition, mais d'une manière différente. Elle est rapportée à l'objet qui la détermine comme à sa cause, l'intuition comme à sa substance. Celles-là sont retenues dans le corps vivant et sensitif; celles-ci en sont détachées : nous les fixons sur le contenu résistant que l'exercice du tact nous a révélé [2].

De là résulte la distinction des qualités premières et des qualités secondes : les qualités premières sont la résistance et ce que la résistance suppose, l'impénétrabilité et l'inertie; les qualités secondes, projetées hors de nous et fixées sur la substance, sont les couleurs, les qualités tactiles, les sons. C'est à tort que Descartes a rangé parmi les affections les sensations de chaleur, de saveur, d'odeur : elles ont leur cause dans les objets, bien qu'elles nous fassent surtout connaître les modifications de notre sensibilité [3].

---

1. *Œuvres inédites...*, t. II, p. 44.
2. *Ibid.*, p. 134.
3. *Ibid.*, p. 134-136.

III

Le moi et le non-moi nous sont donnés dans le fait primitif qui est le fondement de la vie consciente. Quand il s'éveille, le moi n'est pas concentré en lui-même; il a le regard ouvert sur ce qui n'est pas lui. Mais pourtant sa vue est restreinte. Elle peut s'étendre, atteindre non seulement la surface brillante et mobile du monde, mais encore ce qui la soutient, les énergies qui la produisent et les substances qui la supportent.

Il a une puissance plus étonnante encore : il se retourne vers le passé, le sonde, lui aussi, et, des profondeurs où il paraissait enfoui, le ramène sous son regard. Ce pouvoir lui est propre; il est inaliénable : il n'y a pas de souvenir sans moi.

L'animal ne se souvient pas, ni l'enfant avant l'éveil de la vie consciente. En eux pourtant se déroule tout un jeu intérieur d'images et de tendances qui simulent le souvenir, le suppléent en certains cas, mais ne se confondent pas avec lui.

Dans la vie inconsciente, qui constitue le système affectif, un événement intérieur ne disparaît pas sans laisser de vestige : en un point quelconque de son existence, l'état de l'être vivant est le résultat de toutes les modifications antérieures qu'il a subies; et les intuitions immédiates laissent d'elles, soit dans l'organisme soit dans la sensibilité, des traces plus nettes. Il y a là des impressions que mille causes soit intérieures soit extérieures peuvent raviver, et des images qui peuvent renaître. En cette renaissance, elles se déroulent suivant « le même ordre successif ou simultané qu'avaient, dans le sens externe, les intuitions premières dont elles sont la trace », ou en apparence, à l'aventure. Dans ce dernier cas, leur apparition est déterminée par les lois de l'association, qui désagrègent les composés naturels dont elles faisaient partie, pour en former de nouveaux.

Ce réveil des impressions primitives et cette réapparition des images, ce mécanisme intérieur, décrit avec tant d'exactitude et de précision par les philosophes modernes, n'est-il pas le souvenir? Non. C'est le passé sans doute qui réapparaît, ou, pour être plus exact, c'est un événement présent qui se rattache à un événement passé; mais cette relation n'est pas connue. Pour qu'elle le soit, il faut non seulement des intuitions qui renaissent en images; mais encore un moi qui, par sa présence, ait rendu ces intuitions conscientes, qui les ait reliées aux images et se retrouve dans celles-ci, comme il a été dans celles-là. « Nous ne nous souvenons que de nous-mêmes, » dit Maine de Biran. Cette parole résume sa doctrine et nous y fait entrer d'un coup [1].

Comme il se perçoit directement dans l'effort, le moi se reconnaît fixe à travers le flux des modes. Cette fixité, Locke l'a dérivée de la mémoire. Cercle manifeste ; l'identité du moi est le support de la mémoire : pour remonter dans sa vie passée, il faut que cette vie soit réelle, réelle surtout dans son fondement qui est le sujet. Il est vrai que,

---

1. *Œuvres inédites...*, t. II, p. 33-34; *ibid.*, p. 140.

si la mémoire ne donne pas naissance à l'identité concrète, elle nous en fournit l'idée. Pour se souvenir, il faut être identique à soi-même ; mais, pour connaître cette identité, il faut se souvenir : la notion d'identité est l'image que laisse d'elle-même l'identité du moi.

Cette perception du moi, se perpétuant dans la durée, est immédiate. Elle ne vient pas d'une comparaison entre une impression actuelle et une impression passée ; l'identité du moi se révèle de soi. C'est de là que procède ce « sentiment de durée uniforme qui n'admet d'elle-même aucune variété, et à laquelle se réfère tout temps réglé et déterminé, comme tout nombre se réfère à l'unité fondamentale, antécédent fixe et invariable des rapports successifs dont chaque nombre est un conséquent [1] ».

La vie affective, placée hors du moi, ne donne pas prise au souvenir; elle n'en fournit que la matière. Le moi conscient, même après des intermittences de sommeil, se retrouve identique à lui-même et se reconnaît. Entre l'inconscience absolue de l'une et la pleine conscience de l'autre, s'échelonnent des intermédiaires : les phénomènes qui forment la trame de la vie inconsciente envahissent le domaine de la mémoire dans la mesure où le moi les pénètre. Nous allons donc trouver ici des divisions correspondantes à celles rencontrées plus haut. En allant des affections internes aux intuitions, des intuitions aux perceptions et des perceptions de la vue et de l'ouïe à celles du tact, il y a un progrès continu dans la connaissance : le moi y devient plus actif, il se distingue de plus en plus des modes,

---

1. *Œuvres inédites...*, t. II, p. 52.

les détache de lui et les érige en objet. Nous retrouvons le même progrès, dans le même sens et pour les mêmes causes, dans le souvenir.

Nous ne nous souvenons pas de nos affections.

Privées de siège reconnaissable et d'intensité fixe, elles nous semblent toujours nouvelles : elles n'ont rien qui les rattache à notre vie antérieure et porte la marque du vécu. Nous nous souvenons sans doute d'avoir éprouvé des impressions innombrables; nous ne sentons pas le besoin d'identifier une impression présente avec une impression passée et nous n'avons nul moyen d'y parvenir [1].

Il n'en est pas de même des intuitions. Elles ont un siège, l'organe. Elles y laissent une trace apte à reproduire, dans le centre organique, une image. Cette image est nette : elle a pénétré dans la conscience et a été associée au moi; elle peut être distinguée et reconnue quand elle réapparaît [2].

Elle peut renaître en nous par des causes accidentelles; elle le peut aussi par le retour de la sensation, cause de l'intuition. « Celle-ci, en redevenant présente, coïncide avec son image; le modèle ou original qui frappe de nouveau le sens externe vient se comparer et, pour ainsi dire, se patroner avec la copie préexistante dans l'imagination; pendant que la conscience actuelle du *moi* se joint à l'intuition répétée, la réminiscence et la conscience du *moi* passé se joint à l'image [3]. » De là une comparaison rapide : nous reconnaissons simultanément et la ressem-

---

1. *Œuvres inédites...*, t. II, p. 56.
2. *Ibid.*, p. 59.
3. *Ibid.*, p. 60.

blance des deux images et l'identité du moi qui les supporte.

Mais cette ressemblance ne suffit pas à fonder le souvenir. Nous en retenons une dans le présent, nous rejetons l'autre dans le passé. Pourquoi? Est-ce parce que l'une nous paraît plus faible et l'autre plus forte? Mais il y a des images faibles qui ne sont pas des souvenirs et des souvenirs qui ne sont pas des images faibles. Quelle raison avons-nous donc de rejeter en arrière l'un des deux états donnés? Entre nous et un objet lointain, il y a l'espace que nous pouvons mesurer en le parcourant, mais qu'avant toute mesure précise nous percevons comme déterminé dans sa nature. De même, entre une intuition présente et une intuition passée, il y a une durée qui se révèle à nous dans la conscience que nous prenons de l'identité du moi. C'est grâce à cet intermédiaire que nous pouvons disposer nos représentations dans le temps : nous rapportons chacune d'elles au point de la durée où elle est éclose et où par son éclosion même elle a marqué sa place[1]. L'objet du souvenir commence ainsi à se détacher du moi. Il s'en détache tout à fait quand nous avons uni l'image, résultat de l'intuition, à la sensation de résistance, révélatrice de la force permanente. Dès lors, comme celle du moi, nous percevons, sous la ressemblance des images, l'identité de l'objet[2].

Jusqu'ici le moi est réduit au rôle de spectateur : il reconnaît les images qui réapparaissent, il ne les évoque pas. Il y a un degré supérieur de mémoire qui est à la

---

1. *Œuvres inédites...*, t. II, p. 61-62.
2. *Ibid.*, p. 151.

perception ce que la mémoire passive que nous venons de décrire est à l'intuition. Le moi n'attend pas le retour spontané ou fortuit des images; il les appelle, les dirige, les conduit. Mais sa puissance évocatrice est resserrée dans les mêmes limites que sa volonté : il ne peut rappeler que ce qu'il a pu produire. De là vient la situation éminente qui est faite aux intuitions et aux images, résultat du contact : comme la main qui nous les procure est mobile à volonté, nous pouvons, même en l'absence de l'objet, reproduire le mouvement qui accompagna la perception et, par suite, en ramener l'image devant le regard de notre esprit. Toutes celles qui nous arrivent par les autres sens resteraient en un rang secondaire, si elles n'étaient associées à la parole. L'articulation des mots ne dépend pas moins de nous que les mouvements de la main; nous les proférons à notre gré et, par eux, nous faisons réapparaître les images qui leur sont unies [1].

Il n'y a de souvenir que s'il est reconnu comme passé; et il n'est reconnu comme tel que s'il est uni à un des moments antérieurs de l'existence du moi, dont la durée est immédiatement perçue. Ceux qui prétendent qu'il suffit, pour qu'un état de conscience nous apparaisse comme passé, qu'il soit faible, se trompent. La faiblesse d'une sensation peut être le signe de son éloignement dans le temps comme elle l'est de sa distance dans l'espace. Mais le signe, s'il peut éveiller l'idée de la chose signifiée, ne peut la suppléer, encore moins la supplanter. Si nous ne

---

[1]. *Œuvres inédites...*, t. II, p. 245-255.

percevions pas directement la durée, nous ne la connaîtrions pas, et nul signe n'en pourrait éveiller l'idée.

Entre la théorie de Maine de Biran et celle de Condillac à laquelle était réservée de nos jours une fortune inattendue, le contraste est saisissant et l'opposition complète. Nous ne nous souvenons que du moi, dit Maine de Biran, et par lui de notre vie passée. Il y a en nous des images, disent les continuateurs de Condillac : fortes, elles nous paraissent présentes; et faibles, passées. D'après l'un, la continuité du moi et la connaissance que nous en avons, est primitive comme le moi lui-même; d'après les autres, elle est dérivée : elle résulte de la succession des sensations. De plus, d'après l'un, le souvenir nous permet de reconnaître, non seulement des états de conscience, mais des objets auxquels nous attribuons une identité semblable à la nôtre; d'après les autres, nous sommes murés dans le sujet, nous n'en pouvons logiquement sortir et le monde que nous construisons demeure hypothétique.

CHAPITRE IV

LA CROYANCE

I

Quand il publia les œuvres de Maine de Biran, en 1834, publication bien superficielle et bien incomplète, Cousin signalait, dans la doctrine de celui qui avait été son maître, une lacune grave : il n'y avait pas de théorie de la raison. A la pensée, il faut un sujet sans doute. Il lui faut de plus un fondement qui dépasse le sujet, plus haut, plus consistant, immuable. Pour ne l'avoir pas découvert, Maine de Biran, s'il avait vécu, en aurait été réduit à chercher, comme toutes les âmes lassées du doute, un abri dans le mysticisme. Le restaurateur du moi et de l'énergie active aurait clos sa vie intellectuelle par un coup de désespoir et abdiqué simultanément l'autonomie du sujet et les droits de la raison au profit de la foi. Cousin le pressentait ; et l'on ne saurait dire ce qui lui paraissait le plus regrettable, ou de cette lacune essentielle, ou de l'abdication finale qui en était la conséquence nécessaire.

Pour appuyer ces pronostics, il avait quelque chose de plus sûr que ses pressentiments, le journal intime, où, avec sa franchise habituelle, Maine de Biran tient à jour l'état de son âme, marque les étapes successives de sa journée et fixe le terme où elle est parvenue. Cousin le connaissait. Il y avait vu la foi qui, vers la fin, éclate à toutes les pages; il pouvait prophétiser à coup sûr.

Il s'est trompé pourtant. L'abdication de la raison n'y est pas si complète qu'il se croyait en droit de l'annoncer; de plus, elle ne résulte certainement pas de la lacune qu'il signale. Si Maine n'accepte pas la théorie de la raison impersonnelle, s'il rejette et combat l'intuition intellectuelle, il a du moins une théorie de la raison, théorie qu'il a conquise, comme toute sa doctrine, par ses propres efforts.

Son attention, sans doute, a été éveillée par le milieu dans lequel il vivait. Il connaissait Cousin, « le jeune Cousin », uniquement préoccupé du problème de l'origine des idées, du fondement de la certitude; et Ampère, surtout Ampère qui, avec son ardeur coutumière, son prosélytisme naïf et inquiet, voulait le gagner à la théorie des relations. Maine de Biran était trop ouvert au doute sur sa propre doctrine, trop soucieux de vérité, pour refuser de les entendre. Il était aussi trop indépendant, non par une sorte d'orgueil mal entendu, mais par les habitudes d'un esprit chercheur, actif, original, pour recevoir la vérité toute faite. Mais s'il n'acceptait pas la solution du problème, il en accueillait volontiers les données.

Du reste, même sans ce secours extérieur, il eût été conduit jusque-là par les lacunes de son système et le mouvement naturel de sa pensée. La cause une fois trouvée, il ne pouvait pas ne pas s'inquiéter du principe de causalité. Nous sommes des causes actives; ce concept découvert, nous le transportons hors de nous, et, au-dessous de la résistance directement perçue, nous plaçons une force analogue à la nôtre : pourquoi? Nous allons plus loin. Même en l'absence de toute résistance, nous déclarons que, derrière chaque phénomène qui commence, il y a une réplique de cette force dont nous trouvons le type en nous : pourquoi encore? Parce que tout ce qui commence d'exister a une cause? Mais sur quoi se fonde ce principe? Cette question le préoccupe; et, dans les *Fondements de la psychologie,* il a essayé de la résoudre ou plutôt de s'en débarrasser. Hume, dit-il, et tous ceux qui nient le principe de causalité, s'en prennent à la cause. Et, s'ils parviennent à montrer qu'elle est inaccessible en nous, comme hors de nous, ils se tiennent pour assurés que le principe de causalité n'a ni fondement ni valeur. Il suffit donc, continue-t-il, pour lui rendre sa valeur et lui trouver un fondement, d'établir qu'ils se trompent et que nous avons conscience de la cause. Il triomphe trop aisément, mais le problème est posé dans son esprit. Il y a introduit une inquiétude. La réponse qu'il y faisait alors, valable peut-être contre ses adversaires habituels, était insuffisante. Il ne pouvait pas ne pas le sentir; et le tour qu'il lui donnait, plus polémique que dogmatique, montre qu'à cette date il le sentait.

En outre, le monde et même le moi, tel qu'il l'avait conçu, était bien inconsistant et bien fragile. Sans doute, il avait pénétré plus avant que les sensualistes, reconnu autre chose qu'une double série de modes inertes et de sensations inactives. Sous ces modes et sous ces sensations, gît la force qui explique leur apparition, leur donne la cohésion et l'unité et fournit un fondement à l'opposition du moi et du non-moi. Mais l'action de cette force n'est pas ininterrompue. Pendant ses interruptions, que devient-elle? Si elle disparaît pour renaître, la durée de l'être est brisée et l'existence du moi, comme celle du monde, demeure fragmentaire et intermittente; si elle persiste, elle est donc autre chose qu'une force agissante. Qu'est-elle?

Il faut ajouter que, pas plus que Condillac, Maine de Biran n'avait jamais douté de l'existence de l'âme. Il l'admettait; et si, comme Condillac encore, il ne la fait jamais intervenir ni dans sa première ni dans sa seconde philosophie, c'est qu'elle était étrangère au but de ses recherches. Il était en quête du sujet, tel qu'il nous est donné dans l'expérience; et, si l'âme en est la condition métaphysique et lointaine, elle n'est pas un fait d'expérience : en elle-même, dans son fond intime, permanent et immobile, elle ne peut tomber sous les prises de la pensée. Mais le moment devait nécessairement venir, où Maine de Biran se demanderait pourquoi il acceptait l'existence de cette âme. De plus, ces deux réalités juxtaposées, le moi conscient et l'âme inconsciente, si elles étaient certaines l'une et l'autre, ne laissaient point voir encore quelle relation elles avaient entre elles.

Un esprit vraiment philosophique ne pouvait ni se dérober à ces problèmes, ni leur donner une réponse sans faire une théorie de la raison.

Il semble enfin que la dernière partie de son *Essai sur les Fondements de la psychologie* réclame, si elle ne l'annonce pas encore, une philosophie plus haute. Maine de

Biran a pris peu à peu une conscience plus nette de sa théorie de l'effort. L'effort est la condition du moi; il n'existe que s'il est connu; nous en avons conscience dès que nous nous sentons être. Mais cette conscience originelle est obscure. Au-dessus d'elle, il en est une autre, plus claire, plus analytique, plus réfléchie. Elle constitue le système réflexif : c'est le retour de la pensée sur elle-même, une pensée supérieure qui a pour objet la pensée et qui l'étudie dans ses éléments. Suivant la formule exacte et précise de Maine de Biran : « Nous pensons ce qui nous fait penser. » Dans cet examen, il devait nécessairement se heurter aux difficultés que nous venons d'indiquer. C'est une tendance spontanée de notre esprit de transférer aux choses la cause que nous sentons en nous et de situer, au delà du phénomène, une substance qui est leur support; c'est par là que nous introduisons dans les phénomènes l'unité et la cohésion qui leur sont nécessaires : c'est par là que nous pensons. En étudiant ce qui nous fait penser, Maine de Biran devait chercher le fondement de cette tendance; il y est venu en effet. Il n'a pas donné la dernière main à sa théorie. Ce qui nous en reste est moins un ouvrage complet que des notes; mais des notes copieuses, abondantes, et où il est aisé de démêler sa solution.

II

Notre expérience est courte et bornée. Elle est moins infirme, il est vrai, que ne l'ont prétendu les idéologues : les phénomènes ne lui sont pas une barrière. Mais elle rencontre vite les limites qu'elle ne peut franchir. Au delà, s'étend une région vaste, illimitée, infinie : c'est l'océan dont a parlé Spencer, qui enveloppe le monde, qui ne vient pas seulement battre ses rives, mais qui le pénètre en tous sens. Nous est-il fermé? n'avons-nous ni barque, ni voile pour l'explorer? Maine de Biran ne le croit pas.

Il s'est mis pourtant, il faut le reconnaître, dans une situation difficile et s'est barré comme à plaisir tous les chemins qui conduisent à l'absolu. Il n'y en a que deux : la déduction et l'enquête expérimentale, l'un plus prompt, l'autre plus sûr. Il a condamné celui-là et s'est engagé dans celui-ci. Entre Descartes et Condillac, il a pris parti décidément pour ce dernier. Plus fidèle que lui à sa méthode, il l'a rendue plus féconde, il a recommencé sur un plan meilleur son entreprise et l'a menée à son terme. L'expérience l'a conduit jusqu'à l'effort et lui a fait découvrir la force. Elle s'arrête là. Mais alors comment s'y prendre pour pénétrer plus avant?

Quelque parti d'ailleurs que l'on choisisse, il est malaisé de réussir. L'entreprise paraît contradictoire. De quoi s'agit-il en effet? De connaître la substance, l'âme, en un mot l'absolu, tel qu'il est en lui-même, hors de toute relation. Comment saisir dans une relation l'être tel qu'il est hors de toute relation? Comment connaître par la pensée un objet tel qu'il est hors de la pensée? Ne faudrait-il pas tout à la fois se porter vers lui et s'en éloigner, le connaître et l'ignorer[1]?

Il y a un moyen terme. L'absolu échappe à nos prises :

---

1. *Science et psychologie*, p. 185-194.

nous ne pouvons l'atteindre par la connaissance. Mais nous arrivons jusqu'à lui par la croyance.

Qu'est-ce la croyance ? Maine de Biran ne la définit pas ; mais il en indique les éléments d'une manière assez précise pour qu'on puisse entendre sa pensée. Il y a pour lui une distinction essentielle entre connaître et croire : ces deux opérations de l'esprit diffèrent l'une de l'autre et par leur objet et par leur nature.

L'objet de la connaissance est le monde phénoménal auquel il faut ajouter la force active qui le produit, mais qui elle aussi est un fait, bien que plus profond et plus riche que les autres ; l'objet de la croyance, c'est ce qui est situé au delà des phénomènes et même de la force.

Nous connaissons hors de nous des qualités premières, des qualités secondes et la résistance autour de laquelle elles se groupent ; nous croyons à une substance matérielle.

Nous avons conscience de notre pensée, nous connaissons le moi et l'effort qui le produit, ou mieux, le constitue ; nous croyons à l'âme.

L'âme, la substance cosmique sont des absolus ; la pensée, le moi, les qualités sensibles de l'être et la résistance sont relatives et contingentes : ces deux sortes d'objets sont distinctes.

L'acte par lequel on les atteint, l'est encore davantage. Entre le moi et la conscience qui le connaît, il y a quelque chose de plus qu'une relation immédiate, il y a une identité ; l'existence de notre propre corps nous est donnée dans le même fait que le moi ; les corps extérieurs nous sont connus par un contact immédiat.

Entre la substance et la pensée ou le moi, nulle relation

n'est possible [1] : elle est hors de notre portée. On a prétendu que nous pouvions l'atteindre directement, quelque distante qu'elle paraisse; et l'on a donné à cette opération merveilleuse le nom d'intuition intellectuelle. Mais l'esprit de système ne peut prévaloir contre les faits : nous ne savons rien directement, du moins rien de précis, ni de la substance cosmique ni de l'âme. Et, si elles nous étaient données dans une intuition, il faudrait bien reconnaître que cette intuition est aveugle [2].

Ces idées que Maine de Biran appelle tantôt des croyances tantôt des notions, ne sont pas le résultat d'une élaboration de l'esprit, de l'abstraction et de la généralisation. L'abstraction, nous l'avons déjà vu, appauvrit les données qui lui sont fournies par la sensation ou la conscience : sa tendance est de les vider entièrement et d'élargir l'hiatus qui, dès la première démarche, les sépare du réel.

Les croyances, loin de s'éloigner du réel, s'en rapprochent; loin d'appauvrir les données des sens ou de la conscience, les enrichissent; loin de les atténuer, les amplifient.

Mais, si l'intuition intellectuelle est un mythe, si l'abstraction ne peut nous donner les croyances, si de plus entre leur objet et nous, il y a comme un fossé, quel moyen de le franchir? Quelle est cette opération que Maine de Biran appelle la croyance?

C'est une inférence immédiate, une induction, au sens platonicien : elle part du fait individuel et relatif, pour s'élever d'un bond à la notion universelle et absolue. Le

---

1. *Science et psychologie*, p. 169-170.
2. *Ibid.*, p. 186.

fait n'est ni la matière éloignée, ni, en un sens quelconque, l'objet de cette notion ; il fournit une base d'élan à l'esprit qui, par une détente spontanée, dépasse le niveau de toute expérience. Ce procédé naturel et hardi, Maine de Biran le reconnaît et le décrit à peu près comme Platon. Mais il s'éloigne de lui quand il s'agit d'en faire la théorie et d'en expliquer le mécanisme. Il rejette l'innéité, à plus forte raison la réminiscence et la vie antérieure qui la fonde. Pour aller du relatif à l'absolu, la pensée a pourtant besoin d'appuis qui soutiennent et dirigent son essor. Il y en a deux : les notions et les principes. Les notions sont comme des formes vides qui élèvent à l'absolu les données de la conscience ou des sens. C'est par l'union de ces deux éléments, l'un à priori, l'autre expérimental, que la notion est formée et complète. Sans l'élément à priori, le fait demeure contingent et relatif; sans le fait expérimental, l'élément à priori est vide et aveugle[1] : il ne met à notre disposition aucune connaissance positive.

Les notions ne nous seraient d'aucun profit et resteraient hors d'usage, si elles étaient détachées de l'expérience. Elles lui sont unies et unies d'un lien infrangible. Cette liaison constitue les principes ; et c'est par eux que nous pouvons aller du phénomène à la substance, de l'effet à la cause.

La pensée de Maine de Biran, il est aisé de le voir, a subi une modification profonde. En sa première théorie, les notions n'étaient que la conscience du moi. Entre elles et leur objet, l'adéquation était parfaite. Il n'y avait rien

---

1. *Science et psychologie*, p. 168-169.

de plus dans la notion que dans le moi : celle-là était le redoublement idéal de celui-ci. Quant aux principes de substance et surtout de causalité, il en était à peine question. Pour les détruire, les sensualistes s'étaient contentés de montrer que les idées de substance et de cause n'avaient pas d'objet. Maine de Biran paraissait croire qu'il suffisait de retrouver, et par l'expérience, cet objet vainement chassé du domaine du réel, non seulement pour rétablir les idées qui le représentent, mais encore les principes qui se fondent sur lui. Ici, au contraire, les notions sont des formes auxquelles le moi fournit une matière; elles ont un objet, mais inaccessible à la connaissance et que nous n'atteignons que par la croyance.

En relation avec l'absolu, elles sont de plus liées aux phénomènes, la notion de substance à un mode, la notion de cause à un effet; et c'est par des bonds successifs que l'esprit, en prenant conscience de l'effort, conçoit la substance et la cause, qu'ensuite il s'élève de l'effet à la notion de cause, et que, de cette notion, il passe à l'objet qu'elle représente [1] : à l'analyse, Maine de Biran a substitué la synthèse. Cette opération en effet est synthétique. La notion n'est pas dans le moi, elle est encore moins dans le phénomène; et l'objet n'est pas dans la notion. Qu'est-ce qui relie ces termes? Un acte de l'esprit et les principes qui le règlent.

Cet acte est-il légitime? Maine de Biran nous répond qu'il est nécessaire, que nous ne pouvons pas ne pas l'accomplir ni, quelque effort que nous fassions, lui refuser notre

---

1. *Science et psychologie*, p. 164.

assentiment : nous croyons invinciblement à ces êtres inaccessibles que nous appelons l'âme et le monde [1]. Et ce ne sont pas des conséquences lointaines auxquelles nous nous sentons inclinés par une sorte de contrainte intérieure; mais des inférences spontanées, immédiates, si intimement liées à notre pensée que nous ne pouvons l'en dégager. Cela est si vrai qu'elles sont les fondements requis des doctrines qui les nient. « Condillac, dès le début de son Traité des sensations, pose... une âme, des organes matériels, des objets qui agissent sur sa statue... S'il n'y avait en nous que la sensation, il ne pourrait y avoir aucun sens attaché au signe dont on se sert pour énoncer le postulatum de la doctrine, et quand on dit par exemple : j'approche une rose du nez de la statue, etc., ces termes substantifs : *rose*, *nez*, *statue*, n'auraient absolument aucune signification hors de la sensation actuelle et accidentelle d'odeur... Pourquoi supposer des causes, des substances existantes avant la sensation?... Qu'on essaie donc de s'en passer, seulement quelques instants, et d'imaginer une sensation abstraite d'un sujet sentant et d'une chose sentie. Cette nouveauté mérite bien la peine d'être tentée [2]. » On n'y pourra réussir. On ne sépare ces notions de la pensée que par une sorte de fiction verbale; elles s'y insinuent malgré le dessein arrêté que nous avons de les exclure.

III

Grâce aux notions et aux principes, nous pouvons fran-

---

1. *Science et psychologie*, p. 164.
2. *Ibid.*, p. 176-177.

chir les limites du monde phénoménal et atteindre l'absolu. La portée de notre esprit s'en trouve immensément accrue : il parvient à s'emparer de la totalité de l'être. Mais n'est-ce pas au prix d'une contradiction? Maine de Biran ne va-t-il pas ou renier sa doctrine ou se mettre dans une impasse? Ni les notions, ni les principes ne viennent de l'expérience. S'ils sont innés, c'est Descartes qui l'emporte et l'on a eu tort de le combattre. S'ils ne le sont pas, ils ne sont donc ni antérieurs ni postérieurs au travail de l'esprit. Comment peuvent-ils le régir? Ils n'apportent pas une solution, mais une énigme. Que sont-ils enfin et d'où viennent-ils?

La difficulté serait insoluble, si les notions et les principes étaient l'objet d'une intuition. Mais il n'en est pas ainsi. Ils ne sont pas une idée, mais une loi qui dirige la pensée dès qu'elle s'éveille et l'achemine vers un terme fixe : c'est l'expression abstraite d'une tendance réelle et concrète du moi. Pour connaître cette loi, il suffit que le moi fasse un retour sur lui-même et prenne conscience de son mouvement et de son ascension nécessaire [1]. Mais, même avant qu'elle soit connue, la loi agit : elle s'impose à l'esprit qui l'ignore et le conduit. Dès que nous pensons et qu'avec la pensée surgit cette multiplicité essentielle et primitive, l'effort et la résistance, le moi et le non-moi, apparaissent simultanément l'idée de cause et celle de substance. Nous les situons derrière les phénomènes avant que nous soyons parvenus à cette formule abstraite : Il n'y a pas de mode sans substance, tout

---

1. *Science et psychologie*, p. 165-166.

phénomène qui commence suppose une cause. Par là, Maine de Biran se rapproche de Leibnitz : pour lui aussi, les principes sont comme les muscles de l'esprit; qu'on les supprime, il ne peut se mouvoir et demeure inerte.

Il est inutile de donner des preuves de leur existence. Mais pourtant, s'il en fallait une, il suffirait de constater que, où qu'ils soient nés et quelle que soit leur éducation, tous les hommes peuvent s'entendre; qu'il y a donc un développement primitif, le même chez tous, une évolution de la pensée tournée dans le même sens, et dans une règle qui la détermine et la fixe[1].

Cette règle est universelle : c'est le fondement de la croyance; elle constitue la raison. Comme Cousin, Maine de Biran l'appellerait volontiers impersonnelle; et lui seul donnerait à cette formule un sens vraiment intelligible. Si la raison en effet est une intuition intellectuelle, c'est-à-dire un acte de l'esprit, on conçoit mal qu'elle soit impersonnelle. Tout acte, fût-il spontané et irréfléchi, est essentiellement individuel. Mais, si la raison est une loi, il faut du même coup qu'elle soit non seulement universelle, mais nécessaire.

De plus, elle s'empare de la direction de la pensée, dès son apparition. Elle lui est donc antérieure, comme toute loi l'est aux êtres qu'elle dirige. Et puisque, du moins à l'origine, elle est inconsciente, il n'y a aucune difficulté à ce qu'elle précède la pensée.

Mais quelles que soient sa nature et les relations qu'elle soutient avec la conscience, elle ne peut être suspendue dans

---

1. *Science et psychologie*, p. 163.

le vide. Où réside-t-elle? Dans l'âme substance. C'est de là que tout vient : elle est la terre féconde d'où surgissent et le moi et la pensée et les lois qui l'orientent.

Il y a deux ordres qu'il ne faut pas confondre : l'ordre des existences et l'ordre de la connaissance, l'objectif et le subjectif. Objectivement, l'âme précède la pensée, la substance précède l'effet; subjectivement, dans l'ordre de la connaissance, le moi est antérieur à l'âme, le mode à la substance, l'effet à la cause. Le moi est primitif et c'est de lui que nous allons à la cause, à la substance, à l'âme : il est le point de départ; elles sont le terme où il aboutit. Pour effectuer ce trajet, le moi s'appuie sur les principes qui, comme lui, naissent de la substance. Ils sont la loi de l'esprit ; ils apparaissent en même temps que lui. Mais ils peuvent, sous leur forme abstraite, n'être connus que plus tard. Ils sont donc à la fois antérieurs et postérieurs à l'esprit, antérieurs comme loi, postérieurs comme connaissance; et il reste vrai de dire que nulle idée n'est innée.

On voit mieux maintenant le vice des philosophies à priori. Elles veulent déduire le réel, objet de la connaissance, des notions, fondement de la croyance. Or ces notions sont, du moins dans notre esprit, postérieures à la connaissance du réel; et de plus elles sont vides. C'est plus qu'il n'en faut pour rendre cette déduction impossible. On ne tire de ces notions d'autre élément réel que celui qui nous a été fourni par l'expérience et que par une induction spontanée nous y avons transféré [1].

---

1. *Science et psychologie*, p. 168, 169, 172.

Tels sont les éléments essentiels enveloppés dans la croyance. Après en avoir fait l'analyse, il resterait à marquer comment ils se développent dans le temps, à écrire leur histoire. En voici l'ébauche, inachevée sans doute, que Maine de Biran en a laissée.

IV

La croyance précède le moi. Elle se retrouve dans la vie inconsciente, alors que les phénomènes affectifs et intuitifs se succèdent automatiquement en une sorte de rêve. Ce rêve en effet n'est pas inerte, mais actif : il suscite des tendances et des mouvements. C'est une preuve qu'il y a, dans l'être qui le subit, une croyance à son objectivité. L'animal, comme l'enfant avant l'éveil de la conscience, croit au monde et aux corps. Il évite les dangers dont ils le menacent et recherche les jouissances qu'ils peuvent lui procurer. En cette croyance, se trouvent confondus trois éléments : l'âme, les phénomènes, les substances extérieures et objectives [1].

Le moi naît avec le premier effort libre. Dès lors, le lien des phénomènes et des substances se modifie : il devient plus net, il cesse d'être immédiat. C'est par l'intermédiaire du moi qu'ils sont unis. Le moi juge, ou mieux, il croit que, sous les phénomènes, il y a des substances. Ce n'est plus une sorte d'instinct et une poussée aveugle qui le porte à rattacher son rêve intérieur à un objet extérieur et permanent ; c'est un acte conscient où se trouve encore

---

[1]. *Science et psychologie*, p. 212-213.

quelque obscurité, mais clair si on le compare à la croyance aveugle qui l'a précédé [1].

Nous distinguons le moi des phénomènes et les phénomènes des substances : les substances sont l'âme et le corps. Lequel des deux est connu le premier ? Il semblerait que ce dût être l'âme qui nous est si voisine, ou plutôt, qui nous est intérieure. Maine de Biran croit que c'est la substance corporelle. Il en voit une première preuve dans la tendance universelle à se représenter l'âme sous forme sensible. Il en voit une seconde dans la difficulté qu'éprouve le sujet à se distinguer lui-même, à se représenter comme objet, à passer du moi-phénomène au moi-substance. Ce passage du phénomène à la substance est nécessaire sans doute ; mais la substance qui nous est ainsi donnée n'est souvent qu'un mot vide qui ne nous représente rien, ou elle se confond avec la matière [2].

1. *Science et psychologie*, p. 214.
2. *Ibid.*, p. 208-210.

LIVRE IV

LA VIE DE L'ESPRIT

CHAPITRE PREMIER

L'INTELLIGENCE

I

A mesure qu'il avançait dans la vie, Maine de Biran sentait ses impuissances grandir. Sa plainte à ce sujet devient ininterrompue. Elle a quelque chose de poignant. Se dégager du monde qui l'entraînait sans le séduire, se retirer en lui-même, s'y faire une retraite et une solitude où il jouirait de son âme et vivrait la vraie vie : tel était le but qu'il avait poursuivi avec toute l'ardeur et la persévérance dont sa volonté fléchissante, mais jamais rebutée, était capable. Or il se trouvait qu'au moment où son âge et le monde lui rendaient cette retraite plus facile, sa vie intérieure elle-même semblait baisser. De ce regard pénétrant dont rien ne voila jamais la lucidité, il voit pâlir, avec les forces du corps, la lumière de la pensée : il assiste vivant à sa propre mort. Mais il n'en est pas le spectateur inerte [1]. Il ne se résigne pas à cette dé-

---

[1]. La manière la plus pénible de mourir à soi-même, c'est de mourir à tout

chéance. Et c'est un spectacle admirable de le voir poursuivre son œuvre comme au milieu des ruines, compléter ses doctrines, renouveler sa pensée, aborder enfin, par un dernier effort, des terres nouvelles, plus fermes et plus lumineuses vers lesquelles, dès le début, son âme à son insu était orientée.

La théorie de la croyance à laquelle il était enfin parvenu, ne pouvait être la dernière démarche de son esprit ni le dernier mot de son système. Il y avait, en effet, des lacunes en cette doctrine. Pour relier entre elles les apparitions intermittentes de l'effort et servir d'appui aux modes que nous percevons hors de nous, il avait trouvé la substance : l'âme d'un côté et de l'autre la matière. Mais ce concept qui se réfère à un objet inaccessible, paraît suspendu dans le vide. Il nous permet, il est vrai, de dépasser l'expérience ; mais ce ne sera véritablement un progrès que si nous pouvons le dépasser lui-même et l'appuyer sur une intuition. Si l'on n'y réussissait pas, on se trouverait ramené à une sorte de conceptualisme qui rappelle, s'il ne lui est pas identique, celui que Maine de Biran a déjà condamné.

ce qui est le plus intime, à ces facultés dont l'exercice peut nous consoler de tout, lorsque nous nous rendons le témoignage intérieur de leur activité, de leur force et de leur bon emploi. Se sentir mourir par ce en quoi réside la vie intellectuelle et morale, sentir qu'on n'a plus de pensée forte, élevée, qu'on est dominé par une multitude de petites idées basses et frivoles, par des penchants et des goûts tout personnels, enfin n'avoir plus de personnalité réfléchie que ce qu'il en faut pour reconnaître la dégradation successive de ces facultés par lesquelles on s'estimait, on était content de soi, et qui chaque jour nous abandonnent : c'est bien là, certainement, la manière de mourir à soi-même la plus pénible (*Pensées*, p. 281).

De plus, dire que les principes s'imposent à notre esprit et que, malgré que nous en ayons, ils règlent tous ses mouvements, c'est sans doute une réponse qui coupe court à toutes les polémiques; mais elle contraint la pensée plus qu'elle ne l'éclaire. L'assentiment qu'elle obtient a les allures d'une nécessité physique, aveugle et brutale : l'esprit est dompté; il voudrait voir. Il y avait là, pour un philosophe aussi avide de clarté que Maine de Biran, comme un aiguillon qui le poussait en avant.

Insuffisante sur le terrain où elle s'était placée, la théorie de Maine de Biran était par ailleurs trop étroite. Il y avait des notions, et fondamentales, dont il paraissait avoir peu de souci. On l'a remarqué, et avec beaucoup de raison, dans les ouvrages importants où il semblait avoir donné l'expression définitive de sa pensée, Maine de Biran fait peu de place aux notions morales et à l'idée de Dieu.

C'est d'autant plus étrange que sa philosophie, dans son début, dans son développement et dans son terme, est dominée par un but pratique. Il cherche le chemin du bonheur et la règle de la vie : s'il est en marche vers la lumière, il est surtout en quête de vertu. Mais il la cherche d'une façon si active, il a une telle inquiétude de trouver une force apte à la conquérir; et, d'autre part, il a, du fait de son éducation, du milieu qui l'entoure, de sa droiture native, si peu de doute sur le devoir qu'il ne sent pas le besoin d'en examiner longuement la nature ou le fondement.

La règle, il l'a trouvée dans son âme, et même dans sa volonté. Ce qui le tourmente, c'est moins de connaître la voie qu'il faut suivre, que de s'assurer qu'il a l'énergie suffisante pour la parcourir. Et c'est à l'heure où, après une période très courte d'assurance superbe et de confiance en lui-même, il vient à douter de la vigueur et surtout de la persévérance de sa volonté, que, pour trouver un secours et un appui, il lève les yeux vers les idées morales et les considère en elles-mêmes et comme indépendantes de lui.

Le milieu où il vivait et les lectures qu'à cette époque il abordait, l'affermissaient dans ces tendances. Il se rend compte alors qu'il est trop absorbé par l'étude du moi, qu'il l'a isolé et que, en cette étude solitaire, on risque de perdre le sens de la vie sociale et de la vie religieuse, en un mot, de la vraie vie [1].

C'est une raison pour lui, non de condamner sa philosophie antérieure, mais de l'amplifier et de la rendre plus

---

1. J'ai passé tout le temps de ma jeunesse à m'occuper de l'existence individuelle, ou des facultés du *moi*, et des rapports fondés sur la pure conscience de ce *moi* avec les sensations internes ou externes, les idées, et tout ce qui est donné à l'âme ou à la sensibilité; je n'ai pas considéré les tendances objectives ou le but : d'une part, de cette activité interne, d'autre part, de toutes ces facultés passives, organiques ou spirituelles. Lorsque, étant déjà fort avancé en âge, j'ai réfléchi à ce but objectif et aux tendances de notre nature, ou de nos deux natures, j'ai méprisé tout ce qui m'avait le plus occupé auparavant et à quoi j'avais attaché de l'importance et quelque gloire. Je me suis reproché d'avoir employé ma vie à un simple échafaudage, sans m'occuper de l'édifice ou de l'établissement approprié à l'humanité; mais je me sens un peu vieux pour recommencer la construction.

Cependant, en accordant aujourd'hui la primauté d'importance aux rapports de l'homme avec Dieu et avec la société de ses semblables, je pense encore que la connaissance approfondie des rapports du *moi* ou de l'âme de l'homme, avec l'homme tout entier (la personne concrète) doit précéder, dans l'ordre du temps, ou des études, toutes les recherches de théorie ou de pratique sur les deux premières relations (*Pensées*, p. 389-390).

vraie. Son regard, au lieu de se concentrer sur un seul point, embrasse l'horizon, en fait le tour; et le moi qui menaçait de tout envahir, ramené à ses justes proportions, y est vu dans sa vraie lumière.

II

Toutes les notions ne se réduisent pas aux notions de substance et de cause. Il y en a d'autres, la vertu, le devoir, etc... D'où viennent-elles? Où les voyons-nous? Quel est leur fondement? Quel est leur objet, et en ont-elles un? Dès que ces questions se sont posées dans l'esprit de Maine de Biran, on pouvait pressentir la solution qui leur serait donnée. Au lieu de chercher, dans les vues nouvelles qu'il adopte, une infidélité à sa théorie fondamentale, un retour à des idées traditionnelles, un emprunt maladroit, il faut y reconnaître cette dialectique immanente qui pousse un esprit vraiment philosophique à tirer toutes les conclusions des principes qu'il a posés et à développer toutes ses tendances.

Le réalisme psychologique de Maine de Biran devait le conduire à un autre réalisme et le ramener vers Platon. Qu'on se souvienne de la distinction qu'il établit entre les notions et les idées générales. Celles-ci sont arbitraires, nous les modifions à notre gré : elles dépendent des ressemblances fortuites des choses et de la direction de notre regard; elles n'ont pas d'objet. A vrai dire, ce ne sont pas des idées; une contradiction essentielle les dissout, les empêche de se former. Particulières et concrètes, elles se confondent avec la sensation; abstraites et en apparence générales, ce sont des résidus de sensations, des conceptions mutilées qui ne représentent rien de réel.

Les notions, au contraire, ne dépendent pas de nous; nous dépendons d'elles. Elles sont immuables; nous ne pouvons les modifier à notre gré. Elles se retrouvent identiques dans toute pensée qui s'éveille. Pour expliquer cette uniformité, pour endiguer ainsi les esprits, les acheminer tous vers un même but, les amener à la même conception et les y maintenir, il faut qu'il y ait, posé devant eux et à portée de leur regard, un objet unique. Il ne peut d'ailleurs y avoir d'idée vraie sans objet : l'idée est une vision mentale; on ne peut voir le néant.

Il n'est pas malaisé de reconnaître, dans cette doctrine, la trace de la discipline primitive à laquelle Maine de Biran s'était soumis. Condillac, son maître, qui n'admettait que la faculté de sentir, rejetait hors du réel tout ce qui n'était pas une sensation. Lui, il étend le champ de l'expérience arbitrairement limité ; mais il tient pour vrai le postulat de la philosophie sensualiste : toute vérité vient de l'expérience, toute idée à laquelle on ne peut assigner un objet est une pseudo-idée, une conception arbitraire.

Dès lors, lorsqu'il sortit de la geôle où il s'était malheureusement enfermé, lorsque, portant son regard hors du moi, il vit dans toute son ampleur le problème de la connaissance et se trouva en face des idées de devoir, il n'avait, à moins de renier le plus intime de sa pensée, que deux partis à prendre, ou de reléguer ces idées parmi les idées générales, arbitraires et sans valeur, ou de leur assigner un objet. Mais il est plus juste de dire que, de ces deux voies, une seule lui était ouverte. Il ne pouvait songer à mettre en doute le devoir. C'eût été donner un démenti à sa vie tout entière, et tout son être eût protesté. Il ne lui restait plus, pour sauvegarder ces idées, qu'à leur assigner un objet, à se rallier à la seule forme du réalisme qui demeure intelligible, et qu'à les situer en Dieu.

Nous arrivons a Dieu par deux voies : l'une plus sûre mais plus longue, l'autre plus prompte mais plus obscure, par le raisonnement et par la vision directe.

Le principe de causalité qui nous apparaît en même temps que l'effort et dont le moi, dès qu'il surgit, se trouve pourvu, nous conduit du moi à l'âme, de l'âme à Dieu. C'est sur lui qu'il faut s'appuyer.

Ceux qui lui substituent le principe de substance s'égarent fatalement et s'acheminent vers un monisme où Dieu s'anéantit et où le moi disparaît. Le moi est pourtant attesté par la conscience, il est cette conscience elle-même. On ne le sauvegarde qu'en utilisant, pour le dépasser, le principe qu'il nous révèle en se posant, le principe de causalité : le moi est ainsi rattaché à l'âme et l'âme à Dieu. Pour accepter cette conclusion et pour s'y tenir, il n'est pas nécessaire de comprendre la nature de ce lien; il nous est donné comme un fait et cela nous suffit. Il y a une cause universelle : Dieu est[1].

Il est intelligent. L'intelligence luit dans l'œuvre; comment l'ouvrier en serait-il dépourvu[2]?

---

1. *Éd. Cousin*, t. IV, p. 399-400; *Œuvres inédites...*, t. III, p. 46.
2. *Pensées*, p. 363.

Y a-t-il une intelligence en quelque sorte objective, sans sujet où elle se concentre et d'où elle jaillisse? Les métaphysiciens allemands l'ont cru. Et, dans cette voie, ils ont été devancés par les philosophes sensualistes. Ceux-ci paraissent n'avoir rien de commun avec ceux-là, ni doctrine, ni inspiration; ils se rencontrent pourtant en ceci, qu'ils admettent les uns et les autres une intelligence sans sujet, comme flottante dans le néant [1].

Mais une intelligence sans sujet n'est plus l'acte d'une personnalité vivante; c'est une loi tout à la fois supérieure et identique aux choses. Reste à savoir d'où elle vient elle-même; et le problème ainsi posé se résout par une autre méthode. Toute philosophie, comme le proclame Socrate, doit débuter par l'étude du moi et de là s'élever au monde et à Dieu. Qu'on suive cette voie, et l'on apprendra de l'expérience intérieure qu'il n'y a pas plus d'intelligence sans sujet que de sujet sans intelligence, que ces deux termes sont identiques [2] et que, si, comme on n'en peut douter, la cause de l'âme et du monde est intelligente, elle est aussi une personne.

Cause des causes, principe de l'être, Dieu est aussi le principe de l'idéal. Il est le sommet du monde intelligible, comme celui du monde réel : il est le lieu des idées. Elles sont éternelles et immuables; le monde entier pourrait se dissoudre et toute pensée s'évanouir, sans entamer leur intégrité ni ruiner leur fondement. Il leur faut donc un support qui ne puisse ni se dérober ni les entraîner dans sa ruine. « Comment et où pourraient-elles

---

1. *Pensées*, p. 349-350.
2. *Pensées*, p. 349.

donc subsister s'il n'y avait pas un être éternel, infini, immuable, dont ces vérités sont les attributs, en qui seul elles subsistent comme les attributs dans leur sujet, et en qui seul elles peuvent toujours et parfaitement être entendues[1]? »

Mais ce serait peu que Dieu fût le fondement métaphysique des idées et des vérités éternelles, si nous ne parvenions à lui que par le raisonnement. Conséquence lointaine des opérations de notre esprit, il ne pourrait ni affermir notre connaissance ni en attester la valeur. De lui à nous l'abîme serait immense. Même franchi, il ne serait pas aboli. Il resterait vrai que Dieu se dérobe à toute prise directe, que notre élan pour atteindre l'éternel et l'infini se termine à nos idées, c'est-à-dire aux produits de l'activité mentale, que tout effort pour nous élever au-dessus du moi avorte nécessairement et que nous retombons sur nous-mêmes : l'existence de Dieu et les vérités qu'il renferme seraient solidaires des principes dont nous les aurions déduites ; et la base de la certitude que Maine de Biran avait voulu élargir, ramenée à ses proportions primitives, se retrouverait trop étroite.

Nous n'en sommes pas réduits là : nous nous trouvons en contact immédiat avec Dieu ; et, d'une manière confuse, nous le voyons.

On vient d'indiquer rapidement la démonstration de l'existence de Dieu que Maine de Biran a acceptée. Elle est nécessaire et nous allons bientôt marquer à quoi se réduit cette nécessité ; elle ne suffit pas. Avant de démontrer

---

1. *Œuvres inédites...*, t. III, p. 60-61.

Dieu, il faut le concevoir. Ce concept dépasse les forces de notre esprit : il nous vient directement de Dieu lui-même [1].

Mais par quelle voie pourrait-il en venir, si Dieu réellement présent n'était l'objet de notre pensée? Toute idée qui s'interposerait entre lui et nous, serait inexacte. Elle serait une image, une copie; elle atténuerait nécessairement l'original qu'elle devait reproduire et, au lieu de nous unir à lui, entre lui et nous dresserait une barrière : ce serait un retour injustifié à une théorie depuis longtemps condamnée, celle des idées-images. Nous percevons directement les objets situés dans l'espace; et la portion d'étendue qui les constitue, nous la voyons en elle-même, non dans une représentation mentale qui en serait le substitut [2]. S'il en est ainsi des corps qui, par leur nature, par la distance qui les sépare de nous, semblaient devoir se dérober à toute relation directe avec notre pensée, que faut-il dire de Dieu qui n'est pas seulement près de nous,

---

1. Dans le point de vue psychologique, ou sous le rapport de la connaissance, l'âme tire tout d'elle-même, ou du *moi*, par la réflexion; mais dans le point de vue moral, ou sous le rapport de la perfection à atteindre, du bonheur à obtenir, ou du but de la vie à espérer, l'âme tire tout ou reçoit tout du dehors; non de ce dehors du monde, des sensations, mais du dehors supérieur d'un monde purement intellectuel, dont Dieu est le centre; car l'âme ne trouve en elle qu'imperfection, bassesse, misères, vices, légèreté. Comment donc l'idée ou le sentiment qu'elle a du parfait, du grand, du beau, de l'éternel, pourrait-il naître de son propre fonds? Il faut reconnaître que les vérités morales et religieuses, qui ont le bien pour objet, et la perfection pour fin, ont une autre source que les vérités psychologiques, limitées à l'homme sensible, intelligent et libre, ou dépendent d'autres facultés, comme l'a très bien reconnu Kant (*Pensées*, p. 283, commentaire d'une parole de *l'Imitation de Jésus-Christ*). — Cf. *Ibid.*, p. 295.

2. *Science et psychologie*, p. 114.

qui est vraiment en nous et aussi intérieur que nous-mêmes? « Lorsque je pense à Dieu, à la cause universelle, je vois Dieu, et non pas sa représentation, comme dans une idée qui aurait un objet distinct d'elle-même au dehors; comme en pensant à la lumière qui m'éclaire je la vois et non pas seulement son idée[1]. » Nous voyons Dieu et, en lui, les vérités éternelles.

Cette vision est un fait, plus que cela, elle est nécessaire. Qu'on nous ferme cette issue et qu'on nous isole de la vérité substantielle, quelle fixité pourra-t-il y avoir dans nos jugements et quelle certitude? Nous en sommes réduits à nos idées et à nos opinions. Mais « autre chose est une opinion, une idée de la vérité et la vérité même, comme autre chose est la ressemblance d'un objet et cet objet même ». L'opinion est variable, la vérité est immuable; l'opinion est douteuse, la vérité est certaine. Pour que la certitude ne nous échappe pas irrémédiablement, il faut que nous puissions dépasser l'opinion, il faut que nous ayons un « moyen direct d'atteindre la vérité ». Et il en est ainsi. « La réalité absolue de l'être peut se manifester immédiatement à notre âme, autrement que par des idées qui, nous donnant une ressemblance supposée de l'être réel ou vrai, et non point cet être, ne sauraient porter avec elles le *critérium* de la vérité même, de la ressemblance à l'objet[2]. »

Nous voyons Dieu, les vérités en lui, à sa lumière. — A sa lumière! Maine de Biran se reproche de n'avoir pas pris garde plus tôt à cette métaphore usuelle et banale et

1. *Œuvres inédites...*, t. III, p. 236.
2. *Pensées*, p. 395-396.

au parallélisme qu'elle suggère entre la vision matérielle qui s'opère par les yeux du corps, et la vision mentale. Elle est grosse de vérité. L'esprit ne fait pas plus la lumière intellectuelle, que l'œil la lumière du soleil : l'une, comme l'autre, est indépendante de nous ; nous dépendons d'elle. Et, si nous avons la liberté d'en détourner nos regards, nous ne pouvons ni la créer ni l'éteindre. Ni la vérité ni la lumière intellectuelle ne viennent de nous : elles ne sont pas le résultat de l'activité de notre pensée[1]. Mais encore, qu'est-ce que cette lumière intellectuelle? Elle est aux vérités particulières ce que la lumière du soleil est aux corps : c'est grâce à elle qu'elles nous apparaissent. Mais quelle réalité voile cette métaphore? Qu'est-elle en elle-même, cette lumière? c'est l'idée de Dieu. « L'être absolu qui est au fond de notre être, et n'est autre chose que l'idée de Dieu toujours présente, est ce qui nous rend capables de connaître les vérités particulières ou relatives[2]. »

III

Il y a deux voies qui nous mènent à Dieu : le raisonnement et la vision directe. Elles paraissent s'exclure : le raisonnement suppose une incertitude ou un doute incom-

---

1. *Pensées*, p. 341-342.
2. *Pensées*, p. 348 ; — cf. *ibid.*, p. 340 : Le *moi* ne crée rien que le mouvement ou la sensation qui l'accompagne ; quant aux idées ou conceptions intellectuelles qui lui sont présentes, il les voit dans une lumière qui lui est intime, mais qu'il ne fait pas et qui est en lui, sans être lui-même ; voilà la *Lux vera quæ illuminat omnem hominem ;* voilà aussi ce qu'est le *Deus in nobis*.

patible avec la vision; la vision rend toute démonstration inutile.

Entre l'une et l'autre, il semble que Maine de Biran peut opter et que son choix est fait. D'après lui, l'étude du moi doit précéder l'étude de Dieu. Intervertir cet ordre est un vice de méthode fondamental qu'on ne saurait assez réprouver et qui fatalement conduit à l'erreur[1]. C'est un des points essentiels de sa doctrine ; et il y revient sans cesse. Mais quel besoin aurions-nous de nous connaître nous-mêmes pour ne pas nous égarer dans l'étude de Dieu, si Dieu qui nous est toujours présent se dévoilait lui-même à nos regards? — Il est présent sans doute et nous le voyons, mais cette vision est obscure : Dieu est là, mais comme sous un voile ; nous pouvons l'atteindre, mais non le discerner nettement. C'est pour cela que Maine de Biran accepte les deux méthodes qui paraissent s'exclure et qu'il s'élève à Dieu simultanément par les deux voies qu'il croit ouvertes. Le raisonnement est plus long, mais il est plus sûr; la vision est plus prompte, mais elle est indistincte. Qu'on fasse appel au raisonnement, l'esprit ne risquera plus de s'égarer : il sera sûr que l'objet de cette vision obscure qui lui est toujours présent, qui fait le fond

1. C'est la psychologie expérimentale, ou une science d'abord purement réflexive, qui doit nous conduire également à la détermination de nos rapports moraux avec des êtres semblables à nous et de nos rapports religieux avec l'être supérieur, infini, d'où notre âme sort et où elle tend à retourner par l'exercice des plus sublimes facultés de sa nature. C'est pour avoir voulu aborder *ex abrupto* les notions morales et théologiques, prises pour bases de la science, c'est en faisant abstraction complète des facultés purement individuelles de l'âme, ou du *moi* humain, que des hommes à imagination brillante et forte, mais étrangers à la méditation, se sont engagés dans une fausse voie (*Pensées*, p. 390).

de sa pensée et qui n'est pas lui, est Dieu. Qu'il s'appuie sur la connaissance du moi pour interpréter et préciser cette vision, sans rien perdre de sa certitude elle y gagnera plus de clarté[1]. Le raisonnement et l'induction ne seront que des méthodes auxiliaires, des moyens de mieux voir l'objet placé sous ses regards. La vraie voie, c'est la vision.

On connaît la théorie psychologique du contradicteur et du compétiteur de Maine de Biran, Ampère, sur ce qu'il appelle les concrétions. Vous êtes au théâtre, vous entendez un opéra dont les mots vous arrivent obscurs, indistincts. Prenez le livret, suivez son texte : l'articulation du chanteur qui vous paraissait confuse, devient nette; vous l'entendez distinctement. Entre les mots que vous lisez et ceux que vous entendez, s'opère une synthèse mentale : c'est une concrétion. N'en est-il pas de même de l'idée de Dieu? Il est présent. Nous ne sommes pas sûrs de le voir et nous le voyons mal. Le raisonnement affermit notre vision et l'induction l'éclaire : c'est aussi une concrétion.

Nous voyons Dieu. Il n'est pas seulement le fondement métaphysique de nos idées, il est de plus la cause qui les produit et leur objet immédiat : il est directement perçu. Nulle de nos idées ne reste donc isolée de l'être; elles dérivent toutes du moi ou de Dieu. Le réalisme psychologique de Maine de Biran ne s'est pas contredit; il a touché le terme auquel il devait naturellement aboutir. Il avait cru trouver tout en lui; il se trom-

---

[1] ..... La raison explique ce qui était donné avant elle, et dans le sentiment même de notre existence (*Œuvres inédites...*, t. III, p. 53).

pait : il n'y a que Dieu, vérité absolue, qui puisse ainsi se suffire à lui-même. En Dieu, la vérité et l'intelligence ne font qu'un : l'entendement divin, étant la vérité même, est à lui-même son unique objet. Il en va différemment des intelligences finies. Quand j'entends cette vérité : Dieu est, cette vérité n'est pas mon intelligence, ou ne vient pas d'elle, quoiqu'elle soit en elle. Ainsi l'intelligence et l'objet, en moi, peuvent être deux; en Dieu, ce n'est jamais qu'un, parce qu'il entend tout en lui-même et que ce qui n'est pas lui est en lui comme dans sa cause.

Les faits psychologiques de conscience du moi nous donnent dans l'ordre relatif phénoménique la représentation de ces vérités dans l'ordre des réalités absolues (*noumènes*). Dans l'acte de réflexion interne, la *pensée* et son *objet* ne font *qu'un*, comme en Dieu la vérité absolue s'identifie et ne fait qu'un avec l'intelligence *infinie*[1].

1. *Pensées et pages inédites de Maine de Biran*, publiées par M. Mayjonade, p. 59, Périgueux, 1896.

CHAPITRE II

LA VOLONTÉ

L'intelligence dépend de Dieu. La volonté en dépend aussi. Dieu qui est la vérité suprême, est aussi le bien absolu ; et, quand nous choisissons le bien ou que nous tendons vers le mieux, c'est pour Lui que nous prenons parti, vers Lui que nous nous dirigeons : Il est l'objet de la volonté, comme Il l'est de l'intelligence [1].

I

Nous arrivons à une théorie de la volonté qui semble démentir la théorie de l'effort. Tout cependant l'annonçait, la préparait, la sollicitait. Maine de Biran y est invinciblement conduit par les exigences de sa pensée, plus encore par les tendances de son âme, par les désirs d'une perfection que, de ses propres forces, il ne pouvait atteindre : d'un côté, comme de l'autre, il est poussé, non pas

---

1. Si le voile qui cache à l'intelligence le vrai, le bon absolu, tombait tout d'un coup, l'objet réel de notre connaissance serait aussi l'objet unique de notre amour (*Pensées*, p. 347-348).

à détruire la liberté, mais à la remettre entre les mains de Dieu.

Voici d'abord sa théorie de la liberté.

Nous sommes indépendants de l'organisme et nous pouvons à notre gré commencer un mouvement, le dévier, le suspendre, l'arrêter. Mais cette activité intérieure d'où part le mouvement volontaire, si elle n'avait ni lumière ni guide, se confondrait avec le hasard. Nous ne voulons pas sans motif. Quelle est la relation de ce motif et de ce vouloir [1]?

C'est là que, pour la plupart des philosophes, gît la difficulté. Le motif a-t-il sur la volonté une action irrésistible, efficace de sa nature, nous sommes nécessités. Le lien du motif et du vouloir se forme-t-il de telle sorte que l'initiative de l'action demeure toujours en notre pouvoir, nous sommes libres.

Maine de Biran n'accepte ni l'une ni l'autre de ces doctrines. Il y a, entre le motif et la volonté, un lien nécessaire, ou plutôt, pour parler sa langue et traduire sa pensée de façon plus précise, nous suivons nécessairement nos préférences; et nos préférences ne dépendent pas de nous : elles sont le résultat fatal d'une comparaison entre les passions qui viennent du corps, et les sentiments qui résultent de nos idées. Et pourtant, nous sommes libres. Mais c'est plus haut qu'il faut situer la liberté, dans la comparaison elle-même. « L'activité n'est point, comme on l'a dit, dans la préférence, pas plus que la volonté n'est dans le désir. On ne préfère qu'après avoir comparé. Or,

---

1. *Œuvres inédites...*, t. I, p. 284.

c'est dans la comparaison qu'est l'activité ; la préférence n'en est que le résultat[1]. »

Cette comparaison, la liberté en a l'initiative : elle peut en prolonger la durée et, d'une manière indirecte, en modifier les résultats. Les passions et les sentiments sont en présence et la victoire est assurée à celui qui pèsera d'un poids plus lourd sur la volonté ; mais nous avons un moyen pour faire varier ces poids, l'attention. « L'activité de l'attention rendant l'idée plus vive, en rapproche, pour ainsi dire, l'objet, et accroît le sentiment qui y est associé, au point de le faire prévaloir sur l'émotion présente, qui s'affaiblit et prend à son tour les couleurs d'un objet éloigné. C'est ainsi que la liberté morale se trouve garantie[2]. » La décision finale dépend de l'attrait qu'exercent sur nous les passions et les sentiments. Mais cet attrait n'est pas une chose donnée, fixe, immuable ; il résulte de l'attention qui est active et libre. Nous sommes ainsi tout à la fois les maîtres et les esclaves de nos passions et de nos sentiments, nécessités et libres. Maine de Biran a pu croire un instant qu'il éclaircissait ainsi le mystère de la liberté. Il ne l'a même pas atténué ; il l'a seulement déplacé. Il le sent déjà et se mettra bientôt en quête d'une explication meilleure.

Après avoir, pour la mettre à l'abri d'une difficulté, fait remonter la liberté de la résolution jusque dans la comparaison, il ajoute immédiatement ces paroles : « L'homme sensible préfère nécessairement le meilleur, mais le meilleur n'est reconnu ou jugé tel que par l'être actif

---

1. *Œuvres inédites...*, t. II, p. 215-216.
2. *Ibid.*, p. 215.

qui fait un effort pour le chercher, et qui y arrête volontairement sa pensée [1]. » Il faut donc chercher le meilleur, et cette recherche ne va pas sans effort. Quand on l'a trouvé, il faut y arrêter volontairement sa pensée. Or chercher le meilleur, le chercher avec effort, y arrêter volontairement sa pensée, ce sont sans doute les antécédents, ou si l'on veut, le début d'un acte qui, dans son tout complexe, peut être appelé libre ; mais ce sont aussi des actes, et des actes libres. Qu'est-ce qui les détermine? Pourquoi chercher le meilleur? Pourquoi, après l'avoir trouvé, y arrêter volontairement notre pensée, pour rendre son influence prépondérante? Est-ce que cela ne suppose pas qu'il y a, précédant toutes nos préférences particulières et accidentelles, une préférence primitive, fondamentale, qui sollicite la liberté, la guide dans ses recherches, la meut du dedans jusqu'à ce qu'elle se soit fixée dans le parti qu'elle lui suggère et vers lequel, à travers ses hésitations apparentes, elle l'acheminait. En un mot, avant qu'il devienne conscient dans une résolution pratique, le choix est déjà fait par nos tendances ; et qui les connaîtrait bien, pourrait l'y démêler. « L'homme sensible préfère nécessairement le meilleur[2] » ; et, par suite, il le veut d'une volonté essentielle, antérieure à tous les actes.

Cette volonté manifestement n'est pas libre ; c'est une tendance passive. Elle est fixée avant l'intervention du moi ; elle ne relève pas de nous. D'où vient-elle? Il y avait là une question sans réponse. Et, comme cette tendance est dominatrice, on voit que par elle la liberté va

---

1. *Œuvres inédites...*, t. II, p. 218.
2. *Ibid.*, p. 216.

être, sinon entièrement livrée, du moins subordonnée à une force supérieure.

Maine de Biran était de plus entraîné dans le même sens par son expérience personnelle. Il ne pouvait s'en tenir à la paix inquiète et précaire que la liberté était en mesure de lui fournir. Quelle confiance il avait en elle dès le début! Quand il s'était aperçu que les sensations n'étaient pas tout l'homme, qu'il ne se trouvait pas livré sans défense à leur mobilité, que, pour se soustraire à leur influence et se dérober à leurs mouvements, à cette espèce de flux et de reflux dont l'agitation et l'inconstance le désolaient, il y avait en lui quelque chose d'indépendant et d'autonome, ç'avait été pour lui plus qu'une découverte philosophique; il avait cru qu'il venait de conquérir la paix et de mettre la main sur l'instrument du bonheur. La liberté lui était apparue comme un abri sûr contre les défaillances de son organisme débile et les tristesses fortuites dont, à toute heure, il se sentait menacé. Mais il ne fut pas long à sentir que, si les sensations sont mobiles, la liberté est instable. Il aime le bien, il le veut et il l'accomplit; mais sa volonté est faible, il la sent se dérober entre ses mains et défaillir. De cette expérience, trop souvent répétée, naît en lui une crainte et un désir : la crainte de se retrouver, malgré sa bonne volonté présente, tel dans l'avenir qu'il a été dans le passé; et le désir d'élever son âme et de la maintenir dans la sérénité qu'il a vainement attendue de la sensation.

Il fut alors séduit par le stoïcisme [1], et il devait l'être.

---

1. *Pensées*, p. 209.

Supprimer d'un geste violent, mais décisif, la tristesse et la douleur, éliminer le mal, s'attacher au bien et s'y établir d'une volonté inébranlable, quel rêve! C'est une mort du sentiment. Comme la vraie mort, elle a des attraits auxquels ne résistent pas les âmes faibles et douloureuses. Mais elles s'aperçoivent bientôt du vide de cette doctrine. Les paradoxes hautains du stoïcisme ne sont que des jeux de logique. On n'élimine pas la douleur [1]. Et la volonté, on peut essayer de la raidir et de l'immobiliser dans une attitude héroïque; on n'y réussit pas [2].

Maine de Biran l'a tenté pourtant. Il a cru qu'on pouvait, puisqu'on les prévoyait, se mettre en garde contre les écarts futurs de la liberté et les prévenir. Si l'expérience de nos faiblesses peut énerver la volonté en lui inspirant la défiance, le sentiment de son pouvoir et de son efficacité peut l'affermir. « Le souvenir d'un acte renferme le sentiment de la puissance de le répéter. Ce sentiment, aperçu dans le présent, est prévu pour le temps futur. L'agent moral prédétermine ses actes à venir, contractant ainsi un engagement qu'il se sent libre de remplir. »

C'est ainsi que, du point où nous sommes, nous projetons notre volonté dans l'avenir, nous en redressons dès maintenant le fléchissement possible, et nous la fixons. Pour y parvenir, nous ne nous appuyons pas seulement sur nous-mêmes, mais sur quelque chose de ferme et d'immuable, l'idée du devoir, qui ne varie pas, qui ne passe pas, et à laquelle on peut suspendre et attacher sa volonté.

---

1. *Pensées*, p. 365-370 ; *Œuvres inédites...*, t. III, p. 527-529.
2. Sa morale pratique (du stoïcisme) est au-dessus des forces de l'humanité (*Pensées*, p. 409).

Elle se lie ainsi elle-même par des liens d'une heureuse nécessité. Qu'on ne la redoute pas, il ne faut craindre que celle qui vient d'en bas, de la matière, du corps, des sensations aveugles et fatales. Celle qui vient d'en haut, de la région des idées, est libératrice : elle nous arrache à la servitude de l'instinct pour nous porter vers la lumière et nous y établir.

La théorie était belle sans doute, mais les espérances qu'elle faisait concevoir étaient chimériques. Maine de Biran avait trop de sincérité pour ne pas le reconnaître et pour s'y tenir malgré les démentis de l'expérience.

Il n'y trouvait ni force ni appui. Elle n'en fournit pas en effet. D'où viendraient-ils? De l'idée du devoir? Cette idée abstraite est par elle-même inerte et inefficace. De la liberté? Mais la liberté, la liberté nue reste inactive aussi longtemps que rien ne la vient solliciter. Du sentiment qui la meut? Mais il est variable; et autant que la liberté elle-même, il a besoin d'être fixé : il nous faut pour l'appuyer une force plus haute, celle que Dieu nous fournit [1]. Tout ce qui nous vient de ce côté, Maine de Biran l'appelle une grâce.

C'est le point précis de la lutte. C'est ici que Maine de Biran se sent menacé dans son autonomie et craint de voir, avec l'indépendance de sa volonté, sombrer sa personnalité elle-même. Il lutte en désespéré; il ne cède que con-

---

[1]. Le secours de Dieu nous est nécessaire dans les choses mêmes qui sont, ou paraissent être en notre pouvoir. Je me trouve dénué de toutes mes facultés, précisément parce que j'ai trop compté sur moi-même, et que je n'ai pas pris l'habitude de me confier dans un secours et un appui supérieur, de le demander par la prière afin de me fortifier (*Pensées*, p. 291-292).

traint. Et c'est un spectacle du plus haut intérêt de suivre, dans le journal où il a laissé le récit fidèle de ses inquiétudes et de ses enquêtes, le mouvement de sa pensée. Malgré ses résistances intimes, son ascension est continue vers une vérité plus compréhensive. Il ne résiste pas à la lumière ; il serait difficile de rencontrer une âme plus sincère, plus loyale, plus vraiment disposée à se soumettre à la vérité. Mais il la voit mal. C'est en lui-même, en effet, qu'il la cherche : c'est par la conscience qu'il veut l'atteindre. Or, démêler dans un acte réel, vivant et libre, toutes les forces qui se composent, pour le produire, est une entreprise malaisée [1]. Quelque aptitude qu'il ait pour s'examiner lui-même, quelque prompt et quelque aigu que soit son regard intérieur, il ne faut pas être surpris de ce que, devant un objet si complexe et si mobile, il demeure indécis. Il n'avance qu'avec précaution dans cette étude, et aussi avec crainte. Il ne veut pas nier l'action de Dieu que sa faiblesse réclame et que d'ailleurs il sent présente. Il peut encore moins se résoudre à abdiquer sa liberté ; il lui semble qu'il disparaîtrait avec elle. Nous allons pourtant le voir, malgré ses résistances, restreindre de jour en jour le champ de cette faculté, atténuer son rôle et en venir, sinon à la nier, du moins à transformer entièrement son concept.

II

Quelle est la part que nous pouvons revendiquer dans

---

1. *Pensées*, p. 309.

nos actes libres? Quelle est celle qu'il faut absolument laisser à Dieu?

La solution, nous pouvons la pressentir. Le moi, pour Maine de Biran, est synonyme de liberté. Tout ce qui est actif et libre lui appartient ; tout ce qui est passif et nécessaire vient de Dieu : c'est là que, d'une manière incontestée, peut s'établir son domaine. Il faut lui attribuer et les idées qui dépassent le pouvoir de l'esprit, et les sentiments qui nous portent au bien [1]. Ils sont variables, s'atténuent et semblent parfois disparaître. Faibles, ils deviennent encore une barrière contre le mal ; vifs, ils nous entraînent vers le bien, quelquefois avec tant de force que l'acquiescement de la liberté sans lequel ils resteraient inefficaces, est vraiment trop aisé : nous n'avons qu'à céder à un attrait facilement vainqueur. C'est par là que Dieu aborde la volonté et que, sans la contraindre, il la conduit.

Il agit encore sur elle d'une façon plus directe. Il est en nous, et nous le sentons présent d'une présence vraiment active : il nous invite à la pratique de la vertu, nous retient dans le bien, nous pousse au mieux. Ce serait une objection puérile de dire que nous n'entendons pas sa voix, que du moins elle est inarticulée et indistincte. Deux amis dont les âmes, par suite d'une communauté de nature et d'aspirations, se trouvent liées l'une à l'autre, arrivent même

---

[1]. Tout ce que notre volonté ne fait pas, tout ce que nous apercevons dans nos idées, ou sentons en nous-mêmes comme indépendant de notre action présente ou passée, et de tous nos pouvoirs, nous pouvons bien l'attribuer à Dieu. Mais, réciproquement, ce que nous apercevons ou sentons comme le produit actuel ou virtuel de notre force propre ne saurait être attribué à Dieu, cause créatrice suprême, en qualité de cause efficiente (*Pensées*, p. 295-296).

sans parole à communiquer entre eux : il se fait alors, par des moyens qui échappent à la conscience, comme une transfusion immédiate d'idées et de sentiments. Ce que peuvent des créatures, malgré l'espace qui les sépare et le corps qui leur est un obstacle, Dieu qui est esprit et nous est plus intime que nous-même, ne le pourrait-il pas[1]? Son verbe est plus transparent que la parole et plus lumineux que la pensée ; il pénètre quand il veut dans notre esprit ; et, sans bruit, il l'éclaire, l'échauffe et l'entraîne.

Sommes-nous sans action sur ces sentiments ? et ces paroles intérieures, quoique divines, se font-elles entendre sans que le moi ait à intervenir ? Oui sans doute, et souvent. Mais, souvent aussi, ces sentiments et ces paroles, par quelque endroit, relèvent de notre vouloir ; et c'est par là que Maine de Biran essaie de reconquérir partiellement le terrain perdu pour la liberté.

Nous ne pouvons sans doute, brusquement et par un acte de volonté, éveiller en nous l'amour du bien, le goût de la vertu ; nous pouvons cependant l'alimenter, en rendre le retour plus fréquent, la présence plus durable. il y a une affinité naturelle entre le bien et notre âme ; il

---

1. Il peut y avoir de telles relations entre certains êtres, certaines âmes, qu'elles aient la faculté de voir, ou plutôt de sentir immédiatement ce qui est respectivement dans chacune d'elles, sans l'intermédiaire des sens extérieurs ordinaires... Ceux qui attribuent tout ce qui est dans l'âme à l'influence du langage parlé, et qui ne croient pas que Dieu même ait pu parler à l'âme humaine sans frapper l'oreille ou la vue par les signes articulés ou écrits qu'il leur a enseignés, ceux-là, dis-je, se font une idée bien étroite des facultés de notre âme, et sont conduits à matérialiser en quelque sorte l'action qu'elle reçoit ou qu'elle exerce, en dehors et au dedans, en la limitant aux sens externes comme à ses instruments uniques (*Pensées*, p. 373-374).

nous est difficile de fixer sur lui notre pensée sans nous sentir portés vers lui : la méditation, si elle est assidue, nourrira les bons sentiments et les rendra plus vivaces [1]. Plus puissante encore, la pratique du bien nous aidera dans cette œuvre. Il y a, de nos sentiments à nos actes, action et réaction : nous faisons le bien parce que nous l'aimons; mais inversement, il est vrai aussi que nous l'aimons parce que nous le faisons [2]. Négligé, il perd pour nous de son agrément ; nous cessons de l'aimer. Mais c'est nous qui avons tué l'amour, nous aurions pu l'entretenir et l'accroître.

Il ne dépend pas de nous que les paroles divines qui retentissent au fond de nos âmes, soient proférées ; il dépend de nous de les entendre. Quand nous laissons pénétrer au dedans tous les bruits du dehors et que nous ne tentons même pas de réprimer le mouvement des passions, l'esprit parle en vain; il ne domine pas ce tumulte, sa voix s'y perd. Nous accueillons ses paroles à notre gré, ou nous les éconduisons; nous pouvons même les provoquer [3].

---

1. Nous employons les actes qui sont en nous, et dépendent de notre volonté, pour exciter des sentiments qui n'en dépendent pas immédiatement ; et ces sentiments excités donnent à leur tour aux actes volontaires ou intellectuels une énergie et une constance qu'ils n'auraient pas en eux-mêmes. C'est cette action et réaction perpétuelles de l'actif et du passif de notre être qui explique certains effets mixtes de l'intelligence et de la sensibilité, qui semblent quelquefois avoir un caractère surnaturel. En pensant, par exemple, volontairement et souvent à la cause suprême de qui nous dépendons, en la priant et implorant son secours, cette action même de prier excite dans l'âme divers sentiments de désir, d'admiration, d'attendrissement... (*Pensées*, p. 308).

2. Mais comme cette douceur de la grâce doit être méritée, ce sont les œuvres qui font naître l'amour, et l'amour produit les croyances (*Pensées*, p. 347).

3. ... La présence de Dieu s'annonce par un état interne de calme et d'élé-

Il y a un moyen plus efficace encore de les éveiller. Elles dépendent de Dieu. Nous pouvons agir sur lui par la prière. Tout à la fois psychologue et mystique, Maine de Biran reconnaît à la prière une double efficacité, l'une naturelle, l'autre surnaturelle. Elle est une forme du désir plus efficace que les autres : elle est en effet accompagnée de la confiance qu'elle sera réalisée ; elle agit donc sur nous par elle-même. Elle détermine de plus le secours de Dieu [1].

Libre, sous l'attrait du sentiment ou l'appel de ces voix intérieures, le moi a une influence sur leur apparition ; il retrouve donc partiellement son autonomie. Que faudrait-il pour qu'elle fût complète ? Que le premier sentiment vif de la vertu fût, non pas une faveur gratuitement et arbitrairement octroyée par Dieu, mais une récompense accordée à notre mérite : seule, sans secours immérité, la volonté, par une libre décision, opterait pour

---

ration qu'il ne dépend pas de moi de me donner, ni de conserver, mais qui pourrait devenir plus habituel par un certain régime intellectuel et moral auquel il serait temps de me soumettre, par l'oraison du silence ou la méditation (*Pensées*, p. 315-316).

1. Je voudrais considérer les effets psychologiques de la prière. Nul doute que ce ne soit l'exercice le plus propre à modifier l'âme dans son fond, à la soustraire aux influences des choses extérieures, et à tout ce monde de sensations et de passions. En se mettant en la présence de Dieu, de cet infini, de ce parfait idéal, l'âme est pénétrée de sentiments d'une autre nature que ceux qu'elle nourrit ordinairement. Quand la lumière divine commence à nous éclairer, alors on voit dans la vraie lumière ; il n'y a aucune vérité que l'intuition ne saisisse, les mêmes choses qu'on avait entendues cent fois froidement et sans fruit nourrissent l'âme comme d'une manne cachée. Sont-ce là les produits d'une influence surnaturelle qui s'exerce momentanément ? N'est-ce pas le résultat de certaines dispositions, d'une sensibilité plus élevée au-dessus de celle qui nous met en rapport avec le monde extérieur (*Pensées*, p. 406) ?

le bien. Le premier acte lui vaudrait une grâce ; celle-ci à son tour susciterait une volonté meilleure qui amènerait une grâce plus haute. Dans cette ascension vers le parfait, nous ne monterions pas seuls. Dieu serait à côté de nous pour nous fournir, à l'heure opportune, l'appui nécessaire ; mais c'est nous qui aurions fait le premier pas et la démarche décisive. Nous aurions besoin pour accomplir cette œuvre d'une force divine ; mais c'est nous qui l'aurions méritée. Elle ne dépendrait pas de nous dans sa nature ; mais elle en dépendrait dans son apparition. L'œuvre accomplie serait sans doute le résultat d'une collaboration humaine et divine ; mais c'est nous qui en aurions l'initiative : elle serait vraiment notre œuvre. notre liberté serait reconquise ou mieux sauvegardée ; et la grâce ne serait plus un caprice divin, elle deviendrait un acte de justice [1].

Arrivé à ce point, Maine de Biran se croit en possession de la vérité. Elle se trouve à égale distance du stoïcisme et du catholicisme. L'un accorde trop à la volonté, et l'autre trop à la grâce. Nous ne pouvons pas tout ; mais nous pouvons quelque chose. Le secours de Dieu est néces-

---

[1]. Je conçois que le christianisme et le stoïcisme pourraient être conciliés dans ce sens que l'homme, usant de sa liberté ou de son activité morale propre, commencerait à opérer de lui-même le bien que sa raison lui montre, en luttant contre ses passions ; mais il ne pourrait aimer le souverain bien, s'y attacher constamment, ni s'élever à lui parfaitement, sans le secours d'une grâce spéciale que Dieu lui accorderait comme récompense de ses efforts propres. Autrement, il est impossible de concevoir la justice suprême appliquée à l'homme ; il semble que Dieu choisisse arbitrairement et sans motif, ceux qu'il lui plaît d'orner de toutes les perfections, en abandonnant les autres à toutes les misères de l'humanité. *Placita enim erat Deo anima illius.* Pourquoi une âme qui n'a encore rien fait pour le bien est-elle plus agréable à Dieu qu'une autre (*Pensées*, p. 302)?

saire ; l'aquiescement de la volonté ne l'est pas moins. Les deux doctrines d'ailleurs, quoique dissemblables, sont moins distantes qu'elles ne le paraissent. Le stoïcisme remet la direction de la vie aux mains de la volonté appuyée sur la raison. Mais la raison humaine, individuelle, est une participation à la raison universelle et absolue : c'est vraiment le reflet, ou mieux encore, une parcelle de l'intelligence divine. Quand nous nous appuyons sur elle et que nous marchons à sa lumière, c'est vraiment Dieu qui nous guide et nous soutient. Là aussi nous dépendons de Dieu, mais d'une dépendance plus sèche, plus dure, moins filiale[1]. Maine de Biran est heureux de constater cet accord. Ce n'est qu'avec peine qu'il se détache d'une doctrine qui lui a offert un abri momentané. Il va pourtant s'en détacher de plus en plus.

1. Sous les rapports psychologiques il y a beaucoup d'analogie entre l'état de l'âme d'un philosophe stoïcien, tel que Marc-Aurèle, et celui d'un parfait chrétien. Tous deux séparent constamment en eux-mêmes ce qui est de l'âme et ce qui est du corps. L'esprit lutte également dans tous deux contre la chair; ils se font une idée semblable de la vertu, de la perfection de l'homme, qui consiste à se mettre au-dessus de tous les vains désirs, des caprices de l'imagination, de la sensibilité, et à maintenir son âme exempte de plaies et de souillures. Tous deux se réjouissent intérieurement du bien de l'âme; avec cette différence essentielle, il est vrai, que le chrétien place hors de lui et plus haut que lui le principe de sa force, tandis que le stoïcien la met en lui-même[1]. Mais quand on examine psychologiquement la notion que le philosophe attache à cette âme qu'il cultive, respecte, honore en lui-même, à cette raison absolue qu'il consulte et prend pour guide, on voit que l'âme, le génie, qui est dit être en nous, est autant hors du *moi*, ou au-dessus de lui, que Dieu le Père est au-dessus et hors de l'homme : c'est l'idée du *Fils*, médiateur entre Dieu et l'homme, qui différencie uniquement le chrétien (*Pensées*, p. 359-360).

1. Le manuscrit porte ici, en marge, la note suivante : « Encore cette différence s'évanouit-elle, quand on considère que la raison, comme l'entend Marc-Aurèle, est dans l'homme sans être à lui, qu'il la reçoit comme par émanation, d'une source plus haute. »

III

La vertu est l'œuvre commune de l'homme et de Dieu. Elle relève de Dieu : c'est lui qui fournit la force de l'accomplir. Elle appartient à l'homme : c'est lui qui en a l'initiative. Peut-on la lui laisser? Vouloir, c'est choisir; et choisir, c'est aimer. Ne faudra-t-il donc pas qu'il y ait, précédant tout acte de volonté, même le premier, un amour, un attrait et une sollicitation de Dieu? De plus, accueillir la grâce, se livrer à son attrait, c'est la grâce essentielle. Pour incliner la volonté vers un objet extérieur et un acte de vertu, il faut une sollicitation intérieure; mais, pour céder à cette sollicitation, n'en faut-il pas une autre? Ne faut-il pas que cette force auxiliaire qui nous aide à nous déterminer, non seulement environne la liberté, mais la pénètre et lui fournisse l'énergie suffisante pour cette démarche décisive qui est le libre choix?

Avec des hésitations, des retours, de vrais scrupules, Maine de Biran en vient à retirer à la liberté et cette initiative qu'il lui avait accordée, et même la pleine propriété de la décision et du choix qui paraît la constituer.

Il y a au fond de nos âmes un amour inné de la vertu : Nous tendons au bien, spontanément, nécessairement; c'est de ce côté que notre volonté est orientée, comme notre intelligence est tournée vers la vérité. Or Dieu est le bien comme il est la vérité. C'est donc vers lui que nous allons par toutes nos facultés, ou plutôt c'est lui qui nous attire[1].

---

1. L'âme par ses désirs, et en vertu de sa nature intellectuelle, tend à l'union avec Dieu (*Pensées*, p. 381.'

Cet attrait est fondamental : il est contemporain du premier acte de la liberté; et, logiquement, il lui est antérieur. Sans amour, nous pourrions juger; mais entre deux voies ouvertes à notre activité, nous ne parviendrions pas à choisir : l'amour est la condition de la liberté. Il la précède, la sollicite, il la restreint. Il ne la détruit pas : elle y perd peut-être quelque chose de son indépendance; mais elle ne disparaît pas, si elle peut céder ou résister aux attraits qui la circonviennent, si elle conserve une pleine possession d'elle-même et que la libre décision lui appartienne. Lui appartient-elle? N'est-elle pas, elle aussi, entre les mains de Dieu?

Ce qui éveille sur ce point l'inquiétude de Maine de Biran et lui inspire un doute, c'est que, comme ses impressions, sa volonté est mobile. Elle est mobile, non seulement dans le choix, ce qui attesterait sa liberté; mais en elle-même, dans son fond, ce qui semble révéler sa dépendance : elle est forte ou faible selon les jours. Prendre une décision et la tenir est une œuvre tantôt aisée, tantôt ardue; et ces variations ne ressortissent pas à l'œuvre qu'il s'agit d'entreprendre, mais à la volonté elle-même, qui est débile ou vigoureuse.

D'où lui vient cette force ou cette faiblesse? Maine de Biran déclare que, s'il se consulte lui-même et s'en rapporte à son expérience intime, elle vient immédiatement du corps. Tout notre être moral lui est intimement lié. On a voulu établir une séparation complète, et même une opposition, entre l'âme et le corps, la pensée et la matière; et l'on a cru la voir dans ce fait que la ruine progressive de l'organisme n'entraîne pas la décadence de la pensée. On s'est trompé. La pensée sans doute paraît surnager et même devenir plus active, quand le corps vieilli commence à s'affaisser; c'est que la partie du corps qui lui sert d'organe n'est pas encore atteinte. Qu'elle le soit; et, dans un corps en apparence sain, on la verra vaciller et bientôt s'éteindre, comme une flamme sans aliment[1]. Il en est de même de la volonté, qui est la racine de tout acte d'intelligence aussi bien que de tout choix : elle est solidaire de l'état du corps, reçoit de là, du moins en apparence, toute sa force ou sa faiblesse et disparaît avec lui. Cette dépendance est un fait[2]. Physiologistes et théologiens ne peuvent le méconnaître : il y a là pour eux un point sur lequel leurs dissentiments doivent cesser, et comme un terrain de conciliation. Le fait admis, ils peuvent l'interpréter à leur guise. Pour les uns, les premiers, c'est par là que la volonté humaine se rattache à la matière, à la nature qui est la mère universelle et le réservoir inépuisable de l'être. Pour les autres, le corps n'est que l'intermédiaire de l'action divine : Dieu, par lui, reprend partiellement possession de notre volonté et remédie à son indigence en lui fournissant de sa force. C'est parmi ces derniers que se

---

1. *Pensées*, p. 331.
2. ... Nous supposons toujours, conformément à cet état même de méditation ou d'abstraction du *moi*, que le sujet d'attribution de tous les modes d'existence intérieure ou actes intellectuels, est le *moi* pur, séparé de l'organisation, tandis que c'est à l'homme tout entier, c'est-à-dire à l'organisation vivante animée par une force propre, que tout ce qui se passe dans l'homme appartient réellement et doit être attribué. Or, quoique la force ou la partie active de l'homme fasse tout en lui, du moins tout ce qui est dans sa conscience, il n'en est pas moins vrai que le mode d'exercice actuel de la force dépend lui-même de l'état et des dispositions de l'organisme (*Pensées*, p. 351). — Cf. *Ibid.*, p. 392, 369-370.

range Maine de Biran. Son parti est pris depuis longtemps. Le corps, comme l'âme, dérive de Dieu et demeure sous sa main : Dieu trouve ainsi le moyen, non seulement de solliciter du dehors notre volonté, par les attraits ou les répugnances qu'il nous inspire; mais encore, en la pénétrant, de l'affermir ou de la laisser sans vigueur. Il a de plus le pouvoir d'agir sur elle directement et sans intermédiaire. Sur ce point, la conscience est muette. Maine de Biran l'admet cependant[1].

N'est-ce pas une main-mise complète sur nous? En vérité, que reste-t-il de notre liberté? Ne semble-t-il pas que Dieu en ait fait le siège, qu'il l'ait circonvenue et que, resserrant peu à peu le blocus dont il l'avait pressée, il ait fini par s'en emparer? Il la sollicite par les attraits qu'il éveille, les paroles séductrices que, dans le silence de la pensée, il lui fait entendre; il a déposé en elle la tendance fondamentale qui la meut, sans laquelle elle demeurerait inerte; enfin, il lui fournit, lui mesure ou lui retire la force enveloppée dans l'acte du vouloir. Reste-t-il quelque chose pour la liberté? Oui, la décision elle-même. Elle peut être rendue impossible, sans doute, si la force, d'où qu'elle procède, du corps ou de Dieu, vient à manquer tout à coup; elle peut être rendue malaisée, si cette force faiblit. Mais, tant qu'elle ne se retire pas tout en-

---

[1]. ... Dans l'influence la plus élevée de la grâce, on peut croire qu'il y a toujours une condition organique sans laquelle l'homme qui se sent élevé au-dessus de lui-même, n'aurait pas ce sentiment.

... Nous dépendons de l'organisation pour recevoir une lumière supérieure qui nous éclaire et jouir de la vérité, comme nous dépendons de la bonne conformation de nos yeux pour voir la lumière au dehors (*Pensées*, p. 352-353).

tière, tant que le vouloir est possible et qu'il est, il est indépendant. On a dit que, pour prouver la liberté, il faudrait établir sa complète indépendance vis-à-vis du corps, du monde, de Dieu, et montrer qu'il y a entre elle et tout être une solution de continuité, que, dans son existence, dans sa nature et dans ses actes, elle ne relève que d'elle-même. Que Maine de Biran est loin de cette façon de sentir! Il admet que, par elle-même et par le corps auquel elle est unie, la liberté dépend de Dieu, qu'elle en dépend dans sa nature et même dans ses actes. Mais, pourvu que, sous la pression des attraits et des répugnances qu'elle éprouve, elle puisse, en face d'un acte à accomplir, donner ou refuser son assentiment, il la tient pour réelle [1].

Dieu est à l'âme, dit-il, ce que l'âme est au corps. Or, sous l'action vivifiante de l'âme, le corps garde sa nature, il demeure résistant et impénétrable, il ne perd pas un atome de son poids. Il en est de même de l'âme : sous l'action de Dieu qui l'a créée et qui la porte, elle conserve sa vie propre et reste en possession de sa liberté.

1. La liberté interne gouverne la force attractive de l'âme (*Pensées*, p. 381).

CHAPITRE III

L'AMOUR

I

Mais le dernier mot n'est pas dit sur les relations de l'homme et de la surnature. L'action du vouloir divin peut acquérir une domination plus complète. Elle l'acquiert quand s'inaugure la vie de l'esprit, vie supérieure, vie divine où nous ne pouvons être introduits que par Dieu lui-même, où notre âme, tout entière transformée, devient comme un être nouveau [1].

L'intelligence s'y sent inondée de lumière. Ce n'est plus la lumière pâle et mêlée d'ombre à la lueur de laquelle

---

1. ... Au-dessus de cette deuxième vie, il en est une troisième qui, pas plus que la vie organique, n'a en elle-même son principe, ses aliments, ses mobiles d'activité, mais qui les emprunte d'une source plus haute, la même qui a tout produit et qui dirige tout vers une fin.

La deuxième vie de l'homme ne semble lui être donnée que pour s'élever à cette troisième, où il est affranchi du joug des affections et des passions, où le génie, le démon qui dirige l'âme et l'éclaire comme d'un reflet de la divinité, se fait entendre dans le silence de toute nature sensible, où rien ne se passe dans le sens ou l'imagination, qui ne soit ou voulu par le *moi*, ou suggéré, inspiré par la force suprême, dans laquelle ce *moi* vient s'absorber et se confondre (*Pensées*, p. 361-362). — Cf. *Ibid.*, p. 416-417.

nous discernons péniblement la vérité; c'est une lumière pleine, chaude, vivante. Nous sommes en contact avec le foyer d'où elle émane, en relation intime avec lui. L'Esprit déchire tous les voiles et pénètre notre intelligence : il en devient l'objet, le milieu et la force; c'est lui, c'est en lui, c'est par lui que nous voyons. Sous cette influence divine, les choses jusqu'ici connues nous paraissent si entièrement nouvelles qu'il semble que nous venons de les découvrir. Nous les avions effleurées, nous les pénétrons : une écorce dure à laquelle nous nous étions heurtés, se brise et nous laisse le fruit de vie qu'elle contenait, vérité substantielle qui est à la vérité conquise laborieusement par nos efforts personnels, ce que la réalité est au concept abstrait et vide [1].

En même temps que l'intelligence s'illumine, le cœur s'échauffe, la volonté est entraînée [2]. Heureuses victimes

---

[1]. Quand la lumière divine commence à nous éclairer, alors on voit dans la vraie lumière; il n'y a aucune vérité que l'intuition ne saisisse, les mêmes choses qu'on avait entendues cent fois froidement et sans fruit nourrissent l'âme comme d'une manne cachée (*Pensées*, p. 406). — Cf. *Ibid.*, p 324.

[2]. J'entends maintenant la communication intérieure d'un esprit supérieur à nous, qui nous parle, que nous entendons au dedans, qui vivifie et féconde notre esprit sans se confondre avec lui; car nous sentons que les bonnes pensées, les bons mouvements ne sortent pas de nous-mêmes. Cette communication intime de l'*Esprit* avec notre esprit propre, quand nous savons l'appeler ou lui préparer une demeure au dedans, est un véritable fait psychologique et non pas de foi seulement.

Toute la doctrine du christianisme, c'est qu'il faut aimer. Lorsque nous avons senti en nous-mêmes l'influence vivifiante de l'Esprit divin, il est naturel que nous l'aimions, que nous l'appelions sans cesse, comme l'aliment, le soutien, le principe de notre vie, que nous l'aimions plus que nous-mêmes, car c'est de lui que nous tenons une existence supérieure à celle du *moi*, et c'est par l'amour seul que nous nous unissons à l'esprit (*Pensées*, p. 410-411).

d'une violence divine, nous sommes portés vers le bien par un amour qui détruirait toute résistance, s'il en pouvait exister. Il n'en existe pas ; la liberté est momentanément abolie. Elle disparaît devant l'amour qui vient de se déclarer, comme la paille devant le feu. Et cet amour nous conduit à une union avec Dieu si intime et si profonde que notre vie personnelle en est comme suspendue, qu'elle s'agrège à la vie divine [1] : c'est Dieu qui vit en nous. Le corps ne peut nous suivre dans cette ascension. Mais les liens qui nous unissent à lui sont détendus et semblent se rompre : ses joies ne parviennent pas jusqu'à nous ; ses douleurs ne peuvent nous atteindre [2]. Toute notre vie est momentanément concentrée dans l'âme et notre âme elle-même étroitement unie à Dieu.

Cette vie est-elle réelle ? N'est-elle pas un rêve, une anticipation de l'esprit qui, sentant, à mesure qu'il s'élève, sa lumière croître et son amour grandir, passe subitement à la limite et imagine un état où la lumière est sans ombre et l'amour sans obstacle ? Non, c'est un état réel. Maine de Biran le connaît par sa propre expérience [3]. Elle lui suffit.

---

1. ... Mais il y a quelque chose de plus, c'est l'absorption de la raison et de la volonté dans une force suprême, absorption qui constitue sans effort un état de perfection et de bonheur (*Pensées*, p. 362). — Cf. *Ibid.*, p. 408.

2. L'âme qui se trouve unie et comme identifiée par l'amour avec l'esprit supérieur d'où elle émane, n'est plus sujette à l'influence de l'organisme ; elle ne s'occupe plus de quel côté souffle le vent de l'instabilité, mais elle demeure fixée à son centre, et tend invariablement vers sa fin unique, quelles que soient les variations organiques et les dispositions de la sensibilité (*Ib id.*, p. 408).

3. A en juger par ce que j'éprouve, et ne considérant que le fait psychologique seulement, il me semble qu'il y a en moi un sens supérieur et comme une face de mon âme qui se tourne par moments (et plus souvent en

Mais elle est nécessaire. Cet état nouveau est si différent de tout ce qui le précède ou le prépare que ceux qui l'atteignent sont seuls à s'en faire une idée claire. Nous ne pourrions le concevoir.

Encore moins pourrions-nous le produire. C'est l'éclosion d'une vie nouvelle qui succède à l'autre, qui n'en peut sortir et où, semble-t-il, nous ne sommes pour rien : nous nous trouvons réduits au rôle de spectateur des merveilles qui s'opèrent en nous. Est-ce nous qui voyons avec cette lucidité? Sans doute, puisque notre conscience s'exerce et lie le présent au passé; mais nous voyons par une force qui est en nous et n'est pas de nous. Est-ce qu'un sourd qui entendrait momentanément, se croirait la cause des phénomènes étranges qui rompraient le silence où il était enseveli? Nous ne pouvons pas davantage nous attribuer cette vision pénétrante et ces brusques éclairs près desquels les lueurs diffuses et vagues de la raison paraissent une nuit. C'est un organe nouveau qui est créé, ou du moins une faculté latente qui, sous une action étrangère, s'épanouit [1].

Cette vision de la vérité est inséparable de l'amour. Et cet amour dominateur n'a rien de commun avec les pauvres passions qui sont les ressorts de notre existence

---

certains temps, à certaines époques de l'année) vers un ordre de choses ou d'idées, supérieures à tout ce qui est relatif à la vie vulgaire, à tout ce qui tient aux intérêts de ce monde et occupe exclusivement les hommes. J'ai alors le sentiment intime, la vraie suggestion de certaines vérités qui se rapportent à un ordre invisible, à un mode d'existence meilleur, et tout autre que celui où nous sommes. Mais ce sont des éclairs qui ne laissent aucune trace dans la vie commune, ou dans l'exercice des facultés qui s'y rapportent; je tombe après m'être élevé (*Pensées*, p. 324).

1. *Pensées*, p. 324-325.

humaine. Sans doute, à cette vie qui éclate en notre âme, nous donnons un acquiescement prompt, plein et joyeux. Mais cet acquiescement, nous ne pouvons le refuser; il nous est ravi. Dieu, présent et actif, sollicite et entraîne. Sous cet attrait et sous cette pression, l'homme est moins une liberté qui choisit qu'un cœur vaincu qui se livre. Tout est nouveau dans cet état, et son objet et sa lumière et les facultés qui s'y meuvent.

Ne faut-il pas ajouter que le moi n'y a pu pénétrer et qu'il a expiré sur le seuil? L'effort, en effet, sur lequel il se fonde est aboli et la liberté est absorbée dans l'amour.

II

Mais ne peut-on pas dire que la liberté se survit à elle-même, puisque c'est elle qui a préparé sa ruine et a rendu possible le triomphe incontesté de l'amour? La vie de l'Esprit, nous venons de le voir, en un sens ne dépend pas de nous : c'est un souffle étranger qui l'éveille, une nourriture céleste qui la maintient. Mais ne pouvons-nous pas lui préparer les voies, écarter tout ce qui lui serait une entrave ou un obstacle[1], dompter notre

---

[1]. Ce renouvellement ne peut jamais être spontané, mais s'obtient par une action entièrement libre, absolument étrangère aux dispositions sensitives, à toute impulsion de la chair, comme aux choses du dehors; il s'obtient surtout par une méditation soutenue, laquelle n'est elle-même que l'exercice de l'activité intellectuelle dans toute son énergie, et enfin par la prière fervente où l'âme humaine s'élève jusqu'à la source de la vie, s'y unit de la manière la plus intime et s'y trouve comme identifiée par l'amour (*Pensées*, p. 418). — Cf. *Ibid.*, p. 325.

corps, amortir nos passions, assurer à la volonté l'empire qui lui revient, nous soumettre à la loi du devoir, entretenir en nous le culte de l'idéal et l'amour de Dieu? Dans ce travail, le temps sera notre auxiliaire. A mesure que nous avancerons dans la vie et que la mort nous deviendra prochaine, la vigueur de la jeunesse, cette vigueur saine et forte qui alimentait nos passions et nous entretenait en une joie naturelle et sentie, tombera sans effort; nous nous déprendrons de tout ce que nous avons le plus violemment aimé et de nous-même. Le premier mouvement de Maine de Biran est de s'en attrister. Mais il se reprend bientôt. Ce qui s'affaisse, c'est la vie animale, tout au plus la vie humaine; et ces tristesses nous tournent vers Dieu. Si nous nous attachons à lui, ce n'est pas par impuissance : dans l'abandon où le monde nous laisse et l'ennui qu'engendre le silence des passions et notre faiblesse croissante, Dieu n'est pas un pis-aller; il est au contraire l'objet vers lequel, depuis l'éveil de notre vie consciente, nous tendions. La vieillesse ne fait que contribuer à éclaircir l'intelligence et à libérer l'amour [1].

Cette intervention de la volonté n'est pas seulement utile, elle est nécessaire. S'abandonner à la direction de

---

[1]. J'ai, quant à moi, la conscience que, sans aucune terreur semblable, sans aucun effet d'imagination, le sentiment religieux peut se développer à mesure que nous avançons en âge : parce que les passions étant calmées, l'imagination et la sensibilité moins excitées ou excitables, la raison est moins troublée dans son exercice, moins offusquée par les images ou les affections qui l'absorbaient; alors Dieu, le souverain bien, sort comme des nuages, notre âme le sent, le voit, en se tournant vers lui source de toute lumière... (*Pensées*, p. 269).

l'Esprit avant ce travail de purification intérieure, serait la plus grave des illusions : ce serait s'exposer à être le jouet d'une imagination tout à la fois indolente et surchauffée. On ne peut passer immédiatement de la vie animale à celle de l'Esprit; la vie humaine est un intermédiaire nécessaire [1]. L'amour, l'amour vrai, celui qui a Dieu pour objet et pour soutien, pour auxiliaire et pour inspirateur, ne peut régner que dans une âme où les passions domptées sont soumises à la volonté, et la volonté inébranlablement attachée au devoir. C'est donc la volonté qui se livre, et qui seule peut se livrer elle-même. N'est-il pas juste de dire que, dans sa défaite, c'est elle encore qui triomphe?

Sans doute, mais elle n'en périt pas moins. Que devient alors toute la doctrine de l'effort et de la liberté? Est-ce que Maine de Biran, dans ses dernières années, n'a pas donné un démenti à sa vie antérieure, ruiné le fondement de sa philosophie et rendu vaines toutes ses recherches psychologiques et ses découvertes? Non, mais il en a mieux pénétré le sens. Il a remarqué lui-même que, dans l'étude du moi, l'on aperçoit toujours de nouvelles profondeurs et que c'est là, non pas la seule, mais une des causes qui expliquent les divergences et les contradictions apparentes des psychologues. Lui ne s'est jamais lassé de scruter sa pensée et de pénétrer plus avant dans l'examen de lui-même. Il sait bien, à chacune des étapes de sa pensée, où se termine son regard; mais il soupçonne

---

[1]. Il faut d'abord avoir fait prédominer en soi la tendance céleste sur la terrestre, et alors seulement laisser faire l'esprit sans vouloir le diriger (*Pensées*, p. 404).

toujours que cette limite n'est pas celle du réel. Il se demande si, au delà du point où il est parvenu, quelque jour un Christophe Colomb ne découvrira pas des terres nouvelles; et il sonde avec inquiétude cet horizon mystérieux derrière lequel il sent tressaillir une vie plus profonde [1]. Au delà de la sensation, il trouve la pensée; au delà de la pensée, l'effort actif et libre; n'y a-t-il rien au delà de l'effort? Il y a la tendance et l'amour. Il l'a d'abord rejeté hors du moi, parce qu'il est passif et fatal. Il ne relève pas de la liberté; c'est, dans notre âme, l'empreinte laissée par une main étrangère, celle de la nature ou celle de Dieu : c'est une marque de servitude. Cela lui paraît une entrave. Mais il ne tarde pas à s'apercevoir que supprimer toute entrave à la liberté, c'est lui enlever tout appui et même toute raison d'être. Qu'en ferait-il, celui qui n'aurait ni désir ni passion, et comment s'y prendrait-il pour vouloir? La soustraire à tout entraînement, ce n'est pas la libérer et la rendre absolue; c'est l'anéantir. Mais si la tendance est nécessaire à l'exercice de la liberté, et même à son existence, pourquoi s'en distinguerait-elle? et ne peut-on pas dire qu'elle est une partie intégrante du moi?

1. L'homme intérieur est ineffable dans son essence, et combien de degrés de profondeur, que de points de vue de l'homme intérieur qui n'ont pas même encore été entrevus, mais pourront l'être ultérieurement, car un point de vue conduit à l'autre ! Un homme méditatif, qui avance jusqu'à un certain point dans cette intuition interne, donne à d'autres les moyens d'aller encore plus avant. Si les écrits des philosophes spéculatifs ne font pas naître la lumière, ils la tirent des autres esprits bien disposés, comme l'étincelle est tirée du caillou (*Pensées*, p. 315).

III

Au cours des *Fondements de la psychologie,* Maine de Biran, comme on l'a déjà fait voir, place la liberté, non dans la décision, mais dans la délibération elle-même. Nous pouvons la commencer, la suspendre, la prolonger à notre gré ; par là, nous parvenons à faire prévaloir, sur le bien sensible et présent, le bien moral : nous lui donnons, en fixant et en maintenant sur lui le regard de notre esprit, la force qui lui manque. Mais, pour diriger ainsi notre regard dans un sens déterminé et surtout pour l'y maintenir, il faut le vouloir. Est-ce que, dans cette volonté primitive, ne se trouve pas enveloppée une tendance, la tendance au bien ? Le bien, nous avons pris parti pour lui, nous voulons le faire prévaloir dans notre conduite.

Ce n'est pas seulement dans la conscience de la liberté que Maine de Biran a découvert cet élément nouveau; il l'avait entrevu dès le principe, à l'instant même où dans l'effort lui était apparu le lien des phénomènes intérieurs, le fondement de la personnalité, le moi. L'effort, en effet, on l'a vu au ch. III du liv. II, n'est pas la réponse instinctive de l'organisme à une sollicitation venue du dehors; c'est un acte libre qui rompt, au moment où il se produit, la chaîne de la nécessité : le moi a conscience de la rupture qu'il opère et de l'indépendance qui en résulte. Il est sans doute d'une façon mystérieuse lié à l'organisme et à tout cet ensemble de phénomènes extérieurs qui sont, dans la langue de Maine de Biran, le physique. Mais il s'y oppose.

C'est dans cette opposition qu'il s'affirme et qu'il prend conscience de lui-même. Faire effort, vouloir, penser, c'est résister à ce qu'il y a de passif en nous, c'est dominer l'organisme et s'élever au-dessus de la matière et des sens. Il suit de là — et Maine de Biran le reconnaît expressément dans son journal — qu'il y a identité, non seulement entre la pensée et la volonté, mais entre la pensée et la moralité. Penser est un acte moral [1]. C'est pour cela, qu'arrivé au développement complet de son système, recherchant dans le passé l'origine de cette vie divine qu'il connaît enfin et qu'en des moments trop rares et trop courts il vit lui-même, il trouve qu'elle coïncide avec l'éveil de la personnalité : « la vie de l'esprit commence à luire avec le premier effort voulu [2] ».

Mais, si penser est un acte moral, si le premier effort voulu est le début de la vie divine, n'est-il pas évident qu'il enveloppe d'autres éléments que ceux que Maine de Biran y avait tout d'abord expressément reconnus ? S'opposer à l'organisme, résister aux tendances passives, aveugles et fatales, c'est le côté négatif de l'effort, c'est un de ses aspects. Or on ne s'éloigne d'un terme que pour se rapprocher d'un autre. Cet autre, quel est-il ? la conscience ? Mais la conscience n'est pas distincte de l'effort : elle en est la reproduction; c'est le miroir idéal où l'effort se

---

1. L'exercice de la pensée est, en même temps, un exercice de moralité. Se mettre au-dessus de la nature ou de l'organisme, au-dessus des passions, des affections qui appartiennent à la machine, est une condition essentielle pour faire son métier d'homme. A le prendre sous ce rapport, l'intelligence et la moralité sont indivisibles; l'être le plus intelligent serait aussi le plus vertueux (*Pensées*, p. 200).

2. *Pensées*, p. 417.

reflète et se redouble. Elle ne peut servir de but à la volonté dont elle est l'image. Reste donc que ce premier acte de la volonté qui nous soustrait au fatalisme des passions inférieures, se dirige vers le bien, vers Dieu. Et, comme pour se tourner vers lui, il faut l'aimer, comme d'ailleurs le premier acte de la vie consciente ne peut avoir été précédé d'une délibération, il faut qu'il y ait, inhérent à la liberté, pour l'orienter dès ses premiers pas, un amour inné du bien et de Dieu. L'acte constitutif du moi est donc tout à la fois une activité libre, une pensée consciente, une tendance vers le bien, force, lumière et amour.

IV

De ces trois éléments, quel est l'élément essentiel? Maine de Biran avait dit d'abord avec Condillac : c'est la pensée, et la pensée se ramène à la sensation. Il a dit ensuite : c'est l'activité qui se cache sous la pensée et la produit, l'effort libre. Il déclare enfin : c'est l'amour.

L'amour est à la racine de la liberté. Il est plus invariable qu'elle; il lui sert d'appui; et, comme il est naturellement orienté vers Dieu, il lui est encore un guide [1]. Son

---

1. M. Baggesen [1] s'entretenant avec moi, disait très bien qu'au-dessus de la volonté ou du *moi*, qui lutte sans cesse contre les affections passives de la sensibilité, est une force supérieure au *moi* humain, ou un autre *moi* plus élevé, centre d'une troisième vie qui ne reçoit point ses lois ni sa direction de la sensibilité ni de la volonté. Le sentiment religieux seul élève l'homme à cette troisième vie où l'âme ne fait que sentir d'une manière ineffable, et où elle est sans effort, dans l'état le plus parfait que comporte sa nature (*Pensées*, p. 302).

1. Baggesen (Emmanuel), poète danois, né en 1764, mort en 1826.

activité est incessante : on peut le contrarier et même le dévier momentanément; mais qu'on écarte les obstacles qui l'entravent, il se redresse spontanément et se dirige vers son centre. C'est un moi plus profond, un moi supérieur auquel l'autre doit se soumettre : il est notre vouloir essentiel et fondamental; les volontés particulières qui s'éloignent de lui en le contredisant, sont des égarements et des défaillances.

La liberté n'est pas supprimée par là, elle se réduit à son vrai rôle. L'amour du bien se trouve au fond de nous-même [1]. Il faut le débarrasser des erreurs qui le dévient, des obstacles qui l'arrêtent : c'est l'œuvre de la liberté. Quand cette œuvre est achevée, l'amour se meut dans la lumière et se dirige d'un élan infaillible vers le bien : il devient la vraie liberté, une liberté supérieure à l'autre qui n'est qu'un instrument : celle-ci n'a de valeur que pour atteindre celle-là.

---

1. C'est par l'amour moral que l'âme tendant, comme par un instinct de l'ordre le plus élevé, vers le beau, le bien, le parfait, qui ne se trouvent dans aucun des objets que les sens ou l'imagination peuvent atteindre, prend son vol plus haut que toute cette nature sensible, et, avec les ailes de la colombe, va chercher dans une région plus épurée, le bonheur, le repos qui conviennent à sa nature (*Pensées*, p. 399-400). — Cf. *Ibid.*, p. 411-417.

CHAPITRE IV

LA FOI

I

Maine de Biran avait le goût de la vie intérieure : il l'a cultivée même quand ses doctrines auraient dû, semble-t-il, l'en éloigner; il finit par s'y livrer tout entier. Dans les années qui précèdent sa mort, il se concentre en lui-même à mesure que tombe son énergie, et se tourne de plus en plus vers le ciel. Il vit en Dieu, pour Dieu; et, par moment, il croit vivre uniquement de Dieu : c'est une âme essentiellement religieuse. A ce moment, ses tendances natives paraissent avoir produit tout leur effet.

Est-il allé jusqu'à la foi en une religion positive? A-t-il été vraiment catholique? c'est la question qui nous reste à traiter.

Cousin le tient pour un mystique qui n'a pas eu le temps d'aller au bout de ses tendances et à qui une mort heureusement prématurée a épargné cette fin, qui est un coup de désespoir et une abdication. Paul Janet, après la publication des *Pensées*, reconnaît que Cousin avait bien vu et que Maine de Biran a fini par le mysticisme. Cette découverte lui paraît fâcheuse. Il essaie d'en atténuer les effets afin de sauver la personnalité qui lui paraît compromise par la vie divine; mais surtout, il prend nettement parti dans la question qui nous occupe : d'après lui, si Maine de Biran a été catholique de tendance et d'aspiration, il ne l'a jamais été dans le sens d'une foi réelle et positive. Son éditeur, E. Naville, le croit plus près de la religion, plus chrétien toutefois que catholique. Mais, à vrai dire, il pense que Maine n'est entièrement ni l'un ni l'autre. Il n'y a pas de vraie foi sans adhésion à la parole de Dieu et au témoignage qui nous l'a transmise : la religion est principalement un fait historique. Or Maine de Biran, tout occupé de psychologie, retiré en lui-même, n'a eu ni le loisir ni le goût de jeter un regard sur l'histoire, pour savoir s'il est vrai qu'en un point du temps et de l'espace, Dieu nous ait parlé.

Sa fin pourtant a été catholique. Entouré de sa famille, il a reçu pieusement les derniers sacrements de l'Église [1].

---

1. Visité par un prélat qui était lié avec lui, il a rempli d'une manière édifiante ses devoirs de chrétien et a reçu les sacrements des mains de son pasteur, M. le curé de Saint-Thomas d'Aquin (*Ami de la Religion*, 24 juillet 1824).

Son âme était naturellement religieuse et cette heureuse disposition s'est développée et montrée avec beaucoup de vivacité et de chaleur dans sa dernière maladie qui a été d'environ un mois. Il a rempli tous ses devoirs de chrétien, reçu tous les sacrements, et par sa piété tendre et ses discours religieux, il a édifié son vénérable pasteur et arraché des larmes aux assistants. Plein de résignation et d'espérance, il s'est doucement éteint dans les bras de son fils consterné (*Moniteur*, 23 juillet).

... Il nous laisse cependant une grande consolation que vous partagerez, Messieurs : sa résignation dans ses longues souffrances et l'accomplissement de ses devoirs religieux (Disc. de Chilhaud de la Rigaudie prononcé à la Chambre, le 23 juillet (*Moniteur*, 24 juillet).

Et, dans les jours qui précédèrent sa mort, quand, pour ménager sa faiblesse, sa porte était rigoureusement close à ses meilleurs amis, une exception était faite pour deux : l'un, excellent catholique, M. Lainé ; l'autre, un évêque, M??? Frayssinous. S'appuyant sur ce fait et aussi sur diverses parties de ce journal où il met à nu tous les mouvements de son âme, les catholiques l'ont reconnu pour un des leurs et ont voulu voir en lui un apologiste. Enfin, plus récemment, dans la préface des *Pensées* et *pages inédites*, M. Jules Didiot se range décidément à cette opinion : il affirme que la conversion de Maine de Biran ne peut faire doute pour personne et il en place la date entre 1815 et 1820. Tout le démontre, pense-t-il, et le journal et les lettres qu'il écrit à sa femme et à ses filles, surtout depuis 1819 [1].

Mais, quelque parti qu'on adopte, on se heurte à une difficulté. Si Maine de Biran a été catholique, non seulement de tendance, mais d'une foi positive, comment se fait-il qu'il ait attendu la dernière heure pour passer de la croyance à la pratique ? Quelle cause assigner à ce retard ? Si sa première jeunesse s'était laissée un moment séduire aux charmes du monde, sa vie, depuis déjà très longtemps, depuis sa maturité précoce, avait été régulière ; et, depuis que la mort se faisait prochaine et qu'il en sentait les atteintes, elle devenait plus retirée, plus intérieure ; elle paraissait sainte à ceux qui avaient le bonheur de le voir de près. Ce ne pouvait donc être un désaccord entre sa conduite et les lois de Dieu, qui l'éloignait des sacrements.

[1]. MAYJONADE, *loc. cit.*, *Préface*, p. VI-XI.

Ce ne pouvait être non plus la crainte. Quand le devoir parlait, sa timidité naturelle faisait place à un courage intrépide. Il fut, on le sait, des cinq qui, dans le silence universel, osèrent élever la voix pour adresser des remontrances à un maître autrement redoutable que l'opinion publique. L'opinion d'ailleurs, à cette époque, il n'eût pas eu à la braver; pour se montrer catholique et catholique pratiquant, il n'y avait pas à remonter le courant, mais à le suivre.

Faut-il mettre cette abstention sur le compte de l'indifférence ou d'une existence dont les affaires et les devoirs de la vie mondaine se disputaient les moments? Pendant ses séjours à Paris, il était, en effet, tiraillé dans tous sens. Ses amis se plaignaient de ne pouvoir le surprendre en repos et chez lui; lui-même déplorait ce temps où il était sans cesse hors de lui et devenait excentrique. Pourtant, jusque dans ce mouvement de Paris qu'il déteste et dont il ne peut se décider à sortir, il n'a souci que de vie intérieure : le monde des affaires est un monde étranger où il ne laisse que son ombre; il essaie de s'y faire, même aux heures d'entraînement extérieur, une solitude permanente; en tout cas, il se réserve quelques heures de recueillement pour se ressaisir et vivre, ne serait-ce que quelques instants, ce qui est pour lui la vraie vie. Chaque matin, pour s'entourer de paix et s'armer de force, il lit un chapitre de l'*Imitation*. Il lit aussi très souvent l'Écriture sainte, la cite dans ses lettres et son journal, commente l'Évangile de saint Jean, se met à l'école de Fénelon à qui il amène ses filles, la cadette surtout, Adine, qui, comme lui, avait besoin d'un guide. Et puis, le dimanche est pour lui un jour de repos, de vacance, comme pour les écoliers. Quel que soit le fardeau qui pèse sur ses épaules et quelque agitée que soit sa vie, il n'oublie pas son âme : il sait trouver, parce qu'il le veut, le temps de la cultiver et de l'élever sur les hauteurs familières. Comment n'aurait-il pas trouvé celui de chercher auprès de Dieu le secours dont il sentait le besoin? Il lui demandait dans la prière le goût de la vertu, la force de la pratiquer; il croyait le sentir lui-même présent au fond de son âme d'une présence efficace et active. S'il avait cru que ce Dieu était réellement vivant d'une vie mystérieuse dans l'Eucharistie, comme la foi catholique l'enseigne, comment se serait-il résigné, lui si faible et si impatient de sa faiblesse, à se priver d'un pareil secours? Ne convient-il pas de penser que, s'il s'est abstenu pendant sa vie entière de la pratique effective du christianisme, c'est que, tout en cherchant la foi, il n'avait pas pu la conquérir?

D'autre part, il parle toujours en chrétien. En 1818, à la Chambre, il prend la parole pour faire restituer aux ministres du culte catholique les registres de l'état civil. Il déclare que la religion catholique, parce qu'elle est divine, ne peut être soumise à aucune loi, qu'elle ne relève que d'elle-même et de Dieu[1]. Il s'intéresse vivement à la nouvelle division des diocèses[2], à l'organisation du culte, aux missions qui doivent ranimer la foi dans les campagnes. Il prend part ostensiblement, et avec joie, à toutes les cérémonies du culte catholique. Il suit, en 1816, la pro-

1. MAYJONADE, *loc. cit.*, p. 91.
2. *Id., ibid.*, p. 149.

cession de la Fête-Dieu à Bergerac. Dira-t-on que, dans ces occasions, il agit en politique plus qu'en chrétien, que la religion catholique lui paraît fournir au trône un appui solide et que dès lors elle lui semble bonne à répandre? Ce serait bien peu d'accord avec sa nature si franche, si docile à la vérité, si prête à suivre ses lumières. Il serait bien plus étrange encore que ce souci politique ne l'eût pas abandonné, même dans ses relations de famille. Assurément, quand il écrivait à ses filles, il songeait, non pas à consolider le trône, mais à épancher son âme et à former la leur. C'est avec elles qu'il s'entretient de ses projets de rétablissement de la Religion; et, dans les conseils qu'il leur donne, respire la foi la plus sincère. Il leur prêche la soumission à la volonté de Dieu et leur indique les moyens les meilleurs de travailler à leur salut : ses paroles sont celles d'un directeur sage et prudent. Dans la vie privée, comme dans la vie publique, son attitude est celle d'un croyant[1]. Est-elle feinte? Il est difficile de le croire. Et, si elle ne l'est pas, si d'autre part il ne fut ni faible ni indifférent, comment expliquer ces divergences entre sa foi et sa conduite?

II

Son journal où il note pourtant tous les mouvements de sa pensée, est à peu près muet sur ce point. Quand il songe à l'appui que trouvent dans la religion ceux pour qui elle est, non pas une vue de l'esprit, mais une habitude, il se prend à regretter d'avoir vécu loin d'elle si longtemps;

---

1. MAYJONADE, *loc. cit.*, Lettres à sa fille Adine, *passim*.

et il désire manifestement se la rendre assez familière pour que, cessant d'être uniquement une doctrine, elle descende de son esprit dans son cœur et y devienne une force active[1]. Mais, s'il a été quelquefois tenté d'aller plus loin et de recourir aux secours surnaturels qu'elle donne aux fidèles, il paraît n'en avoir fait la confidence à personne, pas même à son journal; encore moins nous parle-t-il des obstacles qui l'auraient arrêté.

Il marque pourtant, et il s'en afflige, le peu d'influence exercée sur sa conduite par sa pensée. Celle-ci, d'un mouvement ininterrompu, quoique peut-être un peu lent, se développe et paraît monter; mais elle monte seule : elle est impuissante à pénétrer les actes de la vie quotidienne et à les entraîner à sa suite[2]. Il y a sans doute, dans cet aveu,

---

[1]. Les idées ou les sentiments religieux seraient à présent les besoins de mon esprit et de mon cœur; mais lorsque ces grands objets, seuls permanents, seuls capables de remplir l'âme, n'ont pas fait sa nourriture habituelle, combien il en coûte pour les aborder et surtout pour s'y attacher d'une manière fixe (*Pensées*, p. 265)! — Cf. *Ibid.*, p. 267.

[2]. Je réfléchissais hier, en lisant le Traité de morale de Malebranche, au peu d'influence qu'ont sur ma conduite pratique les lectures spirituelles et les idées tournées vers un autre monde, dont mon âme cherche à se nourrir, et qui sont vraiment pour elle une nourriture appropriée. Je pense dans mon cabinet comme un homme spirituel, et j'agis au dehors comme un homme charnel; je suis toutes les habitudes, toutes les impulsions du monde sans aucun remords, sans aucun retour sur moi, en sortant d'une disposition intellectuelle tout opposée. Ce contraste singulier qui est en moi de tous les moments, prouve que les habitudes de ma vie ont entièrement séparé l'homme spéculatif de l'homme actif. Tous mes principes d'action sont hors de moi, dans des sensations ou des choses frivoles; les principes de mes idées ne peuvent être qu'en moi et assez profondément. J'ai souvent des ténèbres qui offusquent mon intelligence, et je ne vois pas les vérités les plus simples. Quand je les aperçois ou que le voile tombe, je suis heureux de cette vie intérieure sans songer que ces vérités me condamnent dans les écarts de la vie active (*Pensées*, p. 344-345).

une de ces exagérations auxquelles il était porté par une défiance invincible de lui-même; il doit pourtant renfermer une part de vérité et peut nous fournir, pour la question qui nous occupe, une lumière. Quoiqu'il fût préoccupé surtout des lois de la vie et en quête de force, cette préoccupation demeure longtemps spéculative; les actes ne suivent sa pensée que de loin : il réforme son esprit plus aisément que sa vie. C'est une explication de la divergence entre sa foi et sa conduite. Elle ne nous paraît pas suffire. Il est bien vrai, comme il le confesse avec une modestie touchante, que dans la pratique il est lent à s'ébranler. Il s'ébranle pourtant; et l'on peut suivre dans son journal les progrès de son âme qui de jour en jour se détache du monde, se soustrait à ses agitations, s'établit dans la paix, se tourne vers Dieu. Comme de ses progrès, il tient note des désirs qui les préparent et les devancent; de ceux qui l'auraient porté vers la pratique de la religion, il ne reste aucune trace. Qu'est-ce qui retient cet aveu sur ses lèvres? Est-ce une sorte de pudeur qui l'empêche de livrer, même à ses amis les plus fidèles, ces secrets intimes dont il ne s'entretient que devant Dieu? Peut-être.

Mais il nous semble qu'il y a autre chose encore et que, s'il ne se décide qu'au dernier moment à faire la démarche décisive qui le range parmi les fidèle, c'est qu'il restait dans son esprit un obstacle à supprimer : il avait la foi, puisqu'il parlait en chrétien; il n'avait pas réussi jusqu'alors à mettre sa philosophie d'accord avec sa foi.

On dira peut-être que c'est un état d'esprit chimérique, que la foi, si elle est entière, doit dominer la pensée, et que la pensée, si elle est libre et ne se trouve pas d'accord avec la foi, doit la supprimer? Ce serait bien peu connaître l'âme humaine où cohabitent si souvent les divergences et même les contradictions. Ce serait, de plus, oublier l'histoire de la philosophie. A la Renaissance, les philosophes n'étaient pas rares qui avaient simultanément deux doctrines, qui sur le même point soutenaient deux opinions et déclaraient par exemple que l'immortalité de l'âme est vraie selon la foi, fausse selon la raison. Au début de l'ère moderne, Descartes ne se laisse pas entraîner si loin; il met pourtant hors d'examen les vérités de la foi qu'il tient pour certaines, et revendique en philosophie la liberté de penser, même celle de douter de tout, sauf du fait de la pensée. Il réussit par la suite à rétablir dans les doctrines l'accord que les méthodes avaient rompu; mais, dès le principe, il avait pris son parti d'une rupture momentanée. Condillac est allé plus avant. Il semble bien avoir repris pour son compte les traditions heureusement interrompues de la Renaissance : il prétend conserver sa foi intacte et construit à la suite de Locke une philosophie qui manifestement la contredit. Comment réduire cette contradiction? Il ne s'en est pas soucié : il accepte simultanément les deux doctrines; la diversité de leur fondement doit justifier leurs divergences.

Il nous semble que Maine de Biran eut, lui aussi, deux doctrines simultanées. Il avait la foi; elle lui était venue avec la vie et s'était développée par l'éducation. Dans l'enivrement de la jeunesse, il ne la renie pas sans doute; mais il l'oublie : elle lui devient lointaine et comme étrangère. Plus tard, elle réapparaît. A quelle date? On ne peut l'indiquer avec précision. M. Jules Didiot veut que l'événement qui interrompt la publication du *Mémoire* soit un coup de la grâce et un retour subit vers la foi ; nous avons peine à le croire. Lui qui, plus tard, parle si volontiers des illuminations intérieures et des paroles divines qu'il entend dans le secret de son cœur, pourquoi nous aurait-il caché un appel de Dieu si inattendu et si décisif? Nulle trace d'ailleurs, à cette époque, dans son journal, d'un changement moral et, suivant l'énergique expression chrétienne, d'une conversion. Il est vraisemblable que c'est peu à peu que la foi lui revint et qu'il ne s'en aperçut distinctement que lorsqu'elle eut complètement émergé des ombres qui la voilaient. Cette réapparition de la foi explique et justifie sa conduite et sa parole. Il peut, à la Chambre, défendre le christianisme et réclamer pour lui une situation prééminente, parler en un mot comme un chrétien. Il l'est en effet. Et, quand il s'entretient avec ses filles des intérêts catholiques, quand il s'en fait le directeur et leur indique les voies sûres pour opérer leur salut, il ne joue pas un rôle, il ne ment pas à sa pensée : la doctrine sur laquelle se fondent les conseils qu'il donne et les espérances qu'il entretient, il la tient pour vraie.

Mais, en même temps que croyant, il est philosophe, et philosophe si sévère qu'il ne peut prendre parti d'un désaccord entre sa philosophie et sa religion. Il ne trouvera de paix complète qu'à l'heure où le conflit aura cessé. En pleine période sensualiste, entraîné tout à coup bien au delà des questions de psychologie expérimentale qu'à la suite de Condillac il agitait, méditant sur l'immortalité près du lit de mort de sa sœur Victoire, il se demande comment on peut résoudre ce problème fondamental d'où dépendent la direction et le bonheur de notre vie. Deux guides s'offrent à lui : la religion et la philosophie. Mais l'une, la philosophie, est incapable de le conduire au terme : « Celui qui, privé des lumières de la révélation, s'est livré uniquement à celles de la raison, doute, n'admet ni ne rejette, pénétré de son ignorance ; trop circonspect pour porter un jugement dans une matière si obscure, il n'ose affirmer ni nier, tandis que l'aveugle athée qui a dit dans son cœur avec une impudence mensongère : « il n'y a pas de Dieu » relègue cette opinion consolante au nombre des chimères et des fables[1]. » L'autre, la religion, nous met en possession de la vérité. Mais cette vérité qui vient du dehors, quelque certaine qu'elle soit, ne satisfait pas pleinement notre désir de savoir : elle s'impose plus qu'elle n'éclaire. « Le philosophe chrétien, dit-il, soumet sa raison et croit sans concevoir[2]. » Il ne nie pas le bienfait que la religion apporte : il l'accueille ; mais il ne lui suffit pas. Il croit ; il voudrait savoir. Il nous semble que c'est bien là, dès le début, comme on le voit, et pendant toute sa vie, son attitude. En « philosophe chrétien », il a « soumis sa raison » ; il voudrait « concevoir ». Mais comment y parviendra-t-il, si la philosophie est impuissante ? Par le sens intime. « Voulons-nous cesser d'errer dans l'incertitude au gré de toutes ces opinions futiles (celles de la philosophie), laissons là tous les livres et n'écoutons que le sens intime[3]. » Il nous apprendra que Dieu existe, que c'est lui qui a déposé

---

1. MAJJONADE, *loc. cit.*, p. 38.
2. *Ibid.*
3. *Ibid.*, p. 43.

dans nos cœurs le désir de l'immortalité et que, s'il l'y a mis, c'est qu'il veut le satisfaire.

Il se propose donc de retrouver par lui-même et surtout de comprendre les vérités que la religion atteste et qu'il croit sur sa parole ; et il pense y arriver par le sens intime. La méthode est encore un peu vague, et surtout l'on ne voit pas bien en quoi elle se distingue de la philosophie. Il n'en saisit pas encore complètement la valeur et la fécondité. Bientôt il la connaîtra mieux. Il dira que c'est par elle seule qu'on arrive à la vérité et que toute philosophie qui ne prend pas là son point d'appui manque de base solide, est essentiellement caduque. Cette méthode, d'ailleurs, se précisera et en se précisant deviendra plus puissante. Il y a en nous des profondeurs insoupçonnées. En tournant obstinément les regards de ce côté, on y fait toujours de nouvelles découvertes : on y entre en relation étroite avec Dieu ; on peut y entendre sa voix. Par son effort personnel auquel se joindront des illuminations intérieures, Maine de Biran veut trouver pour la religion un appui, pour sa foi une lumière. C'est là, nous semble-t-il, son dessein. Comment l'a-t-il réalisé ?

Il n'a jamais douté de l'existence de Dieu, ni de l'immortalité de l'âme : le sens intime, c'est-à-dire la conscience, lui atteste l'une et l'autre. Dès 1793, il trouve à cette certitude un premier fondement. Démonstration rapide, vue sommaire, qui paraît en désaccord avec ses théories sur la connaissance et les facultés qui l'engendrent. Mais ces deux doctrines iront au-devant l'une de l'autre. De la sensation où il est plongé, il va passer à l'effort volontaire, libre, indépendant, qui nous révèle un monde plus haut et nous y donne accès. De l'effort, il montera jusqu'à l'âme permanente et substantielle en qui gisent, latents, pour s'éveiller au contact de l'expérience, les principes directeurs de toute connaissance. Ceux-ci ont en Dieu leur fondement métaphysique et leur objet immédiat. Nous rentrons ainsi par une voie nouvelle, ou plutôt par la voie que, dès 1793, il avait pressentie, en possession et de l'âme immortelle et de Dieu.

Mais l'homme n'est pas fait seulement pour connaître, il est fait surtout pour agir. Dès le premier effort, il prend conscience de l'opposition de la pensée et de la matière, de l'esprit et des sens; et il sent qu'entre les deux il doit opter, opter pour l'esprit et maintenir son indépendance. La connaissance de la loi morale est contemporaine de l'éveil de la pensée, connaissance rudimentaire sans doute, mais qui va bientôt se développer. Cette loi nous commande; nous savons que nous devons lui obéir. Le pouvons-nous? Maine de Biran l'affirme d'abord avec les stoïciens. Instruit par l'expérience de sa propre faiblesse, il conçoit bientôt des doutes ; il reconnaît la nécessité d'un secours extérieur de Dieu, de ce que les théologiens nomment une grâce. Mais jusqu'où s'étend cette nécessité? Les stoïciens accordent trop à la volonté ; les catholiques lui accordent-ils assez? En la faisant trop faible et trop dépendante, ne l'absorbent-ils pas en Dieu? Sur cette question, Maine de Biran hésite, il affirme, il nie. Ses incertitudes paraissent, persistent, au moins jusqu'en 1821[1]. Puis, avec la grâce, il admet celui qui, pour les

---

1. Le problème qui consiste à savoir ce que nous pouvons réellement, dans le plus haut degré de perfection de notre nature, et ce que nous ne pouvons

chrétiens, en est le dispensateur, l'Homme-Dieu. Ce n'est pas sans doute sa conscience qui le peut trouver; mais il y trouve des faiblesses qui le réclament. C'est le type idéal de l'homme[1]; nous avons besoin qu'il soit posé devant nous pour nous éclairer et nous soutenir.

Il va plus loin encore : il a découvert Dieu dans sa conscience; il y découvre la Trinité. Il y a en nous une substance inaccessible et ineffable; elle se manifeste dans la connaissance et dans l'amour. Il en est de même pour Dieu[2]. De Dieu sort le Père; du Père et du Fils, l'Esprit. Il existe donc entre la doctrine catholique et la théorie philosophique à laquelle il est parvenu, une concordance complète. S'il reste, entre l'une et l'autre, au sujet de la foi, une différence légère et qui aux heures les meilleures paraît encore s'effacer, cette différence tient peut-être plus aux hésitations et aux résistances de la volonté qu'à une vue de la raison. On peut dire vraiment qu'il est au terme : ce qu'il croit comme chrétien, il a réussi à le concevoir.

III

Reste pourtant une dernière étape à franchir. Les don-

pas, par la nature même de nos facultés, ce grand problème est encore non seulement irrésolu, mais intact. Le christianisme et le stoïcisme prétendent le résoudre dans deux sens diamétralement opposés. Le premier exagère notre faiblesse jusqu'à anéantir dans l'homme toute force morale qui serait indépendante d'une grâce actuellement efficiente (*Pensées*, p. 367).

1. *Ibid.*, p. 344.
2. *Œuvres inédites...*, t. III, *Notes sur l'Évangile de saint Jean*, p. 291 et sqq.

nées de la foi et les conquêtes de la raison, ou mieux du sens intime, se correspondent. Ce que l'une enseigne, l'autre le découvre : les deux doctrines sont concordantes, parallèles. Ne sont-elles pas identiques? La vérité qu'elle conçoit, la raison ne l'aurait-elle pas pu découvrir? ne l'a-t-elle pas vraiment découverte?

Cette question s'est posée dans la pensée de Maine de Biran; et voici la réponse qu'il lui donne.

Il y a un progrès intellectuel et moral qui tient à l'exercice naturel de nos facultés, dont le moi contient le principe et la loi; il en est un autre qui nous peut venir, et qui nous vient en fait, d'une cause supérieure à nous-mêmes. Tous ceux qui d'une manière quelconque relèvent de Platon, reconnaissent que le monde intelligible, dont Dieu est la lumière, nous est toujours présent. Pour le voir, il suffit d'ouvrir et de diriger dans un sens convenable le regard de l'esprit; nous sommes dès lors en contact avec la vérité : nous la connaissons. Mais nous pouvons aller plus loin. Sous une impulsion étrangère, sous l'action même de Dieu, sans aucune initiative individuelle, nous pouvons être unis d'une façon intime, et par la pensée et par l'amour, à Dieu et à la vérité. Et cela, c'est quelque chose de plus que ce que l'homme sait tirer de lui-même; cela, c'est une vraie révélation, une révélation intérieure. Faveur divine. Platon l'a reçue; et après lui, les Alexandrins. C'est elle que le Sauveur annonçait à ses Apôtres quand il leur promettait la venue de l'Esprit[1]. Maine de Biran a été le témoin de ces mer-

---

1. *Édit. Cousin*, t. IV, p. 147-165.

veilles où l'activité personnelle n'a aucune part et qui viennent tout entières d'en haut.

Jusqu'où peut aller cette communication intérieure, cette prise de possession de l'âme par Dieu? Jusqu'à l'extase, qui est l'anéantissement momentané de la personne ; une expérience relativement fréquente le prouve. Ne peut-elle pas aller jusqu'à la suppression permanente de la personne humaine, à l'identification de l'homme et de Dieu? Maine de Biran l'admet, et il ne parle qu'avec la vénération la plus profonde de l'homme-Dieu.

CONCLUSION

I

Quelque temps avant sa mort, en pleine possession de sa pensée, Maine de Biran eut l'idée de recueillir en une œuvre définitive le fruit de ses expériences intérieures et le résultat de ses méditations ininterrompues. L'œuvre est demeurée inachevée dans ses détails; mais les grandes lignes en sont indiquées. Cela suffit. Nous y voyons clairement sa doctrine : c'est son testament philosophique.

Il y a trois vies, dit-il : la vie animale, la vie humaine, la vie de l'esprit ou vie divine. La première se réduit à la sensation; la seconde dérive de l'effort; la troisième s'absorbe en Dieu. Ces trois vies, nous les acquérons successivement. Enfants, avant l'éveil de la pensée, nous sommes plongés dans la sensation; bientôt le moi surgit avec le premier effort voulu, et nous pénétrons dans la vie humaine; de celles-ci, quand nous sommes dociles aux impulsions de l'esprit, nous pouvons nous élever plus haut et participer, en nous livrant à Dieu, à la vie qui l'anime lui-même. Ces trois vies se succèdent. Elles coexistent aussi partiellement les unes aux autres. La vie animale ne disparaît pas totalement dans la vie humaine, et celle-ci n'est pas entièrement abolie par la vie divine. Nous les possédons simultanément et nous pouvons, si nous sommes assez attentifs à nous-mêmes, les découvrir en nous. Il suffit pour cela d'avoir un regard intérieur assez aigu.

Nul ne l'eut plus aigu que Maine de Biran. Comme il l'observe lui-même, il était doué, pour les choses intérieures, de ce tact prompt et assuré que le commun des hommes a pour les choses extérieures. Et pourtant ce n'est pas sans effort qu'il a réussi à se connaître; c'est par degrés que de la sensation qui fut son point de départ il a pénétré jusqu'à la vie humaine et qu'il est enfin parvenu jusqu'à la vie divine : sa pensée parcourt trois stades qui, comme trois barrières, l'arrêtent momentanément et la limitent; et, à chacun de ces arrêts, il croit que les bornes de sa conscience sont aussi celles du réel et qu'il est en possession de la vérité intégrale.

Quand il commence à philosopher, il est l'élève de Destutt de Tracy et de Condillac. Ce qui plus tard ne sera pour lui qu'un élément inférieur et le plus bas de la vie, est tout à ses yeux. Il croit que l'évolution mentale prend son point de départ dans la sensation, ou mieux encore, que la sensation est l'unique élément que l'analyse découvre dans la pensée : il est sensualiste. Il l'est avec conviction; mais non sans inquiétude.

Il remarque bientôt que la sensation, telle que l'imagine Condillac, est simple sans doute, comme il convient à l'élément initial, terme de l'analyse; mais qu'elle l'est trop. C'est un phénomène sans sujet, un abstrait, quelque chose d'irréel. Posée dans le vide, l'évolution se fera dans la fantaisie et l'arbitraire; et de quelque côté qu'elle se dirige, elle ne pourra rencontrer ce qui lui manque au début, un sujet individuel et concret. Le sensualisme aboutit à l'idéologie; et l'idéologie n'est qu'une science logique, qui se développe au-dessus ou à côté du réel et demeure sans contact avec lui. La première démarche de la science de l'esprit, c'est de donner une explication du moi conscient; or la sensation ne peut manifestement la fournir.

Où la trouver? D'où vient ce sujet qui se révèle dans toute pensée et qui semble la soutenir et la produire? Faudra-t-il dire que c'est l'âme qui est présente à toutes ses opérations et qui prend conscience d'elle-même? Mais l'âme-substance est inaccessible. Si, par un procédé inédit, la conscience parvenait à l'atteindre, elle serait un objet du même coup; et c'est le sujet qu'il s'agit d'expliquer. De plus, elle est absolue; en contact immédiat avec la conscience, elle deviendrait, de ce fait, relative et, par suite, ne serait pas connue telle qu'elle est en elle-même. Elle se dérobe par sa nature même aux prises de la pensée : elle est inconnaissable. C'est pour cela qu'on discute sur sa nature depuis qu'il y a des hommes qui réfléchissent. On ne discute pas sur le moi. Il est, il est nécessairement : on ne peut le nier sans le poser.

Mais dès lors pourquoi cette enquête que Maine de Biran poursuit si laborieusement? Pourquoi chercher ce qui se trouve donné et donné nécessairement dans tout fait de conscience et que cherche-t-on, en un mot? Sans doute, le sujet est enveloppé dans tout fait conscient. Mais, si tout fait conscient nous révèle sa présence, il ne nous fait pas connaître sa nature. Ce moi qui nous apparaît est-il réel? est-ce une illusion? n'est-il pas un des aspects, une des faces d'un phénomène indivisiblement un? et quand nous en faisons une réalité propre, ne cédons-nous pas à la tentation qui fut celle de tous les logiciens du moyen âge? ne réalisons-nous pas une abstraction? C'est un doute qui se présente inévitablement. Pour s'en débarrasser, il faudrait que ce moi conscient, partie intégrante et essentielle de toute pensée, on pût le saisir seul, séparé de tout phénomène. Cela est-il possible? Oui, affirme Maine de Biran; et c'est là le point fondamental de sa doctrine : c'est la découverte où tout repose, et par où il va tout renouveler en philosophie.

La pensée n'est pas un phénomène inerte et passif, entièrement séparé de la matière, comme l'avait cru Descartes, image sans profondeur et comme flottante dans le vide. Elle est liée à l'organisme et dépend du cerveau; elle s'affermit ou s'affaiblit avec lui. Elle est en outre active, ou, pour parler plus précisément, elle est le terme d'une activité en exercice; et cette activité tombe sous les prises de la conscience. C'est l'effort, et l'effort est le moi.

Il est distinct de tout phénomène, même de la pensée qu'il supporte et qu'il produit. Entre lui en effet et cette pensée se trouve l'organisme, instrument nécessaire de son action. L'organisme nous résiste, au moins par son inertie: de là un conflit où l'effort éclôt, prend conscience de lui-même et devient le moi. Ce conflit est nécessaire pour qu'il s'apparaisse à lui-même; mais le conflit n'est pas l'union, et le moi qui en résulte est perçu séparément. Il possède une réalité propre, une existence à lui.

Il est de plus indépendant. S'il était lié à la sensation, comme les sensations le sont entre elles; s'il n'était qu'un anneau de cette chaîne de fer qui rive les uns aux autres les phénomènes, quelle raison aurions-nous d'opposer le moi au non-moi? Il ne serait qu'un des moments du déroulement nécessaire des choses. Il est plus que cela. Il s'oppose à tout parce qu'il est indépendant de tout. Du monde de la sensation à lui, il n'y a ni lien ni passage naturel; c'est une rupture complète. Le moi ne relève que de lui-même : il se pose parce qu'il le veut; il jaillit d'un acte de liberté.

Il suit de là qu'il naît en pleine lumière et que le point de départ de la science est trouvé.

La sensation de Condillac était insuffisante à nous donner un moi qu'elle ne contenait pas et ne pouvait produire. De plus, elle n'était pas un élément primitif et dépendait dans son apparition de causes ou d'antécédents multiples, extérieurs ou intérieurs. Descartes s'était rendu compte qu'il fallait poser à la base de toute connaissance le moi conscient; mais il l'avait malheureusement cherché hors de la conscience, dans une substance inaccessible et par suite hypothétique : son sujet, malgré les apparences, était à priori. Son analyse avait été mal orientée dès le début et s'était arrêtée trop tôt; il fallait la reprendre et la pousser plus avant, pour ne laisser aucune place à l'hypothèse et ne rien admettre d'inné. C'est ce qu'a fait Maine de Biran.

Rien n'est antérieur au moi. Il ne dépend que de lui-même. Il n'est pas donné; il se pose. Et en se posant, on peut dire qu'il pose les principes, puisqu'il leur fournit un fondement. Les idées nécessaires ne sont qu'un des aspects du moi : cause, substance, force, liberté, toutes les notions en un mot, le redoublent et le reproduisent sous une forme idéale. C'est grâce à elles que nous arrivons à découvrir, non pas directement, mais par une induction légitime et même nécessaire, ce qui se cache, hors de nous, sous le voile des phénomènes : le moi retrouve partout sa projection ou son image. Mais il se voit directement lui-même. Des êtres métaphysiques autrefois si nombreux, s'il n'est pas le seul qui survive, il est le seul qui tombe sous les prises de la conscience et qui soit connu : il est le centre du monde; il en est comme le Dieu.

Maine de Biran tendait à la même conclusion par une autre voie.

S'il était curieux de science et de certitude, il était encore et surtout en quête de bonheur ou du moins de paix. Il la demande à la nature tout entière; il en est réduit à l'attendre d'un hasard heureux qui lui permette, dans le calme des passions, de goûter le sentiment de la vie. Mais il lui en coûte de remettre à la fortune le soin de son bonheur. Les hasards heureux sont rares d'ailleurs et rapides comme un éclair; la nature est si mobile, son tempérament si délicat! Il cherche s'il n'y a pas un moyen de se soustraire à ces variations et de se délivrer de ces servitudes. Il pressent, dès l'éveil de sa pensée, qu'il y a en nous des champs inexplorés :

il croit que de ce côté il y a des découvertes à faire et peut-être un secours à attendre. Son instinct ne le trompe pas. Et quand il a enfin trouvé, en s'étudiant lui-même, le moi conscient, indépendant et libre, il a le sentiment de mettre le pied sur une terre ferme, à l'abri des agitations qui ont désolé son adolescence et qui menaçaient d'envahir sa vie tout entière. De là il pourra se soustraire aux mobilités de sa nature, réprimer ses passions, diriger sa vie, s'établir dans la paix, conquérir le bonheur. Il pousse un cri de triomphe : il a trouvé ce qu'il cherchait; car c'est là vraiment ce qu'il cherchait. S'il a renouvelé la science du moi et fondé la psychologie sur de nouvelles bases, ce n'est pas sans doute par une rencontre purement fortuite, mais avant tout il voulait régler sa vie et l'asseoir : c'est là son désir fondamental, le moteur secret qui met sa pensée en branle et la place sur le chemin de la vérité. Il lui faut une force indépendante de la sensation et qui, au lieu d'être à sa merci, la tienne en bride; et il se trouve que ce qui lui est un appui pour atteindre au bonheur, fournit à la science le fondement qui lui manquait et qu'elle avait jusqu'à lui vainement cherché : il a besoin de liberté, et la liberté c'est le moi.

Maine de Biran, à cette heure de sa vie, se croit en possession de la vérité. Il n'a fait que l'entrevoir : il ne la saisit que dans son opposition et son contraste avec la doctrine de ses maîtres, doctrine qu'il répudie et dont il se débarrasse avec bonheur. Il a découvert, au-dessus de la sensation, la pensée; au-dessus des réactions purement instinctives, l'effort et la liberté : c'est une nouvelle vie ; et il le sent. Mais ce qui le frappe, c'est son indépendance à l'égard de la vie inférieure. De la vie animale on ne peut monter par degrés insensibles jusqu'à la vie humaine ; de l'une à l'autre la rupture est complète et l'hiatus immense : cette pensée le délivre comme d'une oppression ; il s'y arrête et s'y complaît.

Mais il ne tarde pas à comprendre qu'il faut aller plus avant. Le fondement qu'il vient de trouver pour la science est bien étroit, la vie morale telle qu'il la conçoit bien solitaire ; et cette vie d'ailleurs, réduite à la liberté, si elle n'est pas sans force, se trouve sans direction. Toutes les notions ne peuvent se fonder sur le moi ; la vie morale ne se ramène pas aux relations que le moi soutient avec les passions ; et la liberté, pour choisir et pour se fixer, a besoin d'être soutenue et dirigée par l'amour.

Avant d'arriver à la doctrine qui lui paraît définitive et au delà de laquelle il sentira qu'il n'y a plus de progrès possibles, Maine de Biran essaie d'élargir la théorie de la connaissance fondée sur le moi. Le moi est le fondement des notions, et ces notions nous permettent de dépasser les phénomènes et d'aller jusqu'à la force qui les produit. Mais cette force elle-même est intermittente dans son action. Que devient-elle pendant ses heures d'inertie? Elle ne disparaît pas pour renaître. Où est le réservoir qui la recueille et d'où elle pourra de nouveau s'épancher? N'est-ce pas la substance, telle que l'a conçue l'ancienne philosophie? De plus, les notions appuyées sur le moi sont nécessaires ; mais elles seront de peu d'usage, si elles n'entrent pas dans une proposition nécessaire et ne contribuent pas à former des principes. D'où viennent les principes? C'est pour répondre à ces questions que Maine de Biran admet des concepts et des principes à priori. Mais ni les uns ni les autres ne sont, pense-t-il, un démenti à sa doctrine. Ces concepts en effet ne représentent rien : ce sont des cadres vides, des formules qui nous permettent d'amplifier les données de l'expérience intérieure et d'y joindre le caractère d'universalité et de nécessité qui leur manquent. Moins encore que les concepts, les principes ne sont des idées; ce sont des lois de la pensée. Enfin, ni les concepts ni les principes ne dérivent de l'expérience. Mais ils ne la précèdent pas non plus : ils surgissent avec le moi comme toute loi avec l'être dont elle doit régler le développement.

Cette théorie de la croyance est un progrès, mais qui en exige un autre. Si l'on en restait là, ce serait un retour à une sorte de conceptualisme, à ce conceptualisme que Maine de Biran a condamné. Ces cadres vides qui surgissent dans la pensée et qui n'ont pas d'objet, du moins d'objet que nous puissions atteindre directement, sur quoi se fondent-ils et qui nous garantit leur valeur? Que valent aussi ces principes que nous subissons comme une loi et dont nous ne voyons pas les titres?

Moins que tout autre, Maine de Biran pouvait s'en tenir là. Sans doute, à ses yeux, la croyance se distingue de la connaissance : c'est un élan de l'esprit qui va au delà des bornes du savoir. Mais, si par cette distinction il évite une contradiction formelle, il n'en reste pas moins que le développement intégral de notre pensée ne s'opère qu'à l'aide d'éléments dont nous ne pouvons justifier la présence, ni déterminer la portée ; et c'est là une position qui ne saurait être définitive.

Pour trouver un fondement à ces principes, un objet à ces idées, besoin s'impose d'aller jusqu'à Dieu. Ce n'est même pas assez qu'entre ces modes de l'esprit et Dieu, il y ait une relation métaphysique telle que beaucoup de philosophes spiritualistes l'ont admise; puisque Dieu ne se représente pas, il faut qu'il soit lui-même présent à notre pensée. Et Maine de Biran va jusque-là. Nous voyons l'Absolu, dit-il, non pas dans une idée qui le symbolise, mais en lui-même.

Sans doute, cette vision est obscure et cette connaissance incertaine. Pour s'affirmer, elle a besoin de s'appuyer sur le raisonnement; et, pour devenir plus claire, elle doit faire appel à une autre vision plus nette, plus précise, celle que le moi a de lui-même : la connaissance du moi est la préface ou le commentaire de la connaissance de Dieu. Il semble que Maine de Biran en revienne ici après de longs détours à la philosophie traditionnelle et qu'il refasse le *Traité de la connaissance de Dieu et de soi-même*. Mais si l'on se souvient que pour lui le moi n'est pas l'âme, on comprendra qu'il ait entièrement renouvelé la matière qu'il traite.

Ce n'est pas là, comme on l'a cru, une déviation de la doctrine primitive; c'en est au contraire la conclusion naturelle et le complément. Maine de Biran s'est toujours réclamé de l'expérience : s'il s'est éloigné de ses maîtres, ce n'est pas qu'il ait déserté leur méthode; c'est qu'il en a mieux compris la portée. Il ne faut pas limiter le champ qui lui revient; mais, pour découvrir la vérité, c'est à elle qu'il faut avoir recours. Il conclut de là que toute idée doit avoir un objet et que celui des notions se trouve dans le moi : il est et il se dit réaliste. C'est un réalisme psychologique. Mais il ne pouvait manquer de s'apercevoir que la liste des notions qu'il avait dressée d'abord était bien incomplète, qu'il en existait d'autres, que celles-ci ne relevaient point du moi et qu'il fallait par suite leur trouver un objet différent, supérieur en stabilité : son réalisme psychologique allait de soi vers un réalisme plus profond. Il avait cru d'abord que la vérité était en lui-même ; il devait finir par la situer en Dieu.

Dans cette dernière démarche de sa pensée, il était encore soutenu ou mieux entraîné par le besoin de sa volonté et les exigences de son cœur.

Pour vouloir, il ne suffit pas d'être libre ; il faut avoir une raison de choisir et la force de suivre son choix. Cette raison a sans doute un fondement hors de nous, mais elle doit surtout se trouver en nous. Choisir, c'est préférer ; et préférer, c'est aimer. L'amour est donc nécessaire à la liberté : il en est le guide et le soutien. Et ici encore, nous l'avons montré, Maine de Biran ne fait que développer sa doctrine, au lieu de la contredire. Il avait reconnu dès le début qu'il y a identité entre ces trois termes : pensée, effort, moralité. Il n'y a pas de pensée sans effort, et penser est un acte moral : le fait primitif est simultanément lumière, force, amour. Confusément aperçus, ces trois éléments sont peu à peu clairement distingués, et l'amour obtient enfin la place qui lui appartient : il devient l'excitateur de la force, le précurseur de la lumière, le promoteur de la vie.

Mais tout n'est pas là. D'où vient cet amour sans cesse en éveil? De Dieu lui-même, et de deux manières : Dieu donne au vouloir et son inclination fondamentale vers le bien et l'énergie que requiert chacun de ses actes. Non pas que la liberté soit abolie du même coup; elle demeure jusqu'à ce que Dieu s'empare totalement de la volonté et qu'à la vie humaine succède la vie vraiment divine. Et, même dans sa défaite, on peut dire que la liberté triomphe encore. Quel était son rôle? sinon d'abattre les barrières et d'écarter les obstacles qui s'opposaient à l'élan de l'amour. Quand l'amour est libéré, la liberté a terminé sa tâche; elle n'a plus qu'à disparaître pour laisser s'épanouir la vie supérieure qu'elle a préparée. Mais cette vie est son œuvre.

Dieu est donc le terme où tend la volonté comme il est l'objet de l'intelligence. Et dans cette conclusion suprême, il ne faut voir, je crois, que le couronnement de la théorie de l'effort. C'est parce qu'il a été clairvoyant et sincère que Maine de Biran, au lieu de rester sur le seuil de la vérité et de la vie, y a pénétré hardiment et qu'à l'idolâtrie du moi il a fait succéder la subordination de l'esprit à la vérité intégrale, la soumission de la volonté, sous l'attrait de l'amour, au bien absolu, à Dieu.

II

On voit quelle place il faut assigner à Maine de Biran : c'est celle qu'il a choisie lui-même, à égale distance de

Condillac et de Descartes. Il se réclame de l'expérience comme le premier et fait appel à la conscience comme le second. Mais il sait que l'expérience est plus pénétrante que ne l'a cru Condillac et que les prises de la conscience ne sont pas aussi puissantes que l'a prétendu Descartes. Par la conscience nous dépassons les phénomènes; nous n'arrivons pas à la substance : nous nous arrêtons à l'effort, plus permanent que les phénomènes, moins immobile que la substance, acte libre où le moi s'apparaît à lui-même et se constitue.

Le moi n'est pas une substance, c'est un acte : il n'est pas donné, il s'apparaît : c'est la formule de Kant. Maine de Biran n'est pourtant pas son disciple. Il l'ignorait quand il arrivait laborieusement à constituer son système. S'il le connut plus tard et lui emprunta peut-être quelques expressions, il ne subit jamais son influence. De fait, le moi auquel il parvient et sur lequel il fonde sa philosophie est l'antithèse de celui de Kant. Le moi de Kant en effet n'est qu'une apparition sans consistance; il est le résultat des catégories qui elles-mêmes émergent d'un fond obscur et inaccessible; au lieu de nous introduire dans le monde métaphysique, il nous en ferme définitivement l'entrée. Le moi de Maine de Biran ne dérive pas des catégories, il les fonde; et par lui nous avons accès dans le noumène.

La série phénoménale n'a pas de ruptures; mais sa trame serrée n'est plus une barrière infranchissable. Nous pouvons en connaître les dessous. Une première démarche dans ce sens en amène bientôt d'autres. Le moi aperçoit la vérité dans une lumière qu'il ne crée pas; il se trouve inconsistant et faible dans la voie du bien qu'il voudrait suivre : il appelle et reçoit un secours. Cette lumière et ce secours sont objets d'expérience intérieure : Ils viennent de Dieu. Dieu donc par ses actes tombe sous les prises de la conscience. Bien mieux, il est présent par lui-même; et cette présence, nous la sentons. Nous disions plus haut à propos de la théorie des notions que Maine de Biran était réaliste et que, conduit par les nécessités de sa pensée, il avait passé d'un réalisme psychologique à un réalisme plus complet et plus profond. Nous pouvons ajouter — et ces deux vues se complètent — que sa métaphysique est une métaphysique expérimentale : les phénomènes intérieurs lui révèlent l'existence du moi actif et libre; et le moi le conduit à Dieu qui l'enveloppe de sa lumière et le soutient de son énergie toujours en acte.

Plus il va, plus donc il se distingue de Descartes dont la métaphysique est toute spéculative et rationnelle. Il s'en distingue encore plus profondément par ailleurs. Le point de départ de Descartes est la pensée, la pensée une, séparée non pas du sujet qui la supporte, comme celle de Condillac, mais du corps qui lui est uni. Le fait primitif de Maine de Biran est non pas la pensée une, mais la pensée sous laquelle se trouve l'activité volontaire et libre; de plus, cette volonté n'agit pas sans rencontrer dans le corps une résistance et un obstacle. Il n'y a pas de volonté sans effort et l'effort suppose un conflit. Dans le fait primitif, avec le moi, le non-moi nous est donné : on peut dire qu'ils n'existent qu'en fonction l'un de l'autre. Ce n'est donc pas par une déduction qu'il ira du moi au non-moi, mais par l'expérience. Comme sa métaphysique, sa théorie du non-moi est expérimentale.

Le moi n'est pas donné sans le non-moi. Le moi, c'est ce qui dépend de la volonté, ce qui est libre ; le non-moi ce qui est nécessaire et fatal. Ces deux termes s'opposent, mais ils sont unis. Inutile de s'attarder à rechercher le pourquoi et le comment de cette union : c'est un fait ; il est primitif ; on ne remonte pas au delà. Mais ce fait, on peut l'analyser dans le détail. Et comme sous le moi il a déjà trouvé Dieu, Maine de Biran va y trouver le non-moi. L'inconscient a un retentissement dans le conscient ; en étudiant celui-ci on peut arriver à connaître celui-là. C'est ainsi qu'on arrive à trouver l'explication de ces variations d'humeur indépendantes de la volonté et de ces tendances fondamentales qui orientent notre vie vers le bonheur ou le malheur : elles sont l'écho des impressions inconscientes subies par l'organisme. Et poursuivant ses études dans cette voie, il en vient à donner de l'hypnotisme et de la suggestion une interprétation qui n'a pas été dépassée et à reconnaître répandus dans le système nerveux des centres de sensations inconscientes. Le corps n'est pas une machine, comme le voulait Descartes ; mais un organisme vivant dans toutes ses parties et apte à sentir partout où se trouvent réunies les conditions de la sensation.

Le moi le mène donc à tout, à Dieu et au monde. C'est qu'il l'a étudié, non pas dans son concept, mais dans sa réalité vivante et concrète. Et parce que là réside le fondement de toute métaphysique et qu'il l'a connu d'une vue plus nette que ceux qui l'ont précédé, il a tracé d'une main plus ferme les limites de la métaphysique et de la science. C'est par la conscience, par le sens intime que nous pouvons franchir la barrière que les phénomènes opposent aux sens et atteindre les êtres métempiriques, le moi et Dieu lui-même. La science ne connaît que les phénomènes et leurs lois : c'est là tout son domaine. Elle ne doit pas porter plus haut ses ambitions; elle n'a ni barque ni voile pour aller au delà.

III

On a déjà dit, au début de cet ouvrage, comment la philosophie de Maine de Biran se rattache aux théories qui l'ont précédée : nous avons dû, pour en expliquer la genèse, indiquer le milieu intellectuel qui a préparé son éclosion; il nous reste à décrire en quelques mots l'influence qu'elle a exercée sur la suite de la pensée humaine.

On ne voit pas que cette influence ait été très grande à l'étranger, au moins directement. Les quelques traits de ressemblance qu'on a cru discerner entre le « fait primitif » de Maine de Biran, le « sentiment de l'effort » de William James et le « vouloir » de Schopenhauer, semblent vagues et contestables.

En France, au contraire, la doctrine biranienne a trouvé un écho beaucoup plus considérable qu'on ne le pense ordinairement.

V. Cousin n'admettait pas, il est vrai, l'explication des

principes directeurs de la raison que donne Maine de Biran[1]. Mais il aimait à reconnaître sa puissante originalité : « C'est notre maître à tous, » disait-il; « c'est le plus grand métaphysicien du siècle. » Il finit même par être de son avis sur sa découverte principale, qui est celle de « l'effort libre ». « Quand on analyse attentivement, écrit-il, ce phénomène de l'effort, que Maine de Biran considère comme le type des phénomènes de la volonté, voici ce qu'il donne : 1° la conscience d'un acte volontaire; 2° la conscience d'un mouvement produit; 3° un rapport du mouvement à l'acte volontaire. Et quel est ce rapport? Évidemment, ce n'est pas un simple rapport de succession. Répétez en vous le phénomène de l'effort, et vous reconnaîtrez que vous attribuez tous, avec une conviction parfaite, la production du mouvement dont vous avez conscience à l'opération volontaire antérieure, dont vous avez conscience aussi. Pour vous, la volonté n'est pas seulement un acte pur sans efficacité, c'est une énergie productrice : de sorte que là vous est donnée l'idée de cause... Telle est la pensée de Maine de Biran. Je l'adopte[2]. »

Jouffroy reprit également la pensée fondamentale du philosophe de Grateloup et lui donna même une ampleur nouvelle. A son sens, si les causes qui animent la nature extérieure « échappent entièrement à l'observation, il en va tout autrement de la cause intérieure, où circule la pensée. Quand une pierre tombe, je vois le phénomène; puis, ma raison me force de croire qu'il a une cause;

---

1. *Cours d'hist. de la phil.*, XIXe leçon.
2. *Ibid.*, XXVe leçon.

puis, je donne un nom à cette chose qui m'échappe, voilà tout ». Mais quand je remue le bras, il se passe autre chose assurément. J'ai conscience à la fois de l'action qui se produit et de l'énergie qui la produit ; je saisis dans une seule et même intuition un effet donné, sa cause et la génération de l'un par l'autre : je m'appréhende moi-même en tant que pouvoir actif. De plus, ce pouvoir actif m'est révélé comme identique à mon être personnel : c'est moi tout entier.

On s'arrête même trop tôt, d'après Jouffroy, lorsqu'on limite à l'effort le domaine de l'activité ; il a une extension beaucoup plus grande. On s'est accoutumé depuis longtemps à diviser les phénomènes psychologiques en deux classes : il est convenu qu'il y a des faits actifs et d'autres qui sont passifs. Cette distinction n'est qu'apparente ; on trouve de l'activité dans tous les modes de l'âme. « L'âme n'éprouve des sensations, c'est-à-dire n'est modifiée, que parce qu'elle est une cause et une cause en action. Un être inerte ne saurait sentir, une cause seule le peut, car sentir est le fait d'une force contrariée ou secondée dans son développement, et qui en a conscience ; en sorte que, si l'âme cessait d'agir, elle deviendrait incapable de toute action[1]. » En d'autres termes, l'activité ne se manifeste pas seulement dans l'effort voulu ; elle est le fond de la sensation la plus passive en apparence : il n'est pas d'état qui n'enveloppe un sentiment d'énergie causale ; il n'est pas d'état qui ne contienne le *moi* tout entier.

---

1. *Distinction de la psychologie et de la physiologie.* — V. aussi, sur l'influence de Maine de Biran à l'égard de Cousin et de Jouffroy, C. Piat, *La liberté*, t. I, p. 43-47, p. 51-54, Paris, Lethielleux, 1894.

A partir de 1840, l'idée de Maine de Biran devint le fond de toute la philosophie universitaire.

Félix Ravaisson s'y rangeait, à cette date, au cours d'un travail sur Hamilton[1], « que M. Vacherot développait dans un mémorable article du *Dictionnaire des sciences philosophiques* ». L'enseignement d'Émile Saisset, tout en s'inspirant de Leibniz, était principalement biranien. Jules Simon professait les mêmes doctrines auxquelles il mêlait d'ailleurs certaines teintes d'alexandrinisme.

Un moment arrêtées par les événements politiques de 1852, époque à laquelle l'agrégation de philosophie fut supprimée, les doctrines universitaires ne tardèrent pas à prendre un élan nouveau qui leur vint principalement de Caro, de Paul Janet et d'Albert Le Moine. Or, dans cette seconde période, le spiritualisme de Maine de Biran s'ajoute encore de tous côtés à celui de Jouffroy : il le pénètre, le fonde et le complète[2]. L'analyse de « l'effort voulu » est demeurée ; et l'on s'en sert contre l'empirisme pour montrer que la conscience atteint quelque chose au delà des phénomènes, contre le panthéisme pour défendre l'individualité du *moi*, contre le déterminisme de plus en plus puissant pour établir l'existence du libre arbitre[3].

A partir de 1863 se produit un mouvement d'origine et d'aspect tout à fait nouveaux, qu'on a essayé d'arrêter par

---

1. V. *Revue des Deux-Mondes*, 1ᵉʳ novembre 1840; V. aussi *La philosophie en France au XIXᵉ siècle*, p. 311-315, Paris, 1885.

2. Paul Janet, *La philosophie française contemporaine*, p. 45-54, Paris, 1879.

3. Id., *La morale*, p. 470-487, Paris, 1880.

la contrainte, mais qui a grandi malgré elle, et en bonne partie par elle. Les tendances philosophiques se brisent et se multiplient : on voit apparaître une foule de systèmes où dominent et domineront de plus en plus le kantisme et le comtisme. Maine de Biran est d'abord combattu [1], puis oublié.

Mais sa philosophie, si profonde et si profondément vécue, ne peut avoir disparu tout entière et pour jamais.

Il en restera d'abord sa théorie de l'effort libre. Grâce à cette découverte, on sera toujours en mesure de juger et de condamner, au nom de l'expérience : le sensualisme qui n'admet d'autre instrument de connaissance que les sens ; les philosophies à priori qui ont la prétention de pénétrer la substance d'une vue immédiate ; le criticisme qui élimine de la science tout ce qui dépasse les phénomènes, et tous les systèmes ambitieux qui reconnaissent le moi comme le fondement de la réalité, mais qui en font un être impersonnel.

Maine de Biran a fourni à la métaphysique un fondement nouveau.

Autour de cette découverte de fond, rayonne tout un ensemble d'autres trouvailles qui s'imposent à l'attention des psychologues : une analyse de la mémoire, qui est d'une étonnante pénétration ; la nécessité de voir et d'étudier la pensée telle qu'elle nous est donnée, c'est-à-dire dans son union avec le corps ; la sensation restituée à l'organisme, diffuse dans les centres nerveux ; une théorie de l'inconscient, de son influence immense sur la vie consciente et

---

[1]. H. Taine, *Les philosophes classiques*, p. 49-78, 8ᵉ éd., Paris, 1901.

l'explication qu'il nous fournit des phénomènes de suggestion et d'hypnotisme; enfin, la distinction très nette de la métaphysique et de la science.

Maine de Biran est le père de la psychologie future, celle vers laquelle on semble déjà s'acheminer et de plus en plus.

TABLE DES MATIÈRES

LIVRE PREMIER

LES SOURCES DE LA DOCTRINE.

Chapitre premier. — *Le milieu.* — A partir de Descartes, la préoccupation dominante des philosophes est la recherche du « fait primitif » : Descartes le place dans la pensée; Locke, dans la sensation doublée de réflexion; Condillac, dans la sensation seulement. — Échec de ces diverses théories. — Réaction qui s'ensuit : Reid, Kant; aveu de Cabanis et de Destutt de Tracy eux-mêmes en faveur d'un retour à la philosophie de la volonté. — Apparition de Maine de Biran.. 17

Chapitre II. — *L'homme.* — Nécessité d'aller de l'homme au philosophe, quand il s'agit de Maine de Biran. — Principaux faits de sa vie. — Son caractère et son tempérament : il est né pour la vie intérieure. — Comment il évolue vers le stoïcisme d'abord, puis vers le christianisme.................................... 46

LIVRE II

LE MOI.

Chapitre premier. — *Le moi n'est pas dans la sensation.* — Point de contact entre Destutt de Tracy et Maine de Biran. — Critique du sensualisme de Condillac................................... 72

Chapitre II. — *Le moi n'est pas donné à priori.* — Critique de l'innéisme de Descartes. — Critique du dynamisme de Leibniz. — Quelques mots sur l'apriorisme de Kant également écarté............ 92

Chapitre III. — *Le moi naît dans l'effort.* — Comment se pose le problème du moi? — Le moi est l'effort voulu. — Caractères de ce fait : il est réel; il se distingue des autres phénomènes; il se pose de lui-même, il est libre. — Est-il intelligible? — Quand et de quelle manière se produit-il à l'origine?.................. 112

Chapitre IV. — *Nous avons conscience de l'effort.* — Objections élevées par D. Hume contre ce fait. — Comment ces objections se sont affinées dans la suite à la lumière de l'analyse psychologique et de l'observation extérieure? Théories de Renouvier et de William James. — Réponse de Maine de Biran : le sentiment de l'effort libre est un fait aussi manifeste que celui de notre propre existence; il résulte des expériences mêmes par lesquelles on essaie d'établir son caractère illusoire; — la volonté dirige le mouvement à l'aide des sensations qui l'accompagnent; — ces sensations elles-mêmes, bien qu'afférentes, n'en ont pas moins leur cause première dans la volonté.................. 140

LIVRE III

THÉORIE DE LA CONNAISSANCE.

Chapitre premier. — *La matière de la connaissance; l'inconscient.* — La sensation n'est pas de la « pensée amortie », comme le voulait Stahl; elle est inconsciente par nature. — Elle suppose, analogue à l'effort, une énergie qui s'exerce et se déploie. — A son tour, cette énergie requiert un principe vital, supérieur à l'organisme et distinct de l'âme pensante, inconscient comme elle et plus encore. — Ce principe a sa manière à lui de réagir aux impressions extérieures; de là les émotions sourdes, celles dont la cause n'apparaît pas. — Traduction de nos états d'âme dans l'inconscient : hypnotisme et suggestion.................. 162

Chapitre II. — *La forme de la connaissance.* — La forme de la connaissance est le moi. — Il ramène les sensations à l'unité par la conscience qu'il en acquiert. — Les idées générales : elles sont arbitraires. — Les notions : elles ont leur fondement et leur objet dans le sujet dont elles représentent les différents caractères, à savoir la force, la cause, la substance, l'unité, l'identité, la liberté et la nécessité. — Grâce à ces notions et aux principes qui en dérivent, le moi coordonne les sensations; de plus, il les dépasse soit en se saisissant lui-même d'une prise directe, soit en concevant le monde à sa propre ressemblance. — La forme d'après Kant et Maine de Biran : l'analogie n'est guère qu'apparente............ 183

Chapitre III. — *L'union de la matière et de la forme.* — Divers degrés auxquels l'activité du moi peut s'emparer des sensations; de là quatre systèmes : le système affectif, le système sensitif, le système perceptif et le système réflexif. — Perception du monde extérieur : 1° nous percevons notre corps par l'effort et les corps étrangers par la disproportion qui se révèle entre l'effort et la résistance; 2° notre corps est le sujet et la substance des affections, il n'en est pas la cause; 3° il est aussi le sujet des intuitions, leur cause se trouve hors de nous dans la force que le tact nous manifeste. — Le souvenir : 1° les sensations ne sont que la matière du souvenir, le moi en est la forme; 2° nous ne nous souvenons pas de nos *affections*, mais seulement de nos *intuitions*; 3° le souvenir consiste en ce que le moi reprenne conscience des intuitions passées et s'y retrouve lui-même; 4° il se fonde, par suite, sur l'identité du sujet... 200

Chapitre IV. — *La croyance.* — Problèmes que suscite la doctrine précédente : quelle est la valeur du principe de causalité? que devient le moi pendant ses intermittences? qu'est-ce que l'âme? quel rapport y a-t-il entre le conscient et l'inconscient? — Maine de Biran sent le besoin de compléter son système. — Théorie de la croyance : 1° son objet; 2° sa nature; 3° les principes de la raison qui la fondent, deviennent des *formes* vides qui sont connues dans l'expérience et trouvent en elle leur *matière*, ce sont *les lois* de la pensée. — Progrès graduel de la croyance : elle va du confus au distinct, de l'implicite à l'explicite................................ 216

LIVRE IV

LA VIE DE L'ESPRIT.

Chapitre premier. — *L'intelligence.* — Lacunes que présente la théorie de la croyance : 1° la substance n'est encore conquise qu'au bout d'un concept; 2° pour arriver à ce concept, on se fonde sur des principes qui contraignent l'esprit sans l'éclairer; 3° outre les notions indiquées plus haut, il y en a d'autres, à savoir les notions religieuses et morales, qui ont toujours préoccupé Maine de Biran et dont il devait un jour ou l'autre être conduit à chercher l'origine. — Passage du réalisme psychologique au réalisme théologique. — Deux voies pour s'élever à Dieu : le raisonnement et la vision directe. — Comment elles conduisent au même but, sans s'exclure : « la raison explique ce qui était donné avant elle, et dans le sentiment même de notre existence »................. 231

Chapitre II. — *La volonté.* — Elle est libre. — Cette liberté s'exerce dans la comparaison des motifs, non dans la décision. — Elle enveloppe une tendance fondamentale qui a pour terme le bien. — Ce bien est Dieu lui-même. — Quel est son rôle à l'égard de la liberté? — Maine admet d'abord que Dieu sollicite notre liberté par des attraits et des répugnances; puis, qu'il a déposé en elle la tendance de fond qui la meut et sans laquelle elle demeurerait inerte; enfin, qu'il lui fournit, directement ou par l'intermédiaire du corps, la force enveloppée dans l'acte du vouloir. — La liberté perd de plus en plus de ses droits; elle ne conserve, sous l'envahissement du divin, que le pouvoir de donner ou de refuser son assentiment.. 250

Chapitre III. — *L'amour.* — La vie divine. — La liberté s'y absorbe dans l'amour. — Mais cette absorption est son œuvre; et par suite, sa défaite est encore son triomphe. — Accord de cette dernière vue avec le point de départ du système Biranien.......... 262

Chapitre IV. — *La foi.* — Du catholicisme de Maine de Biran. — Opinions de Cousin, de Paul Janet, de M. Ern. Naville, de M. Jules Didiot. — Nouvelle analyse de l'état d'âme de Maine de Biran. — Il a retrouvé la foi à un moment donné, mais « dans la pratique il est lent à s'ébranler »; de plus et surtout, il a le souci de mettre sa philosophie d'accord avec sa foi. — S'il se rend à la dernière heure, c'est qu'il a fini par se convaincre. — La révélation intérieure.. 278

CONCLUSION

Principaux stades de la pensée de Maine de Biran. — Unité organique de sa doctrine. — Sa position à l'égard des autres philosophes modernes. — De l'action qu'il a exercée sur le xix*e* siècle. — Arrêt subit de son influence. — Ce qui demeurera de son système... 300

LES GRANDS PHILOSOPHES

Collection dirigée par CLODIUS PIAT

Publiée chez Félix Alcan

Volumes in-8° de 300 à 400 pages environ, chaque vol. 5 fr. à 7 fr. 50

Ont paru :

SOCRATE, par Clodius Piat, Agrégé de philosophie, Docteur ès Lettres, Professeur à l'École des Carmes. 1 vol. in-8°, 5 fr.

ARISTOTE, par le même. 1 vol. in-8°, 5 fr.

SAINT AUGUSTIN, par l'abbé J. Martin. 1 vol. in-8°, 5 fr.

AVICENNE, par le baron Carra de Vaux, Membre du Conseil de la Société Asiatique. 1 vol. in-8°, 5 fr.

GAZALI, par le même. 1 vol. in-8°, 5 fr.

SAINT ANSELME, par le comte Domet de Vorges. 1 vol. in-8°, 5 fr.

SPINOZA, par Paul-Louis Couchoud, Agrégé de philosophie, ancien élève de l'École normale supérieure. 1 vol. in-8°, 5 fr.

MALEBRANCHE, par Henri Joly, Membre de l'Institut. 1 vol. in-8°, 5 fr.

PASCAL, par Ad. Hatzfeld. 1 vol. in-8°, 5 fr.

KANT, par Th. Ruyssen, Professeur à l'Université d'Aix-Marseille. *Deuxième édition.* 1 vol. in-8°, 7 fr. 50.

Va paraître :

MONTAIGNE, par Fortunat Strowski, Professeur à l'Université de Bordeaux.

TYPOGRAPHIE FIRMIN-DIDOT ET Cie. — MESNIL (EURE).

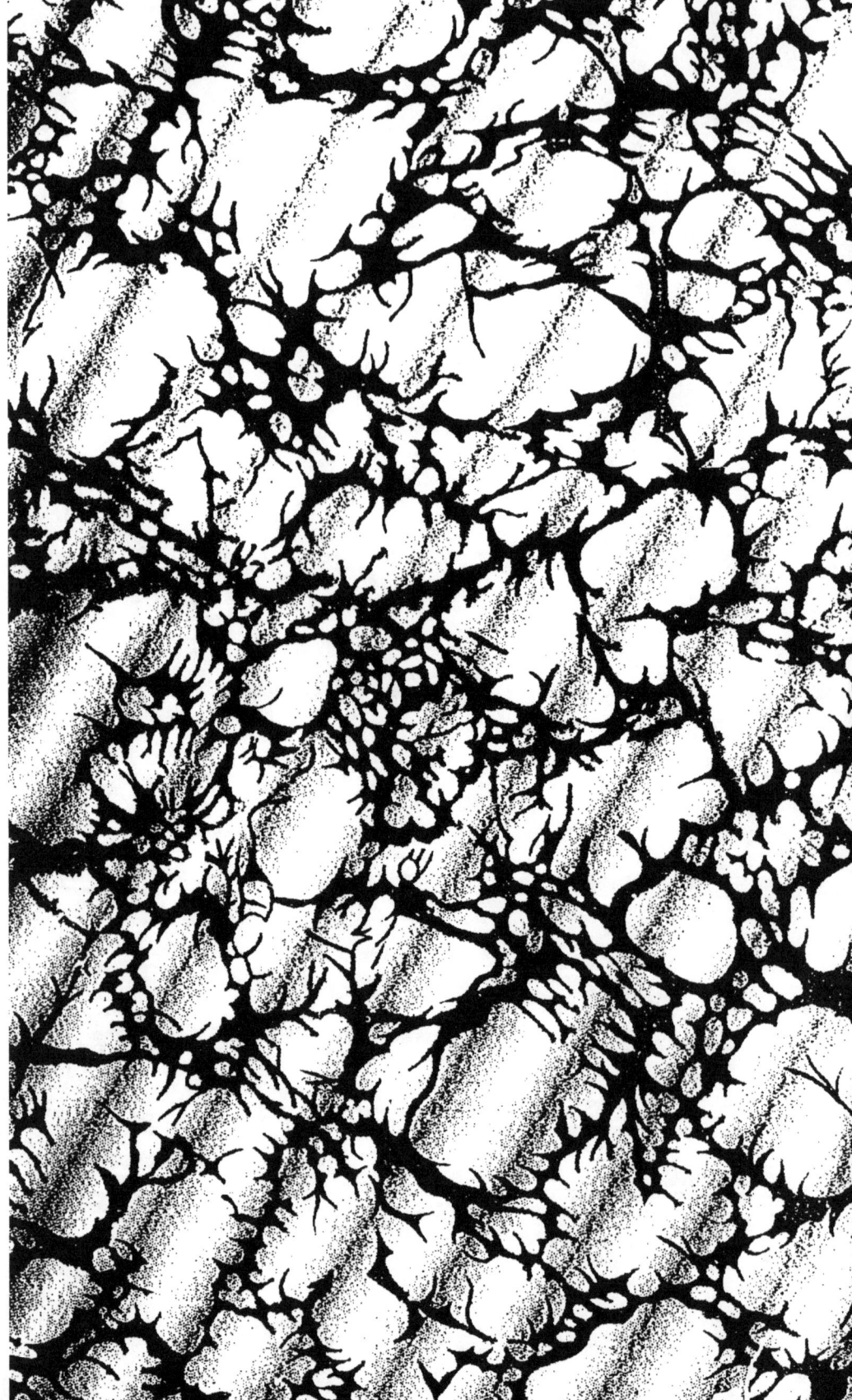

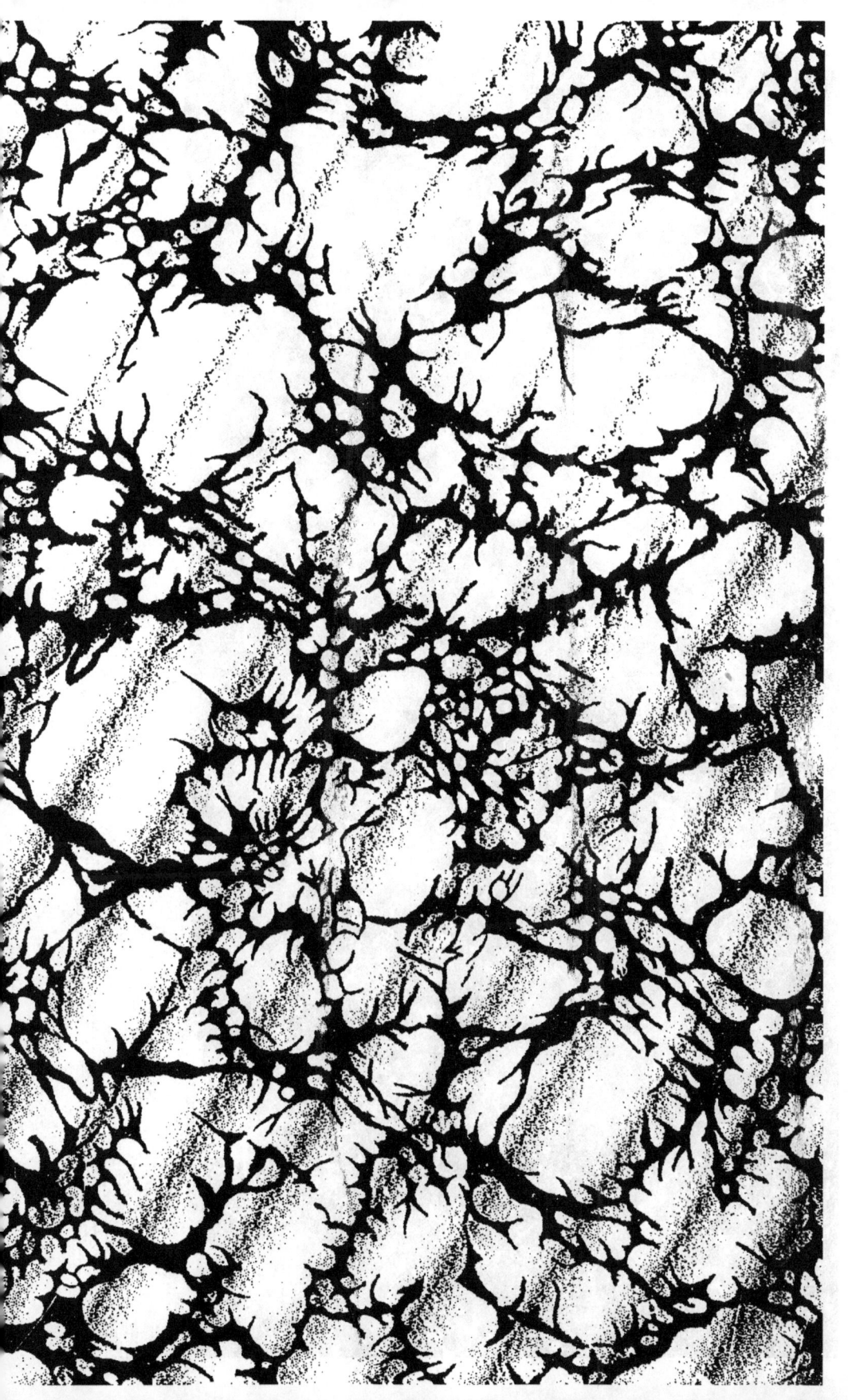

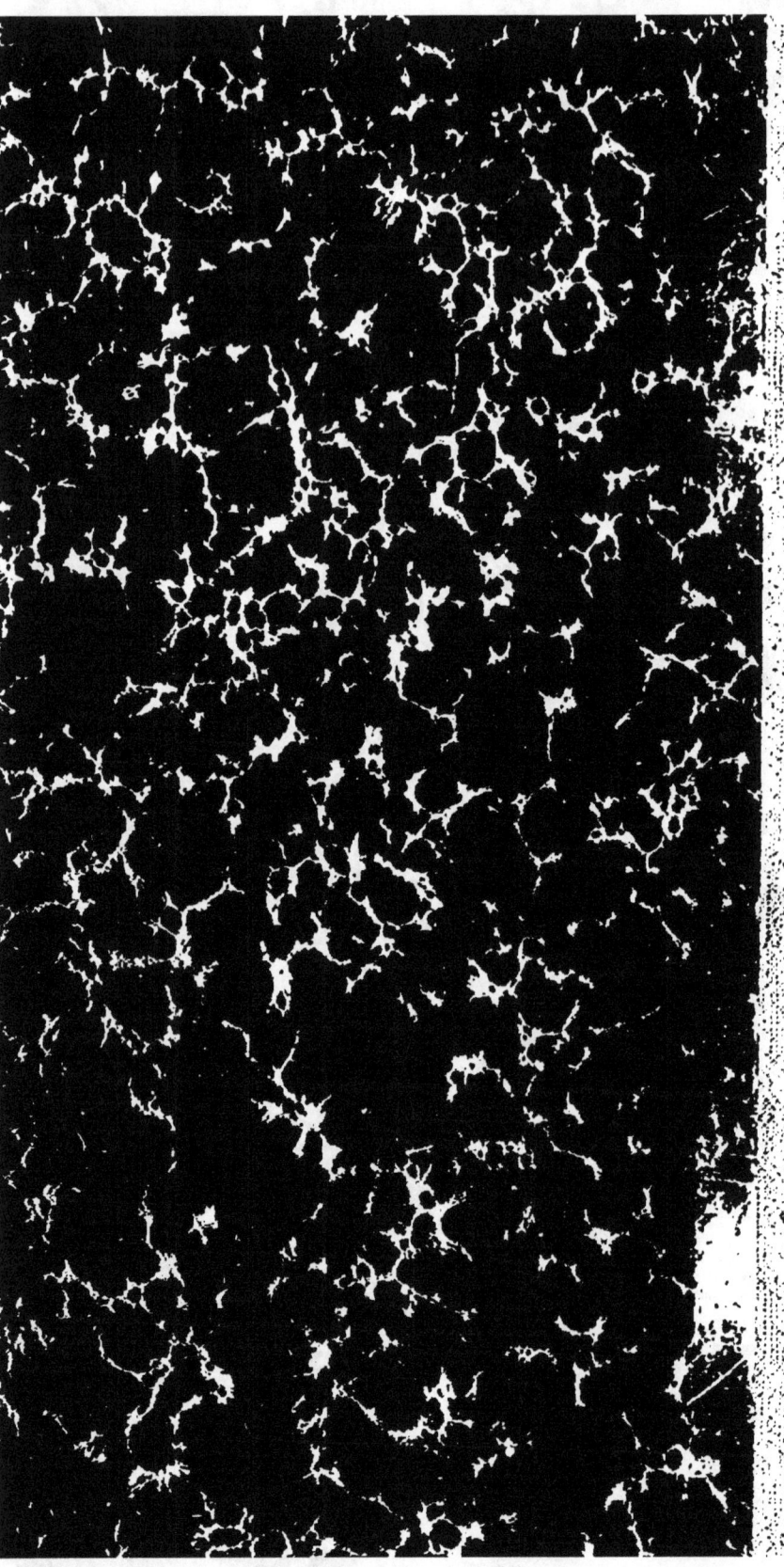